Hans Heinze Mensch und Erde

Hans Heinze

MENSCH UND ERDE

Geisteswissenschaftliche Leitbilder zur

Landwirtschaft

Von der Durchdringung des landwirtschaftlichen
Lebens mit geisteswissenschaftlichen Impulsen

Auf dem Wege zu einem neuen Bild der Evolution

Philosophisch-Anthroposophischer
Verlag am Goetheanum
Dornach

Einbandgestaltung: Doris Hecht.
Zugrundegelegt ist Peter Bruegels d. Ä. «Landschaft mit Sturz des Ikarus»
(Musées royaux des Beaux-Arts de Belgique, Bruxelles).

Gesamtherstellung Zobrist & Hof AG, CH-4410 Liestal

ISBN 3-7235-0341-1

Guenther Wachsmuth,
dem langjährigen Förderer der biologisch-dynamischen Landwirtschaft als Leiter der Naturwissenschaftlichen Sektion am Goetheanum, und

Ehrenfried Pfeiffer,
dem Anreger landwirtschaftlich-geisteswissenschaftlicher Forschung,

in Dankbarkeit und Freundschaft zugeeignet.

Darmstadt, Ostern 1983

Hans Heinze

Inhalt

Es festigt sich Gedankenmacht
Im Bunde mit der Geistgeburt,
Sie hellt der Sinne dumpfe Reize
Zur vollen Klarheit auf.
Wenn Seelenfülle
Sich mit dem Weltenwerden einen will,
Muß Sinnesoffenbarung
Des Denkens Licht empfangen.

Rudolf Steiner[1]

Zur Einführung

Mit dem *Landwirtschaftlichen Kurs* wurde durch Rudolf Steiner Pfingsten 1924 eine neue Epoche der Landwirtschaft und der Pflege des Erdenlebens eingeleitet. Neue Grundlagen zum Verständnis des Wesens und Werdens der Pflanzen mußten hierzu entwickelt werden, denn es sollten die Pflanzen als Organ in dem Erde und Kosmos umfassenden Organismus des Naturwachstums erkannt werden. Pflegen der so erschlossenen Kräftewelt sollte die zukünftige Aufgabe des Landwirtes werden, der Kräftewelt, die aus dem irdischen und kosmischen Umkreis wirkt, aber die Stoffe der Erde, wie zum Beispiel den Kiesel und den Kalk zu ihrer Vermittelung benötigt. – Trotz aller Vorbereitungen gingen die Inhalte der Vorträge weit über das Auffassungsvermögen der Kursteilnehmer hinaus, nicht nur der Landwirte, bei denen zur Zulassung ein Studium der «Theosophie» und «Geheimwissenschaft» Voraussetzung war, sondern auch anderer mit den Ergebnissen der geisteswissenschaftlichen Forschung gut vertrauter Naturwissenschafter.

Den praktisch tätigen Landwirten gab jedoch Rudolf Steiner den Rat, trotz der Verständnisschwierigkeiten des Dargestellten direkt mit der Erprobung der Ratschläge in der praktischen Arbeit zu beginnen, um Erfahrungen zu sammeln und sich mit diesen an ein Verständnis der Vorträge heranzutasten. Das wurde auch dadurch erleichtert, daß die Inhalte in bildhaft einprägsamer Art so gestaltet waren, daß sie mit einer bäuerlich geschulten Empfindung vielfach nachzuerleben waren. Es konnte sich so im pflegenden Umgehen mit der Natur, im Neuordnen früherer Erfahrungen ein Erlebnishintergrund bilden, auf dem der Landwirt und Gärtner intuitiv sein Handeln neu orientieren konnte. Muß doch der Landwirt und Gärtner, wie auch der Künstler, oftmals intuitiv handeln, auf der Grundlage seiner Erfahrungen und Begabungen, aus der anschauenden Urteilskraft seine Arbeit gestaltend.

So wurde mit aller Kraft der Weg in die praktische Verwirklichung gesucht. Die Initiative lag dabei vor allem in Händen von Domänenpächter Ernst Stegemann, Gutsinspektor Imanuel Voegele, den Bauern Ernst Jacoby und Adolf Gerwig und den in die praktische Landwirtschaft hereinwachsenden Erhard Bartsch und Almar von Wistinghausen.

Dieses Hereinführen in das landwirtschaftliche Leben erhielt eine wichtige Förderung, als Anfang der 30er Jahre eine Reihe von Bauern, die von der biologisch-dynamischen Wirtschaftsweise gehört hatten, ihre Höfe nach diesen Leitlinien umgestalteten. Dort lebte noch altes Bauerntum, und die Höfe, die oft Jahrzehnte und mehr in Familienbesitz gut gepflegt worden waren, boten eine gute Grundlage, auf der sich zeigen konnte, was mit den neuen Leitlinien zu erreichen ist. Auf diese Weise konnte auch so manches aus guter alter landwirtschaftlicher Tradition und Überlieferung in die Arbeit einfließen, das nun mit den Gedanken des *Landwirtschaftlichen Kurses* neu verstanden werden konnte.

Neben diesem Schwerpunkt in der praktischen Verwirklichung spielten die Arbeits-Tagungen im Jahreslaufe eine bedeutende Rolle. Es waren insbesondere die Sommer-Tagung auf Gut Marienstein, der von Ernst Stegemann bewirtschafteten Domäne, die Advents-Tagung auf Gut Marienhöhe, dem Sitz des Versuchsringes unter Leitung von Erhard Bartsch, und dann die Tagungen in Dornach am Sitz der Naturwissenschaftlichen Sektion, deren Leitung in Händen von Dr. Guenther Wachsmuth lag. – Wichtige Hilfen zur Vertiefung des Verständnisses der geistigen Grundlagen der Arbeit wurden auf diesen Tagungen unter anderen gegeben von Gerbert Grohmann, Hermann Poppelbaum, Ehrenfried Pfeiffer, Guenther Wachsmuth und Otto Eckstein.

Die landwirtschaftliche Forschung bestand in diesen Jahren vor allem im Austauschen und gemeinsamen Verarbeiten der auf den Höfen gesammelten Erfahrungen zur weiteren Entwicklung der Arbeit. Die Aufsätze in der damaligen Zeitschrift «Demeter» geben ein lebendiges Bild von der sprudelnden, von Begeisterung getragenen Aktivität dieser Zeit.

Nicht zu vergessen sind jedoch die Anregungen durch die Forschungsarbeiten von Lili Kolisko und Ehrenfried Pfeiffer. Beiden ging es um den Nachweis kosmischer, beziehungsweise ätherischer Kräfte. Beide führten zur Entwicklung von Methoden, die heute noch für den Nachweis qualitativer Unterschiede vor allem pflanzlicher Produkte als wichtige Hilfsmittel gebraucht werden. Aus der Arbeit von Lili Kolisko wurde die Steigbild-Methode entwickelt, aus der Arbeit von

Ehrenfried Pfeiffer die Methode der empfindlichen Kristallisationen. Mit diesen Methoden konnten auch Auswirkungen von Mond- und Planeten-Konstellationen nachgewiesen werden oder auch solche der feinstofflichen biologisch-dynamischen Präparate, was damals bei den im Neuland arbeitenden Landwirten mit großer Begeisterung aufgenommen wurde.

Beim zweiten Neubeginn (1946), nach der langen Verbots- und Kriegszeit, ergab sich neben der Arbeit auf den Höfen, der Durchführung einführender Kurse und der Beratung neuer Höfe ein ergänzender wichtiger Aufgaben-Bereich. Zur weiteren Klärung wurde es notwendig, neben den bisherigen Hilfen durch anthroposophisch-naturwissenschaftlich arbeitende Freunde, auch mit naturwissenschaftlich anerkannten Methoden den Nachweis zu führen, daß die spezifischen biologisch-dynamischen Maßnahmen die vorausgesagte Auswirkung haben. Es waren dies die Anwendung der Heilkräuter-Kompost-Präparate, der Feldpräparate Hornmist und Hornkiesel und die Beachtung von Mond-Konstellationen.

Diese Nachweise, die im Rahmen des Institutes für Biologisch-Dynamische Forschung in Darmstadt erfolgreich durchgeführt werden konnten, waren notwendig, um ein Verständnis für die Aussagen des *Landwirtschaftlichen Kurses* in der weiteren Umwelt zu erleichtern. War es doch nach dem damaligen Stand der Hochschul-Wissenschaft völlig unverständlich, daß man mit der Anwendung von 10g Quarzmehl oder 500g Kuhmist pro Hektar oder mit wenigen Gramm von Kräuter-Präparaten pro 10cbm Kompost oder gar durch Beachtung besonderer Mond-Konstellationen meßbare Auswirkungen erreichen könne. So trugen diese Arbeiten auch dazu bei, daß es bei der Neugestaltung einiger Gesetze, beispielsweise für Düngemittel oder auch Pflanzenschutzmittel, möglich wurde, den notwendigen Freiheitsraum für die Durchführung der biologisch-dynamischen Wirtschaftsweise zu sichern.

Durch die erfolgreiche Entwicklung biologisch-dynamisch arbeitender Höfe und die Ergebnisse der eigenen Forschung konnte so der Weg zum Verständnis der Bedeutung dieser Arbeitsweise in immer weiteren Kreisen vorbereitet werden. Das führte dazu, daß Ende der 70er Jahre von Hochschulen und staatlichen Stellen biologisch-dynamisch arbeitende Versuchs-Betriebe entwickelt wurden und daß bei Konferenzen über die Notwendigkeit und Möglichkeit biologisch arbeitender Landwirtschaft, wie sie zum Beispiel vom Europarat und vom Bundesministerium für Landwirtschaft in Bonn veranlaßt wurden, den Mitarbeitern in der biologisch-dynamischen Forschung eine wichtige Aufgabe zufiel. Denn nur dort waren im Bereich des alternativen Landbaues Untersuchungen mit anerkannter Methodik und Gründlichkeit durchgeführt worden.

Doch trotz des steigenden Interesses für die Maßnahmen und Ergebnisse der auf den Einsichten und Ratschlägen des *Landwirtschaftlichen Kurses* aufbauenden biologisch-dynamischen Landwirtschaft wurde in der wissenschaftlichen Umwelt die Frage nach dem geistigen Quell, aus dem diese Hinweise geschöpft werden konnten, kaum gestellt. Ja, man muß sagen, in den bemerkbaren Diskussionen gar nicht. Man begnügte sich damit, Verständnis zu suchen mit den naturwissenschaftlichen Methoden der Ökologie, der Bodenkunde, der Physiologie, der Chemie, so weit dies möglich ist, nach dem verbleibenden Rest wurden keine methodischen Fragen gestellt. – Auch in der biologisch-dynamischen Forschung besteht hier eine Gefahr, weil man aus den oben angeführten Gründen jahrelang gezwungen war, mit den üblichen Methoden zu arbeiten und zu diskutieren.

So gewinnt mit steigender Dringlichkeit eine dritte Aufgabe zentrale Bedeutung, nämlich auch die geistigen Grundlagen des *Landwirtschaftlichen Kurses* und damit der Lebensvorgänge in den Naturrreichen der Erde vertieft zu erfassen. Und zwar auf dem – wie schon oben erwähnt – dem Landwirt gemäßen Wege des Ausgehens von der eigenen Beobachtung und Erfahrung. Der rechte Landwirt ist ein Meditant, er muß hellriechend, hellfühlend werden – so war im *Landwirtschaftlichen Kurs* gefordert worden. Man kann hinzufügen, er muß mit den sich entwickelnden Pflanzen, mit den Jahreszeiten, aber auch mit den Gesteinen und Hüllen-Organen der Erde mitleben können. Das so im tätigen Umgehen mit der Natur Erfahrene kann dann im gedanklichen Zusammenführen mit den Ergebnissen der geisteswissenschaftlichen Forschung mit wachsendem Verständnis durchdrungen werden.

Aus dem Mühen um einen solchen Weg sind die Aufsätze dieser Schrift entstanden. Die besondere Art der Darstellung ergibt sich daraus, daß versucht wurde, soweit möglich von den Phänomenen, von den eigenen Beobachtungen der Natur auszugehen. Die Ausführungen hätten umfassender und einfacher entwickelt werden können, wenn von der Fülle der Ergebnisse der geisteswissenschaftlichen Forschung ausgegangen worden wäre. Doch der hier eingeschlagene Weg wird für eine zunehmende Zahl von Menschen der gegebene Einstieg sein.

Angeregt durch die «Grundlinien einer Erkenntnistheorie der Goetheschen Weltanschauung» wurde noch ein weiterer Schritt versucht. In dieser Schrift entwickelt Rudolf Steiner die Einsicht, daß dem intuitiven Denken des Menschen die das Natur- und Menschenleben konstituierenden Ideen zugänglich sind und daß diese mit der vergleichenden Methode geprüft werden können. Auf dieser Einsicht zumindest als Arbeitshypothese aufbauend, kann von der Aufgabe, die sich Goethe gestellt hatte, nämlich das allen Pflanzen Gemeinsame zu finden (was ihn zur Idee der Urpflanze führte), fortgeschritten werden zum Suchen des geistigen Urorganismus, der allen Lebewesen auf der Erde gemeinsam ist.

Im dritten Teil der vorliegenden Arbeit werden dann einige zum Teil noch nicht veröffentlichte Ausführungen Rudolf Steiners gebracht, die zum Verständnis des Pflanzenlebens und der Aufgaben des Menschen im Pflegen der Natur bedeutsam sind. Sie betreffen sowohl ein intimes Herantasten an das Wesen der Pflanzen in ihrem Verhältnis zum Menschen und zur Menschheitsaufgabe als auch praktische Fragen der Düngung.

Die biologisch-dynamische Forschung hat, ausgehend von den Instituten für biologisch-dynamische Wirtschaftsweise in Darmstadt und in Järna/Schweden, zu wichtigen Ergebnissen und Bestätigungen geführt, die sowohl für die praktische Durchführung als auch für Verständnis und Anerkennung in der wissenschaftlichen Umwelt von Bedeutung waren. Im vierten Kapitel wird nun eine zusammenfassende Überschau hierzu gebracht, wobei insbesondere die Probleme der Erhaltung des Wachstums-Potentials der Pflanzen behandelt, aber auch ergänzende Hinweise auf die anthroposophisch orientierte Evolutionsforschung gegeben werden.

Das Verständnis für die Pflanzenwelt hat in den letzten beiden Jahrhunderten zahlreiche Etappen durchlaufen, deren Ausprägungen auch in der Praxis der Landwirtschaft zu erleben sind. Repräsentanten dieser Entwicklung werden in dieser Schrift wiederholt genannt. Im letzten Abschnitt wird nun versucht, durch einige Beiträge einen Einblick in diese Entwicklung zu geben, anknüpfend an die Namen Linné, Goethe, Carus, Liebig, Grundtvig, Grohmann, Rudolf Steiner. Unter diesen Namen erscheinen neu C. G. Carus, der als Biologe im Goethe-Kreis mitwirkte, und N. F. S. Grundtvig, der im vorigen Jahrhundert, auf die Einsichten des Goethe-Schiller-Kreises aufbauend, in Skandinavien eine ländliche Kultur- und Bildungsbewegung entwickelte, die nicht nur das ländliche Bildungsleben der damaligen Zeit mitprägte, sondern deren Impulse auch in die Entwicklung der biologisch-dynamischen Landwirtschaft und deren Ausbildungsstätten in Skandinavien eingegangen sind.

Der als Motiv diese Schrift einleitende Spruch aus dem Seelenkalender zur 45. Woche sowie der Vortrag vom 14. Februar 1910, dessen kurze Nachschrift hier zum erstenmal veröffentlicht wird, und der «Landwirtschaftliche Kurs» bilden den Rahmen zum Inhalt dieser Schrift.

Anregung und Möglichkeit, die Inhalte der vorliegenden Arbeit zu entwickeln und niederzuschreiben, gab die verständnisvolle Aufnahme der ersten tastenden Aufsätze durch Herrn Professor Dr. Hiebel im Wochenblatt «Das Goetheanum», wofür hier nochmals der Dank ausgesprochen sei. – Ebenso sei an dieser Stelle dem Rudolf Steiner Verlag in Dornach gedankt für die freundliche Genehmigung, die bisher unveröffentlichten Notizen zum Wiesbadener Vortrag Rudolf Steiners am 14. Februar 1910 erstmals abzudrucken.

Die Entstehungsgeschichte dieses Buches brachte es mit sich, daß manches Thema, mancher Gesichtspunkt wiederholt aufgegriffen und ausgeführt erscheint. Der Leser möge sich daran nicht stoßen. Vielleicht kann sich auch hier, im Bereich der Gedanken, ein Prinzip des Lebendigen bewähren: daß nämlich das Gleiche doch nicht ganz das Gleiche bleibt, je nachdem, welches Licht es aus seiner Umgebung empfängt.

Darmstadt, Ostern 1983 Hans Heinze

I.
Von der Durchdringung des landwirtschaftlichen Lebens mit geisteswissenschaftlichen Impulsen

Immer wenn neue umwälzende Impulse in der Wissenschaft oder Praxis auftreten, besteht die Gefahr, diese einerseits zu bekämpfen oder andrerseits zu überschätzen. Das war auch in den ersten Jahrzehnten der biologisch-dynamischen Arbeit zu erleben. Stärkste Ablehnung bei den Hochschulen stand dogmatischer Bindung an einzelne Hinweise des Begründers Rudolf Steiner gegenüber, wobei andere Aussagen unbeachtet blieben. So gehörte es zu den wichtigen Aufgaben dieser Zeit, die neuen Richtlinien mit den Erfahrungen der landwirtschaftlichen Praxis in Einklang zu bringen, sowohl mit den Erfahrungen guter bäuerlicher Tradition, als auch mit den in der neuen Betriebsart gesammelten. Es mußte aber auch danach gestrebt werden, die neuen Leitbilder des Landwirtschaftlichen Kurses *so verstehen zu lernen, daß sich aus der Zusammenschau mit den sonstigen Ergebnissen der geisteswissenschaftlichen Forschung ein umfassenderes Verständnis erschloß. Auf diesem Wege mußte gelernt werden, die im Pflanzenwachstum wirkenden Impulse und Kräfte an den Erscheinungen der Boden- und Pflanzenentwicklung selbst abzulesen und das Pflanzenleben auf der Grundlage des so erschlossenen Kräftewirkens zu verstehen und zu pflegen.*

Hierzu war es aber auch notwendig, die besonderen Bedingungen, wie sie für die Lebenssituation des Landwirtes und Gärtners gegeben sind, zu betrachten und zu klären, wie der Übungsweg zum herantastenden Erfassen der in der Natur wirkenden Kräftewelt an Hand der Richtlinien Rudolf Steiners, diesen Voraussetzungen gemäß, gegangen werden kann. Auch galt es, die besondere Situation des pflegend mit der Natur Verbundenen im Hinblicken auf die gegenwärtige Menschheitssituation zu verstehen. Ist es doch die Aufgabe des gegenwärtigen Kulturzeitraumes, das Geistig-Seelische im anderen Menschen zu erfassen, während das bewußte Erleben des Geistig-Seelischen in der Natur erst Aufgabe eines kommenden Zeitalters sein wird. Da dieser Unterschied für das Erleben des Menschen in der täglichen Arbeit von größter Bedeutung ist, war es wichtig, hierüber Klarheit zu erarbeiten und ebenso über die Voraussetzungen des oftmals engen sozialen Zusammenlebens auf einem Hofe, Voraussetzungen, die heute so grundlegend andere sind als in vergangenen Zeiten.

Einen Einblick in diese Entwicklung und in das Herangehen an diese Aufgabe von den verschiedensten Seiten sollen die Beiträge des ersten Kapitels vermitteln.

Methodisches zur Verwirklichung der geisteswissenschaftlichen Anregungen für die Landwirtschaft

In den acht Vorträgen des *Landwirtschaftlichen Kurses*[2] hatte Rudolf Steiner den Landwirten neue Welten erschlossen, Aufgaben gezeichnet, deren volles Verständnis mehr als eine Lebensarbeit erfodert. Infolge dieses Ausmaßes der Darstellungen ist es verständlich, daß als Leitlinie für das praktische Handeln nach «vereinfachenden» Grundsätzen gesucht wird.

Denn schon die Zielsetzung der Pflege des Organismus des Naturwachstumes, der Boden- und Pflanzenwelt, aber auch die Tierwelt in und über dem Boden und im Blatt-Blüten-Luft-Bereich umfaßt, ja bis zu den Sternen reicht, ist als Aufgabe überwältigend. Wie sind demgegenüber «einfache» Grundsätze für das Handeln und Maßstäbe zur Prüfung des «echten» Weges zu finden?

Das ist keine leichte Aufgabe, zumal im *Landwirtschaftlichen Kurs* wie auch für andere Lebensgebiete in den geisteswissenschaftlichen Darstellungen das Einhalten fester Grundsätze als Wertmaßstab überwunden wurde, da solche nur im Bereich der anorganischen Natur, nicht aber der belebten Natur Gültigkeit haben können.

Als ein Beispiel sei daran erinnert, daß man noch in der Theosophischen Gesellschaft sich als in besonders vorbildlicher Weise auf dem rechten Wege fühlen konnte, wenn man strikter Vegetarier war. Im Haager Zyklus *Welche Bedeutung hat die okkulte Entwickelung des Menschen für seine Hüllen – physischer Leib, Ätherleib, Astralleib – und sein Selbst?* wurde jedoch diese starre Urteilsgrundlage überwunden, indem entwickelt wird, in welcher Weise sich pflanzliche Nahrung, beziehungsweise vom Tier stammende Nahrung auf die menschliche Entwicklung auswirken und daß letztere in gewissen Situationen ein Heilmittel sein kann, wenn zum Beispiel eine Festigung im irdischen Leben notwendig ist.

In der Theosophischen Gesellschaft gab es auch noch andere Grundsätze, zu deren Einhalten die Mitglieder sich verpflichteten. In den Prinzipien der Anthroposophischen Gesellschaft wurde jedoch nicht mehr von der Anerkennung von Grundsätzen gesprochen, es wurden dagegen die Aufgaben und Strebensziele entwickelt. Sie sollte, wie vor der Verlesung der Statuten ausgesprochen worden war, eine Gesinnungs- und Erkenntnisgesellschaft und keine Statutengesellschaft sein. Denn das Handeln im konkreten Einzelfall kann nur – viele Blickpunkte umfassend – aus der sachlich-moralischen Intuition des Augenblickes erfolgen.

Auch in den Darstellungen während des *Landwirtschaftlichen Kurses* wurden die Grundlagen für das Handeln in entsprechender Weise umrissen, indem Rudolf Steiner zum Beispiel in einer Ansprache an die versammelten Landwirte ausführte: «Ein Gut ist ja immer in dem Sinne eine Individualität, daß es wirklich niemals das gleiche ist wie ein anderes Gut. Klima, Bodenverhältnisse geben die allerunterste Grundlage zur Individualität eines Gutes. Ein Gut in Schlesien ist nicht so wie in Thüringen oder Süddeutschland. Das sind wirklich Individualitäten. Nun haben gerade nach anthroposophischer Anschauung Allgemeinheiten, Abstraktionen, überhaupt gar keinen Wert, und sie haben am allerwenigsten Wert, wenn man in die Praxis eingreifen will.»[3]

Es kann also auch im landwirtschaftlichen Felde keine allgemeingültigen Regeln geben, deren Befolgung Maßstab für das rechte Handeln sein kann. Solche linearen Richtlinien sind daher auch in den Vorträgen des *Landwirtschaftlichen Kurses* nicht zu finden. Auch nicht über die Düngung, deren Aufgabe weit umfassend auf das Ziel hin gestellt wurde: «Man muß wissen, daß das Düngen in einer Verlebendigung der Erde bestehen muß ... daß wirklich die Erde genügend durchlebt wird ... Das Wichtigste ist, wenn die Dinge an den Menschen herankommen, daß sie seinem Dasein am allergedeihlichsten sind ... Es kann gar nichts anderes herauskommen, wenn man so die Landwirtschaft betreibt, als daß sie für den Menschen und für die Tiere das Beste gibt.»[4]

Es wurden daher auch in den Vorträgen des *Landwirtschaftlichen Kurses* Zielsetzungen, die zu linearen Grundsätzen führen könnten, durch Hinzufügung anderer Gesichtspunkte eingeschränkt. Im 2. Vortrag hatte Rudolf Steiner folgendes ausgeführt: «Eine Landwirtschaft erfüllt eigentlich ihr Wesen im besten Sinne des Wortes, wenn sie aufgefaßt werden kann als eine Art Individualität für sich, eine wirklich in sich geschlossene Individualität. Und jede Landwirtschaft müßte eigentlich sich nähern – ganz kann das nicht erreicht werden, aber sie müßte sich nähern – diesem Zustand, eine in sich geschlossene Individualität zu sein. Das heißt, es sollte die Möglichkeit herbeigeführt werden, alles dasjenige, was man braucht zur Hervorbringung, innerhalb der Landwirtschaft selbst zu haben, wobei zur Landwirtschaft der entsprechende Viehstand selbstverständlich hinzugerechnet werden muß. Im Grunde genommen müßte eigentlich dasjenige, was in die Landwirtschaft hereingebracht wird an Düngemitteln und ähnlichem von auswärts, das müßte in einer ideal gestalteten Landwirtschaft angesehen werden schon als ein Heilmittel für eine erkrankte Landwirtschaft.»[5]

Das Erhalten eines geschlossenen Kreislaufes in einer Landwirtschaft, also das Vermeiden des Zukaufes von Dünger- und Futtermitteln könnte ja nun als ein lineares Ideal genommen werden, an dem das eigene Tun und das der anderen gemessen werden kann. Im 8. Vortrag griff Rudolf Steiner das Thema nochmals auf: «Dann werden sich Gebrauchsregeln ergeben, aber alle diese Gebrauchsregeln sollten aus der Richtschnur hervorgehen, daß man die Landwirtschaft möglichst so in sich abschließt, daß sie sich selber tragen kann.» Dann aber fuhr er fort: «Allerdings nicht ganz. Warum? Durch eine sachliche Betrachtung im geisteswissenschaftlichen Sinne wird man niemals Fanatiker. Ganz läßt sich das innerhalb unserer heutigen Wirtschaftsordnung außen nicht erreichen. Aber soviel es möglich ist, sollte man es zu erreichen suchen.»[6]

Das Ziel einer hundertprozentigen Befolgung wurde also nicht als Ideal gewertet. Und zwar nicht nur, weil es unter den heutigen wirtschaftlichen Verhältnissen nicht erreichbar ist, sondern auch aus prinzipiellen Gründen, weil es zum Fanatismus führen müßte, indem dadurch einem Handeln aus moralisch-sachlicher Intuition, wobei viele Gesichtspunkte berücksichtigt werden müssen, die Basis entzogen würde. – Es würde ein solches Vorgehen auch zum sektiererischen Verhalten verleiten, da dann die weißen von den schwarzen Schafen für jeden leicht zu unterscheiden sind.

Wie schon erwähnt, bietet das in den Vorträgen des *Landwirtschaftlichen Kurses* Ausgeführte kaum eine Handhabe, das «Gute» und das «Böse» in der Betriebsführung in einem einfachen Grundsatz festzulegen. Da wurde zum Beispiel ausgeführt: «Nun sehen Sie, einen starken Fingerzeig kann das schon geben, daß Sie, wenn Sie Mineralisches, rein Mineralisches, als Dungstoff anwenden, niemals in Wirklichkeit an das Erdige herankommen, sondern im äußersten Fall an das Wäßrige der Erde. Sie können eine Wirkung mit mineralischen Dungmitteln im Wäßrigen der Erde erzeugen, aber Sie dringen nicht vor zur Belebung des Erdigen selber. Daher werden Ihnen Pflanzen, welche unter dem Einfluß irgendwelchen mineralischen Düngers stehen, ein solches Wachstum zeigen, das verrät, wie es nur unterstützt wird von angeregter Wäßrigkeit, nicht von belebter Erdigkeit.»[7] Dem steht jedoch auf der anderen Seite gegenüber, daß die Pflanze im Boden die richtige Salzmenge finden muß, um sie im Absorbieren der Ich-Kraft zu unterstützen.[7a]

Da wurde in einer Aussprache auf eine spezielle Frage hin dargestellt, daß der Kunstdünger, der nur über das Wäßrige wirkt, wieder verschwinden wird, andererseits einige Sätze später aber ausgeführt, was zu beachten sei, wenn man Mineralisches an die Pflanze heranbringen will, nämlich «daß wirken sollte das Mineralische nur auf diejenige Weise, wie es selber in der Natur wirken kann. Ohne daß man es in irgend etwas einbezieht, das Mineralische, soll man nicht eigentlich die lebendige Erde mit etwas ganz Leblosem ... durchsetzen».[8]

Da wurde dargestellt, wie die Kulturpflanze, um das Mineralische in rechter Weise in ihre Lebenssubstanz einbauen zu können, der Hilfe astralischer Kräfte aus dem belebten Boden bedürfe; andrerseits wurde aber auch in einem persönlichen Gespräch mit J. S. Streicher entwickelt, wie in besonderen Fällen der Pflanze die notwendige Hilfe zum Einbau des Mineralischen auch durch die Anwendung eines pflanzlichen Giftes gegeben werden könne.

So wie das Mineralische für den Menschen in der Zeit der Ich-Entwicklung von besonderer Bedeutung ist, so auch für die höhere Pflanze, insbesondere für die Nahrungspflanzen. Das betrifft sowohl das Mineralskelett der «Erde» in seiner Auswirkung auf den Vertikal-Impuls im Pflanzenwachstum, die Erde-Sonne-Ausrichtung, als auch das Salz in der Feuchte des Bodens mit seinen Anregungen für das Ätherisch-Lebendige und auch die Spuren-Elemente als Vermittler differenzierter qualitativer astraler Gestaltungsimpulse aus dem Umkreis. Doch kann die Pflanze, vor allem die höhere Pflanze, nicht selbständig mit dem Mineralischen umgehen. Sie bedarf vor allem der Hilfe aus dem erdenhaft, nicht nur mondenhaft belebten Mutterboden.

Man erkennt leicht, wie diese das Problem aus geisteswissenschaftlicher Sicht umfassenden Darstellungen weit von der Einspurigkeit der oft gehörten Alternative entfernt sind:

Organische Düngung ... «alles gut»
Mineral in der Düngung ... «immer schlecht».

Daß dieser einspurige Grundsatz unzureichend, ja oft zu gegenteiligen Ergebnissen führend ist, haben die biologisch-dynamische Praxis und Forschung in vielen Fällen bestätigt, indem offenbar wurde, welche Qualitätsschäden durch falsche Verwendung organischer Dünger, wie Horn, Federn, Borsten, bewirkt werden können und andererseits auch dadurch, daß auf ungünstigen Böden bei ungünstigem Klima die Pflanzen auch bei guter Humuspflege nicht die «richtige Salzmenge» im Boden finden können. Das Handeln kann also auch in der Düngungsfrage nur durch sachlich-moralische Intuition im individuellen Einzelfall bestimmt werden und nicht durch Befolgung eines allgemeingültigen Grundsatzes.

Die Bewertung der Maßnahmen kann dann vor allem durch die Prüfung erfolgen, inwieweit das Ziel erreicht wurde, daß die Landwirtschaft «für den Menschen und für die Tiere das Beste gibt». Neben der Prüfung des Geschmackes, der Bekömmlichkeit, der Haltbarkeit, neben einem Einsatz bildschaffender und analytischer Methoden steht für die Bewertung die Beurteilung des gesunden Aufwuchses der Kulturpflanzen, der Leguminosen-Wüchsigkeit, der autonomen Stickstoff-Versorgung sowie der Gesundheit der Haustiere, die weitgehend von den Produkten eines Hofes leben, als Maßstab zur Verfügung, insbesondere die so fein reagierende Gesundheit der Rinder, zum Beispiel bezüglich Fortpflanzung, Knochenbau, Stoffwechsel und anderer Erscheinungen.

Es ist unser Bestreben seit vielen Jahren, ja nunmehr Jahrzehnten, sowohl die Darstellung der geisteswissenschaftlich fundierten landwirtschafltichen Methode, als auch die Motivierung des Handelns, der Maßnahmen und der Bewertung und Prüfung der Ergebnisse in eine den Prinzipien der Geisteswissenschaft gemäße Form zu bringen. Das heißt, das Handeln aus der Enge allgemeingültiger Grundsätze zu lösen und die Blickpunkte, die Urteilsgrundlagen aufzuzeigen, nach denen unter den verschiedenen, so weit differierenden Boden- und Klimabedingungen im individuellen Fall das Handeln bestimmt werden kann.

Diese Spannweite der örtlichen Boden- und Klima-Unterschiede, unter denen Landwirtschaft betrieben wird, reicht selbst in Europa von Bereichen, in denen Schwierigkeiten durch Versalzung, das heißt übermäßig zunehmende Salzkonzentration im Boden auftreten, also im warm-trockenen Klima, bis zu solchen, wo die im Boden verfügbar werdenden Salze durch ein Übermaß an Niederschlägen in der kalten Jahreszeit immer wieder ausgespült werden und die Bodenprozesse zur Säurebildung tendieren. Es ist verständlich, daß die Maßnahmen der Düngung unter so polar verschiedenen Bedingungen durch Beachtung der individuellen örtlichen Gegebenheiten modifiziert werden müssen.

In allen Darstellungen der biologisch-dynamischen Richtlinien sollten daher die Grundlagen beachtet werden, die Rudolf Steiner schon in den *Grundlinien einer Erkenntnistheorie der Goetheschen Weltanschauung* gegeben hatte, daß nämlich im Bereich der organischen Natur andere Erkenntnis-Methoden zu beachten sind als im Bereich der anorganischen Natur.

Im Anorganischen gilt die beweisende Methode, die sich auf gewisse Regeln stützt (allgemeingültige Naturgesetze), wo die Wirkung aus dem Bewirkenden unmittelbar mit Notwendigkeit hervorzugehen scheint. Im Organischen tritt an die Stelle der beweisenden Methode die entwickelnde, die vergleichende Methode. An die Stelle der beweisenden, reflektierenden Urteilskraft tritt die Intuition, die anschauende Urteilskraft. Für die organische Natur ist die Intuition die richtige Methode.

Hinzugefügt sei noch, daß der Schreiber dieser Zeilen in den Jahren 1935–1945 einen 85 ha großen Hof in Holland in einer schweren biologischen und wirtschaftlichen Krise übernommen hatte und, Fruchtwechsel und Viehhaltung neu aufbauend, nach der Methode des geschlossenen Betriebskreislaufes mit intensivster Präparate-Anwendung mit vollem Erfolg «umgestellt» hat. Bezüglich der erzielten Erträge im

Verhältnis zur angewandten Düngermenge sicherlich eine der erfolgreichsten Umstellungen eines größeren Hofes. – Es ist jedoch auf Grund vielseitiger gründlicher Erfahrungen in Praxis und Forschung in den letzten 25 Jahren erwiesen, daß es heute häufig unter den verschiedensten Gegebenheiten möglich, ja sogar notwendig ist, eine «Umstellung» zunächst durch Anwendung von außen bezogener Dünger zielsicherer, auch bezüglich der Qualität der Erzeugnisse sinnvoll durchzuführen, in voller Verantwortung gegenüber den im *Landwirtschaftlichen Kurs* gegebenen und aus der Anthroposophie erfließenden Darstellungen und Leitbilder.

Die Kriterien von Fruchtbarkeit, Gesundheit und Qualität sind für das moderne Bewußtsein durchaus erkennbar, beschreibbar, vergleichbar – im Sinne der *Grundlinien ...* Rudolf Steiners zur Erforschung der organischen Natur. – Das sorgsame Bemühen, verantwortbare Qualitäten im Sinne des «Demeter-Strebens» zu schaffen, kann so aus anthroposophischer Verantwortung und Goethescher Lebensanschauung vertrauensvoll Erkenntnis-Sicherheit gewinnen.

Vom «Organismus des Naturwachstumes»
Erkenntnisschritte im landwirtschaftlichen Tun und Erleben

Um die Landwirtschaft im Sinne der vorangehenden Betrachtungen führen zu können, müssen die Aufgaben und Ziele neu gefaßt werden. Aufgabe des Düngens muß sein: Belebung des Bodens; Aufgabe des Landwirtes: Verständnis zu erarbeiten für den Organismus des Pflanzenwachstums, der Boden, Pflanzenwelt und Tierwelt am jeweiligen Standort umfaßt. Dieser «Organismus, der sich im Naturwachstum überall zeigt, wo ein solches Naturwachstum vorhanden ist», ist die Naturgrundlage für das landwirtschaftliche und gärtnerische Tun. Damit war die Landwirtschaft wiederum in den großen Naturzusammenhang, jedoch in neuer, bewußterer Art, eingebettet, in dem sie auch in vergangenen Jahrhunderten gepflegt worden war, – und andererseits die Wissenschaft der Ökologie, die Beachtung der Umwelt, die sich damals zu entwickeln begann, vorausgenommen.

Betrachten wir das Pflanzenwachstum, vom keimenden Samen, der Entfaltung von Keimwurzel und Keimblatt sowie der weiteren Blattentfaltung mit ihren Formwandlungen bis zur Blüte und Samenbildung, wie es auch *Goethe* in seiner *Metamorphose der Pflanzen* tat, so kann dies als ein «Prozeß einer fortschreitenden Entvitalisierung» angesehen werden. In der Stuttgarter medizinischen Woche, 1922, wurde er von Rudolf Steiner in dieser Art charakterisiert im Zusammenhang mit der menschlichen Ernährung, wo in der Nahrungs-Aufnahme in den einleitenden Prozessen im Mund, Magen und Darm dieser Prozeß der Entvitalisierung weiter fortgesetzt wird.[9] – Der Organismus des Naturwachstums umfaßt jedoch auch den notwendigen ergänzenden Prozeß der Vitalisierung. Beide Prozesse haben ihre große Bedeutung für das Pflanzenwachstum und insbesondere auch für den Anbau menschengemäßer Nahrung. Beide Prozesse können im Zusammenhang mit der Wirksamkeit der Sonne gesehen werden. Deutlich wurde dieses polare Wirken in einem Arbeiter-Vortrag angesprochen:

Sonne von außen bewirkt Schönheit der Blütenwelt, führt aber zum Ersterben.

Sonne, verinnerlicht im Erden-Prozeß, frischt Fortpflanzungskräfte auf.[10]

Im *Landwirtschaftlichen Kurs* wird dieses polare Wirken der Sonne im Zusammenhang mit den äußeren Planeten (Saturn, Jupiter, Mars) und den inneren Planeten (Venus, Merkur, Mond) beschrieben. Die ersteren unterstützen die Sonne in ihrem lichthaften Wirken in der Nahrungsbildung, während die letzteren dieses Wirken zur Förderung von Wachstum und Fortpflanzung im terrestrischen Leben wandeln.

Ein Verstehen dieser Zusammenhänge wird erleichtert durch einleitende Bemerkungen im 1. Vortrage des Kurses, die eine Beziehung zur Evolution der Erde herstellen. Es heißt dort, frei zitiert:

Aus der Gestaltung durch den Kosmos hat sich das Leben, das sich immer in Rhythmen entfaltet, zum Tier und Menschen hin immer mehr vom Kosmos emanzipiert. Damit ist auf grundlegende Prozesse während der planetarischen Stufen der Erd-Entwicklung gewiesen.

Ursprünglich war alles vom Kosmos bestimmt: Saturn
Alles Leben entwickelt sich in Rhythmen;
Einatmung und Ausatmung: Sonne
Es tritt der Impuls der Emanzipation auf: Mond

In der Erdenstufe wird dieser Prozeß der Emanzipation fortgesetzt (Mond) bis zur Bildung fester Stofflichkeit, andererseits aber tritt ein Rückwenden zum Kosmos auf (Mars, Jupiter).

Die Sonne kann heute auf der zur flüssigen und festen Stofflichkeit emanzipierten Erde nicht unmittelbar die Lebensprozesse fördern, in das Pflanzenwachstum eingreifen. Wohl kann sie in den Reifeprozessen – in der Blütenbildung entvitalisierend – Schönheit, Qualität, Urbild-Gestalt vermitteln, doch zur Förderung der Lebensprozesse im weitgehend aus dem Kosmos emanzipierten Erd-Bereich bedarf sie vermittelnder Hilfen.

Landwirtschaftlich gesehen ist es die sonnendurchleuchtete und durchwärmte Feuchtehülle der Erde, in der das Wasser, Kosmos und Erde verbindend, die vermittelnde Rolle in Bodennähe und Wolkenhöhe spielt. Geisteswissenschaftlich gesehen sind es die im Feuchten, im Mutterboden wirkenden «alten Mondenkräfte», die einst die Emanzipation vom Kosmos wesenhaft begannen und im Lösen vom Wirken der Hierarchien den Freiheitsraum für die Menschheit vorbereiteten.

Wer mit den Jahreszeiten und Tageszeiten mitlebend Boden und Pflanzen pflegt, der weiß aus eigener Erfahrung, welche Bedeutung der das Erdengestein umhüllende Mutterboden und die darüberlagernde sonnendurchstrahlte Feuchte-Hülle für die Lebensprozesse der Pflanzenwelt, vor allem für das sprossende Leben der Frühjahrs-Entfaltung hat und wie ganz anders die im Sommer und Herbst vom wolkenlosen Himmel einstrahlende Sonne sich in den Reife-Prozessen auswirkt, entvitalisierend, reifend, Schönheit, Qualität, Urbild-Gestalt vermittelnd. Im Reifeprozeß der Getreide, im Blüten-Prozess der Obstgehölze zeigt sich die Pflanze licht- und sonnenverwandt, während dort, wo die terrestrischen Einflüsse überwiegen, im anmoorigen Boden oder bei triebiger Düngung, die Gestalt der Pflanze (Moorbirke), aber auch ihre Qualität (Kohl) entarten oder durch wuchernde Pilzkrankheiten zerstört werden können.

Zur Aufgabe des Landwirtes gehört es daher, zu sorgen, daß das Bodenleben nicht einseitig mondenhaft wird, sondern erdengemäß, im Gleichgewicht zwischen Sonne und Mond wirkend, verbleibt.

Wie in der Entfaltung der Pflanzen der Entvitalisierungs-

Prozeß, in welchem das von außen wirkende Kosmisch-Astralische das Irdisch-Ätherische in seiner Dominanz zurückdrängt, ein mehrfach gestufter ist, so sind solche Stufen auch beim Prozeß der Vitalisierung, der Belebung durch die gewandelte Sonnenwirksamkeit, zu erkennen. Bei der Pflanzen-Entfaltung zeigen sich diese Stufen in der Umwandlung der Blatt-Gestalten, in ihrer zunehmenden Gliederung und Verfeinerung, bis in ihrem gänzlichen Zurücktreten die Blüten sich in ihrer Farbenpracht entfalten können. Die Blüten müssen nicht mehr in die vegetativen Tiefen der Erde hinabsteigen, sie werden von den Blättern mit Nahrung versorgt, ebenso wie die Blätter vom Bodenleben. Im Blütenstaub, der in die Atmosphäre hinauffliegt, löst sich die Pflanze noch weiter vom Erdenleben, bis sie in der Samenbildung wieder hereingeholt wird.

Auch in den Belebungs-Prozessen, die in den Hüllen-Organen der Erde verlaufen, wirken Sonne und Mond – obersonnige und untersonnige Planeten – zusammen, jedoch so, daß die letzteren dominant bleiben. In der Feuchte-Hülle wird Sonnenwirksamkeit durch Erwärmung des Wassers mit seiner großen Wärmeaufnahmefähigkeit gebunden; in den Blättern, welche die Erde wie eine weitere Hülle umgeben, wo Erden- und Sonnenkräfte zusammenwirken, wird Wärme als Energie in der Zuckerbildung gebunden. Stickstoff, der große Beweger in allen irdischen Wachstums-Prozessen, der Träger astralischer Wirksamkeit im Stoff-Bereich, der in der Luft zu 79% enthalten ist, kann jedoch erst im Bereich des Mutterbodens in organischer Bindung für die Wachstums-Prozesse verfügbar gemacht werden. Die Impulse der Emanzipation, getragen von den Kräften des alten Mondes, die zur Bildung der terrestrischen Eigenlebens-Grundlage der Erde führten, müssen mitwirken, um diesen Träger des Astralischen, der in der durchsonnten Atmosphäre chemisch-irdisch träge und leblos ist, in die irdischen Lebens-Prozesse einzuführen.

Mit dem Stickstoff, dem Träger des Astralischen, der im Übermaß das Pflanzenleben entarten ließe, wird im Natur-Prozeß sehr sorgsam umgegangen. 8000 kg Stickstoff lagern über jedem qm unseres Bodens in der darüber sich befindenden Luft, entsprechend 80000 t Stickstoff über jedem ha unseres Landes, und doch tritt keine Überdüngung der Pflanzen auf, die schon bei einer Gabe von 30–50 g/m² beziehungsweise 300–500 kg/ha auftreten könnte. Die Aufnahme aus der Luft über Bodenbakterien, Bodenalgen, Leguminosen ist auf das Maß des Notwendigen beschränkt, geregelt durch den hohen Aufwand an Energie, die als Zucker und leicht aufnehmbare Kohlehydrate von den Pflanzen zu liefern ist. Es besteht also eine Abhängigkeit der Stickstoffbindung von der Sonneneinstrahlung und auch von der Temperatur des Bodens. – Den bei Zersetzungs-Prozessen im Boden auftretenden löslichen Stickstoffsalzen wird im Natur-Prozeß ihre einseitige Wirkung baldigst dadurch genommen, daß sie Aufnahme finden in harmonisch aufgebautes Boden- oder Pflanzen-Eiweiß. Überschüsse derselben, die zu Entartungen führen könnten, sei es durch das Tun des Menschen, sei es durch Anhäufung tierischer Abfälle, werden ausgewaschen oder entweichen als gasförmiger Stickstoff.

Im Leben der Pflanzenwelt kann das Astralische also, wie auch im Menschen, in zweifacher Art wirksam sein. Darauf wird im 3. Vortrag des *Landwirtschaftlichen Kurses* am Ende hingewiesen: «Da unten will mit Fangarmen das Kalkige sie (die Pflanze) ergreifen, da oben will das Kieselige sie so ganz fein und schlank und fasrig machen, wie die Wasserpflanzen sind, aber mitten drinnen steht, unsere wirklichen Pflanzenformen bildend, der Kohlenstoff, der das alles ordnet. Und geradeso wie unser astralischer Leib zwischen Ich und Ätherleib Ordnung schafft, so wirkt der Stickstoff, als das Astralische, dazwischen. Das muß man verstehen lernen, wie da der Stickstoff drinnen wirtschaftet zwischen dem Kalkigen, dem Tonigen und dem Kieseligen, und zwischen all demjenigen, was das Kalkige sonst noch fortwährend nach unten verlangt, das Kieselige fortwährend ausstrahlen möchte nach oben.»[11]

Im Menschen kann die Seele sich mit dem Geistigen verbinden, wenn im Nerven-Bereich das Astralische von außen entvitalisierend wirkt, aber sie kann auch in den Stoffwechsel-Bereich untertauchen und in Trieb und Begierde leben. Im Pflanzenleben kann ein Übermaß des im Stoffwechsel-Bereich wirkenden Stickstoffes, des Trägers des Astralischen, die Pflanzen zur triebigen Entartung führen und die Entwicklung der Reife-Prozesse behindern, während die von außen wirkende Sonnen-Astralität, wenn sie in rechter Weise zur Wirksamkeit kommen kann, in der Bildung der äußeren Gestalt zur Wesensoffenbarung, zur Offenbarung des Geist-Impulses, des Typus der Pflanzenart führt. Der als Salz triebig wirkende Stickstoff wird dort im Eiweiß harmonisch gebunden, bei den

Getreiden selbst in kristalliner Gestaltung. Reife und Geist-Offenheit einerseits, Triebigkeit, Begierdenhaftigkeit andererseits beobachtet man also beim Menschen wie bei der Pflanze im Wirken des Astralischen.

An zwei wichtige Gruppen von Lebens-Prozessen im Organismus des Naturwachstumes konnte so herangeführt werden: an die belebenden, zur Stoff-Neubildung und -Verdichtung im Blatt-Bereich führenden Prozesse, wo Sonnenwirksamkeit vom terrestrischen Leben verinnerlicht wird, und an die Gestaltungs- und Reife-Prozesse durch die von außen wirkende Sonnenstrahlung. Beider Wirksamkeiten bedarf die Pflanze in jeder Entwicklungs-Phase.

Doch zusätzlich zu diesen beiden Bildeprozessen bedarf das Pflanzenleben zu seiner Entfaltung noch eines anderen Impulses. Die durch die Hüllen-Organe der Erde vermittelten belebenden Prozesse führen, im Gleichgewicht mit der gestaltenden Wirksamkeit der direkten Sonnenstrahlung, zur Stoffbildung, zur Zuckerbildung im Blatt-Bereich, zur Stickstoff-Aufnahme und Eiweißbildung zwischen Mutterboden und Pflanzenblatt. Was führt jedoch die Pflanze aus dem Dunkel der Erde zur Lichtesumwelt empor? Was läßt sie sich in der Vertikalen, in der Stengelbildung entfalten – ein Prozeß, den wir in der Johannizeit immer wieder an so vielen Wildkräutern beobachten können? Was führt zur mächtigen Stammesbildung der Bäume, die wir vor allem in den Nadelholzwäldern bewundern? Was läßt die Pflanze sich im Blüten-Prozeß zur Lichtesumwelt aufschließen?

Durch die Geistesforschung geführt, läßt sich auch an diese Rätselfrage herantasten. Auf humusarmen kieseligen Sandböden ist die Stengel-Tendenz, die Vertikal-Tendenz bei den Pflanzen vorherrschend. Die Kulturpflanzen möchten das horizontale Wachstum in der Rosette, zum Beispiel bei der Bestockung der Getreide oder in der Kopfbildung im Blatt-Bereich, beispielsweise bei Salat oder Kohl, überspringen und direkt zur Blütenbildung durchschießen, besonders bei sonnenheller Witterung. Auf wüchsigem Moorboden in gutem Kalkzustand dagegen strebt die Pflanzenbildung vor allem in die Horizontale, was besonders deutlich am wandlungsfähigen Kartoffelkraut oder Rotklee erlebbar ist.

Die Vertikal-Tendenz ist jedoch am stärksten erlebbar in der Nähe des Polarkreises in Skandinavien, wo das Land aus einer gewaltigen Lage von Granit und Gneis, also kristallinem Urgestein, gebildet ist, wo die Luft noch bis in die Frühsommer-Monate kristallklar, sonnendurchleuchtet bleibt, wo auch im Sommer noch kosmische Wirksamkeit so stark empfunden werden kann wie bei uns nur bei Sonnenaufgang im Hochgebirge. Dort strebt die Kartoffel stengelhaft empor, der Stengelanteil im Heu wächst zu großer Einseitigkeit, aber vor allem überrascht die Gestalt der Nadelbäume, die, in der Vertikale emporstrebend, ihre gespitzte Krone bis ins hohe Alter erhalten, so daß die wandlungsfähige Kiefer selbst dem geübten Auge aus der Ferne wie eine Fichte erscheinen kann. Dort, in der sonnendurchhellten Luft kann sich der Mensch in seinem Ich-Erleben in besonderer Weise mit der Vertikalen verbunden fühlen und die Wahrheit des Wortes ertasten: Der Mensch geht nicht mit seinem physischen Leib, nicht mit seinem Ätherleib, nicht mit seinem Astralleib, er geht mit seinem Ich auf der Schwerkraft der Erde.

Man erahnt den Zusammenhang des am Kristall zurückgestrahlten geistigen Lichtes mit dem Erleben der Vertikal-Tendenz.

Geisteswissenschaftliche Forschung hat diese dritte Sonnenwirksamkeit in verschiedener Art charakterisiert:

Bei der Sonnentrennung von der Erde ist etwas Sonnenhaftes zurückgeblieben, das zur Sonne hinstrebt. – Es wird auf die Sonnenrückstrahlung an den kristallinen Urgesteinen der Erdentiefen gewiesen, ein Vorgang, der durch den Tiefwinter-Kristallisations-Prozeß der Erde immer wieder neu angeregt wird. – Es wird von der geistigen Sonnenwirksamkeit gesprochen, die vom Erden-Mittelpunkt ausgeht.

Die unterschiedliche Art des Zusammenwirkens dieser drei Lebens-Prozesse am «Organismus des Naturwachstums» läßt sich nicht nur, wie im Vorangehenden angedeutet, beim Betrachten der Jahreszeiten erfassen, sondern mit besonderer Deutlichkeit auch beim Hinblicken auf das Geschehen in den verschiedenen Klima-Bereichen der Erde. Im Folgenden sei dies im Hinblick auf die Stickstoff-Einatmung, die Verinnerlichung des Astralischen, untersucht.

In den skandinavischen Ländern, wie auch in Kanada nach dem Polarkreis zu, mit ihrer kristallklaren Luft, den sauren Böden, der Urgestein-Grundlage, dem mangelnden Kalk, der schwachen Dunsthülle kommt die Stickstoff-Einatmung durch Bodenbakterien fast zum Ersterben. Der Vertikal-Impuls im Wachstum ist vorherrschend, das verinnerlichende atmosphärische Hüllen-Organ zu schwach entwickelt: Das Kosmisch-Astralische wird zurückgeworfen, wird reflektiert.

Ganz anders in den Regentropen. Dort ist das verinnerlichende Hüllen-Organ der Feuchte in der immerwährenden Gewitterschwüle optimal entwickelt: Das Kosmisch-Astrale wird vom Irdisch-Ätherischen wie verschlungen.

Der dem Tier-Bildeprozeß der Verinnerlichung (der in der Gastrulation der Embryonal-Entwicklung deutlich erkennbar ist) verwandte Boden-Bildungsprozeß steigt im Bodendunst der Tropen-Regenwälder bis in den Blattbereich empor. Luftwurzeln, pilzhaftes Leben entfalten sich, Blütenbildungen werden terrestrisch, die Stickstoff einatmenden Bakterien steigen vom Boden in den Blattbereich herauf, eine maximale Stickstoff-Aufnahme wird ermöglicht, auch durch Bodenalgen, also Blattpflanzen. Die Humusbildung ist jedoch gering und schnell vergänglich, da alles von der übermäßigen triebigen vegetativen Entfaltung ergriffen wird.

Ganz anders wiederum in den Steppengebieten der Schwarzerde-Bildung: lange Wintermonate mit klirrendem Frost, kurze üppige Frühjahrs-Entfaltung der Vegetation – ausreichend übrigens für einen qualitativ hochwertigen Getreidebau –, Zurückdrängen aller Vegetation in der Dürre der sommerlichen Reife-Sonne. Baumbildungen sind schon beim Übergang aus feuchteren Zonen geschwunden, der stauende Sonnen-Blüten-Impuls hat die Kräuter aromatisiert (Macchia-Bildung, Artemisia-Steppe), schwerer Erdendunst (nicht kristallklare Luft des Nordens) und Sonne-Blüten-Fruchtungs-Impuls begegnen sich in der welkenden Grassteppe; auch der Boden wird davon ergriffen und gewandelt. Qualitativ hochwertiger, das heißt stickstoffreicher Humus bildet sich, aromatisch duftend, von großer Haltbarkeit, als Erdenfrucht, als Erden-Fruchtbarkeit.

Diese Betrachtungen zusammenfassend und zur Klärung noch ein wenig ergänzend, seien die Stufen der Pflanzenbildung nochmals betrachtet. In der Samen-Bildung, wo sich der Wachstums-Impuls mit der Sonnen-Wärme, die seine höchste Qualität entwickelt, begegnet, wird die dem Typus gemäße Gestalt der Pflanzenart vermittelt. Nicht von den Erinnerungszeichen erworbener Merkmale, sondern vom Pflanzen-Ich in der Fixsternwelt wird die Typus-Gestalt der Art – von der Sonne vermittelt – dem Samen eingeprägt.

Damit aber eine artgemäße Pflanzenbildung sich entwickeln

kann, muß der Samen in den Mutterboden eingepflanzt werden. Der männliche, die individuelle Art-Gestalt vermittelnde Impuls muß dem Mutterboden, dem mütterlichen Organismus, der Spiegel des ganzen Kosmos ist, eingepflanzt werden, in ähnlicher Weise, wie beim Menschen der «männliche und weibliche Samen»[12] als Träger des individualisierenden Impulses der Gebärmutter eingepflanzt wird.

Im Keimen individualisiert die einzelne Pflanze ihren eigenen Ätherleib aus dem umfassenden Erden-Ätherleib und verbindet sich dabei mit dem Impuls, der allen Erden-Pflanzen gemeinsam ist: dem Wachsen in der Vertikalen zum Erden-Mittelpunkt und Lichtesumkreis über die von Goethe beschriebenen Metamorphosen zur Blütenentfaltung und Fruchtbildung. Sie wird dem Organismus des Naturwachstums einverwoben, in dem die Kräfte des Planeten-Organismus, der Sonne und der obersonnigen und untersonnigen Planeten sich ausleben.

Es ist dies die eigentliche Befruchtung in der Verbindung des Art-Typus im Samen mit der Erden-Mutter, nachdem in der Blüte vom zugehörigen Fixstern-Bereich die Art-Gestalt eingeprägt worden war: Veranlagung des physischen Leibes, Veranlagung des Ätherleibes der Pflanze. Das Astralische der Pflanze wirkt aus dem Planeten-Organismus in zweifacher Art: als Sonnen-Impuls von den obersonnigen Planeten differenziert, mit dem Kosmos der geistigen Gestaltung Verbindung haltend, oder, als vom Mond und den untersonnigen Planeten gewandelte Sonnen-Wirksamkeit, ein eigenständiges Erdenleben ermöglichend.

Und als eigentlicher neuer Erden-Impuls wird die Pflanze vom Erden-Pflanzen-Ich im Vertikal-Wachstum in der Stengel- und Stamm-Bildung, im blütenhaften Öffnen zum Kosmos wiederum zum Kosmos, zur Lichtesumwelt geführt.

Aufgabe des Landwirtes ist es nun in der Gegenwart im besonderen Maße, bei den von ihm gepflegten Kulturpflanzen das Gleichgewicht im Wirken des Astralischen zu halten und die Verbindung mit dem Erden-Pflanzen-Ich-Impuls zu stärken, damit die Nahrungspflanzen in der Reife sich voll dem Kosmos aufschließen und eine menschengemäße Nahrung erzeugt wird.

Zur Pflanzen- und Tierbildung im Zusammenhang mit der Leiblichkeit des Menschen

In unserer Zeit, in der im wissenschaftlichen Denken über das Pflanzenwachstum wie auch über die Grundlagen der Landwirtschaft dem intimeren Wirken der kosmischen Umwelt immer weniger Beachtung geschenkt wird, ist es eine dringliche Aufgabe, diese Verbindung wiederherzustellen. Geisteswissenschaftlich erweiterte Naturerkenntnis und die von ihr befruchteten praktischen Tätigkeiten sind ein wichtiger Beitrag auf diesem Wege. Umfassender noch wird die Auswirkung eines solchen Bemühens sein, wenn es gelingt, im Werden und Leben der Naturreiche das Wirken der großen Impulse des Erden-Werdens aufzuspüren und erkennbar zu machen – der Impulse der kosmischen Ursprungsmächte einerseits und derjenigen andererseits, die zur Emanzipation, zum Herauslösen aus dieser Bindung, zur Schaffung einer Eigenleben-Grundlage der Erde wirken, aber auch derjenigen, die das Erdenleben in Verbindung mit dem kosmischen Ursprung halten oder wiederum dorthin führen wollen. Am Erleben dieser großen Impulse in ihrer Bedeutung für das Werden der Erde, der Pflanzen und der Tierwelt, aber auch des Menschen, wird ein vertieftes Verständnis heranreifen können, wie der Mensch sinnvoll die Zukunftsaufgaben erkennen und sich mit ihnen wirkend verbinden kann.

Ein tätiges Leben mit der Idee des «Organismus des Naturwachstumes»,[13] die Rudolf Steiner in so umfassender Weise im *Landwirtschaftlichen Kurs* zur Darstellung brachte – es ist dies sicherlich eine der bedeutendsten naturwissenschaftlichen Entdeckungen der Neuzeit –, ermöglicht ein fortschreitend sich vertiefendes Erfassen der darin wirkenden Impulse und schafft so die Voraussetzung, das Werden der Naturreiche in der Evolution der Erde von neuen, umfassenderen Blickpunkten im obigen Sinne zu betrachten. Ein Versuch hierzu sei in den folgenden Ausführungen gewagt, und zwar beginnend bei jenem Zeitpunkt des Erdenwerdens, als sich an der noch weitgehend flüssig belebten Erdenoberfläche die damaligen pflanzentierartigen Organismen – auf welche sowohl die Geisteswissenschaft wie auch die Naturwissenschaft als Ausgangsformen hinweisen – differenzierten in eine zur Pflanzenwelt und andererseits zur Tierwelt führende Entwicklung. Die Organismen der pflanzlichen Entwicklung behalten – im

Zusammenhang ihrer Erdenumwelt – eine solche Beziehung zu den Sonnenwirksamkeiten, daß sie weiterhin die spezifischen Funktionen ausüben können, nämlich mit Hilfe der Sonne Zucker zu erzeugen, die Grundsubstanz für die Versorgung des Kräftehaushaltes aller Lebewesen, auch schon der Blüten der Pflanzen, und Sauerstoff, die Lebenssubstanz aller Lebewesen auf der Erde zu spenden. In der Entwicklung zur höheren Pflanze kommt diese Verbindung zur Mineralerde und zur Lichtumwelt immer deutlicher zur Erscheinung; im Vertikalwachstum der Wurzeln zum Erdenmittelpunkt und der Stengel und Stämme zum Kosmos, und schließlich in den Erscheinungen der Blütenwelt. Die Entwicklung der höheren Pflanze vom Keim über die Blattentfaltung ist jedoch ein fortschreitender Prozeß der Entvitalisierung, der erst die Offenbarung der Arten-Urbilder in Blüte und Samen ermöglicht. In verwandter Weise, wie beim Menschen auf anderer Stufe, im Bereich der Bewußtseinsprozesse, die Entvitalisierung im Nervensystem eine Offenbarung der Ideenwelt ermöglicht.

Diese Entwicklung zur Blütenpflanze durch den entvitalisierenden Impuls der Sonne war jedoch nur möglich, weil der umfassende Urpflanzenprozeß sich differenzierte und die belebenden Prozesse, das Hereinnehmen, das Verinnerlichen der astralen Sonnenwirksamkeiten von den Hüllenorganen der Erde übernommen wurden, der Luft-Feuchte-Hülle, der Blatthülle, der Mutterbodenhülle. Zu diesen Prozessen der Verinnerlichung gehört auch die Einatmung des Stickstoffes aus der Atmosphäre, des Trägers des Astralen, der nur im Bereich des Mutterbodens, wo alte Mondenkräfte wirksam sind, vollzogen werden kann, auch bei den Leguminosen.

Zusammenfassend läßt sich dies wie folgt charakterisieren: Die Vitalisierung, die Belebungsprozesse werden durch die Hüllenorgane der Erde vermittelt, in denen Sonnenwirksamkeit fortschreitend verinnerlicht wird, in der Feuchtehülle, der Blatthülle, der Mutterbodenhülle unter der Dominanz der alten Mondenkräfte. – An den sich zur Blütenentfaltung entwickelnden höheren Pflanzen wirkt die Sonne von außen gestaltend, entvitalisierend, Blütenschönheit und Arten-Urbild vermittelnd. Diese beiden Prozesse sind jedoch durchwirkt von dem sonnenhaften Streben zur Lichtesumwelt, ausgehend von der Mineralerde, vom Erdenmittelpunkt, das die Pflanzen zur Lichtesumwelt emporwachsen läßt.

Als Anregung zum Durchdenken und Erleben dieser Zusammenhänge seien einige Hinweise gebracht, durch welche Rudolf Steiner, in lapidarer Kürze auf umfassender Beschriebenes hindeutend, diese Kräfte-Wirksamkeit beschrieben hat:

Sonne von außen strahlend: entvitalisierend, gestaltend, reifend, Schönheit und Blütenwelt hervorbringend.

Sonne verinnerlicht durch die Mondenkräfte, die über das Feuchte und durchlüftet Wäßrige wirken: Wachstum, Fortpflanzung anregend.[14]

Und an anderer Stelle:[15]

Sonnenhaft, alles was im Pflanzenwachstum strahlig nach oben strebt, wobei Mars, Jupiter, Saturn dieses Wirken differenzieren und unterstützen.

Mondenhaft, alles was im Pflanzenwachstum zur Erde strebt, sich rundend ihr zuneigt – unterstützt durch Merkur und Venus.

Und an einem anderen Ort:[16]

Mondenwirkung allein: die in der Kälte erstarrten Formen der Natur in Grönland, das Kosmisch-Astrale wird zurückgestrahlt, reflektiert – durchlichtet den Luftraum.

Mondenwirkung, Sonnenimpulse verinnerlichend: das üppig wuchernde Leben in den Regentropen in der dunstschwülen Atmosphäre.

Das Kosmisch-Astrale wird vom Irdisch-Ätherischen eingesogen. «Von der Sonne erkraftet in der Mondgewalt.»[17]

Die Bildetendenz in der Entwicklung der Tier-Organismen ist jedoch ganz anders geartet. Nicht Aufschließen zur Umwelt, zum Kosmos und zur Erde, sondern Einstülpen (Gastrulation), Verinnerlichen eines Teiles der Umwelt, des damals noch belebten durchlüfteten Wäßrigen. Die Grundlage für die Entwicklung eines seelischen Eigenlebens wurde so gebildet, doch die Beziehungen zur Erde und zur Sonnen-Wirksamkeit, welche die eigentlichen pflanzlichen Funktionen des Schaffens der Nahrung und der Lebensluft ermöglichen, gingen verloren.

Doch auch bei den Tier-Organismen trat eine ähnliche polare Differenzierung – sich stufenweise steigernd – auf, wie sie bei der Pflanzenwelt geschildert wurde, zwischen entvitalisierenden und belebenden Prozessen.

In der ersten Stufe durch die unterschiedliche Veranlagung des Endoderm, der Innenhaut, welche die durch die Gastrulation gebildete Leibeshöhle umkleidet, und der Außenhaut an der Oberfläche der Organismen. Aus der ersteren bilden sich die Stoffwechselorgane, aus der letzteren die Sinnesnervenorgane. An der Außenseite der Organismen offenbart sich auch am Lichte die Charaktergestalt der Arten.

In ähnlicher Weise wie bei den Pflanzen die zu den höheren Bildungen der Blüten und Samen führenden Prozesse unter dem Einfluß der direkten Sonnenwirkung von außen stehen, bildete sich auf dem Wege zu wacheren Bewußtseinsstufen in der Tierwelt eine weitere Polarisierung, und zwar auf folgende Art.

Bei den niederen Tieren, den Bauchmark-Tieren, die das vegetative Nervensystem vor allem zur Entfaltung bringen, welches den Stoffwechselvorgängen, dem Eigenleben dient, wird die Öffnung, durch welche die Einstülpung erfolgte, die zuerst Mund und After ist, später zur Mundöffnung, indem sich am anderen Ende der Leibeshöhle ein neuer Ausgang als After bildet. Mund und Kopf bilden sich also dort, wo durch den Mondeinfluß die erste Einstülpung erfolgte.

Bei der zu den höheren Tieren führenden Entwicklung werden jedoch die Bewußtseins- und Sinnesorgane und damit der Kopf am anderen Ende der Leibeshöhle durch einen die Lebensprozesse zurückstauenden Impuls von außen gebildet. Auch die Anlage des Rückenmarkes ist schon zuvor durch einen solchen von außen einwirkenden Prozeß erfolgt. Es werden also die zum höheren Bewußtsein führenden Organe durch einen neuen, von außen wirkenden, mit einer Entvitalisierung verbundenen Impuls gebildet. Man nennt daher diese Gruppe der Rückenmark-Tiere, zu denen alle höheren Tiere gehören, Neumund-Tiere, während die in der Entwicklung der niederen Tierreiche verbleibenden Urmund-Tiere genannt werden.

Betrachtet man nun diese sich so verstärkende Polarität einerseits im Bildungsvorgang der Stoffwechselorgane und andererseits der Grundlagen für höhere Bewußtseinsstufen, dann wird die Verwandtschaft dieser Entwicklung mit der im Pflanzenreich erkennbar, und man lernt den Hinweis der Geisteswissenschaft ertastend verstehen:

Kopfbildung bei den höheren Tieren – Sonne
Bildung des Hinterleibes … – Mond.[18]

Polarität zwischen Sonnen- und Mondenwirken in beiden Bereichen, jedoch auf unterschiedlichen Entwicklungshöhen. Der Prozeß der Verinnerlichung, der bei der Tierbildung bis zur völligen Einstülpung und zur Emanzipation im Stoffwechselbereich von der Umwelt verläuft, führt beim Organismus des Pflanzenwachstums nur bis zur Bildung der Hüllenorgane der Erde in ihrer kugelförmigen Gestalt. Zur Kugel, welche die Geistesforschung als das Urbild des Lebendigen charakterisiert, welche die vermittelnde Beziehung zum Mittelpunkt und zur Sphäre der Unendlichkeit beibehält.

Beim nächsten Schritt in der Entwicklung der höheren Tiere wird nicht nur das belebte flüssige Element hereingenommen, wie in der Gastrulation, sondern in der Lungenatmung auch das Luftelement. Die von der Sonne durchstrahlte «tote Luft» mit dem hohen Anteil an Stickstoff, dem Träger des Astralischen, wird verinnerlicht, und die Auswirkung dieses Vorganges kann an der Entwicklung des bewußter werdenden empfindenden Seelenlebens beobachtet werden.

Zum Verständnis dieser polaren Entwicklungslinien bei Pflanze und Tier kann beitragen das Hinschauen auf die polaren Tendenzen im Wirken des Astralischen, wie diese in der Mondenstufe der Erde veranlagt wurden. Im *Landwirtschaftlichen Kurs* wird darauf hingewiesen, daß der Stickstoff als Träger des Astralischen wirkt wie der Astralleib des Menschen zwischen Ich und Ätherleib.[19]

Das Astralische kann sich mit den Lebensvorgängen der Leiblichkeit verbinden, kann über Begierde zur Triebhaftigkeit führen oder andererseits über Ich und Geistselbst zu den Gedankenimpulsen der Geistwelt.

So auch der Astralleib der Pflanzenwelt, der im Planeten-Organismus wirkt: Die obersonnigen Planeten Mars, Jupiter, Saturn die Beziehungen zum Geistbereich, zum Kosmos vermittelnd (Gestalt und Qualitätsbildung); die untersonnigen Planeten Mond, Merkur, Venus die von der Sonnenstrahlung herangetragene Astralität mit dem Stoffwechsel, den Wachstums- und Fortpflanzungsimpulsen verbindend.[20]

Die Einstülpung, die Gastrulation, die Verinnerlichung des belebten Wäßrigen, die zu eigenständigem Leben der Tiere führt, ist der spezifische Prozeß der Tierwerdung. Verinnerlichen der im Stoffwechsel wirkenden Astralität als Grundlage des Eigenlebens. Sie wird getragen von den «alten Mondenkräften», die auch im Mutterboden in der Mutterbodenhülle der Erde wirken.

Die Bauchmark-Tiere, zu denen fast alle niederen Tiergruppen gehören, leben zum größten Teil im Flüssigen und flüssig Erdigen, dem Mondenbereich der Erde, und sind dort zumindest in einem Teil ihres Lebens Stoffwechselorgane der Erde. Nur ein Teil der Insekten erhebt sich in die durchsonnte Lichtesumwelt, indem sie die stoffwechselgebundene Mondenhaftigkeit durch mehrfache Häutung oder vollständige Metamorphose über Ei, Larve, Puppe, Imago überwinden, in ähnlicher Weise wie sich die Pflanze stufenweise in zeitlicher Folge vom Keim über Blatt, Blüte zur Samenbildung entwikkelt. Schmetterlinge und Bienen werden auf diese Weise Sonnentiere, aber keine rechten Erdenwesen.

Das Ätherische der Erde würde sich in alle Welt verstreuen, worauf Rudolf Steiner oftmals hingewiesen hat, wenn es nicht von den untersonnigen Astralkräften zusammengehalten würde. Kein Ätherleib ohne Wirkung eines Astralleibes, sei es des eigenen oder eines umfassenderen Organismus von außen. Die von der Sonne herangetragene Astralität könnte nur entvitalisierend Geistimpulse vermittelnd wirken, wenn sie nicht von den Hüllenorganen der Erde gewandelt, verinnerlicht würde. Es ist der gleiche Impuls der Verinnerlichung durch die Mondenkräfte.

Zum Verständnis der Grundlagen der Landwirtschaft ist die Einsicht wichtig, daß in den Hüllenorganen der Erde vor allem der Mutterbodenhülle ein der Tierbildung verwandter Impuls der Verinnerlichung durch die alten Mondenkräfte wirksam ist, nur daß es nicht zur «Taschenbildung» kommt, sondern bei der Kugelbildung mit ihrer Kräftebeziehung zwischen Mittelpunkt und kosmischem Umkreis verbleibt.

Das Menschenwesen, das sich in der Entwicklung der höheren Tiere inkarniert, konnte, nachdem durch einen weiteren

Prozeß der Verinnerlichung in der Eigenwärme des Blutes die Voraussetzungen für ein Eingreifen des «Ich» geschaffen waren, die Verbindung mit dem Erdenmittelpunkt durch das Aufrichten aus der Horizontalen in die Vertikale neu gewinnen – aus der Monden-Trieb-Richtung in die Sonnen-Bewußtseins-Entfaltung. Es vollzieht auf höherer Stufe auch heute noch beim Beginn jeder Inkarnation, durch bewußtes Bemühen vermittelnd, die Beziehung zum Erdenmittelpunkt, den die Pflanze im Vertikalimpuls der Bäume schon in Urzeiten vollzogen hatte, und gewinnt dadurch sein Selbstbewußtsein.

Es schließt sich hier der Gang der Entwicklung. In der Entwicklung der Tierreihe mußte die Verbindung mit dem sonnenhaften Impuls des Erden-Mittelpunktes aufgegeben werden, den nur die Pflanzenwelt auf niederer Lebensstufe aufrecht erhalten und so den Lebensreichen auf der Erde die Lebensgrundlage sichern konnte. Der mit der Tierreihe sich verbindende Mensch vollzog auf höherer Bewußtseinsstufe diese Verbindung, sein Selbstbewußtsein gewinnend, und erhielt dadurch die Möglichkeit, die von der Sonne vermittelten Geistimpulse in freiheitlichem Bemühen mit seinem Bewußtsein zu erfassen, Impulse, die in die Erdenzukunft führen können.

Das Menschenbild als Typus der Evolution

In der biologisch-dynamischen Landwirtschaft ergaben sich im Laufe der Entwicklung sowohl in der Praxis wie auch in der Forschung Ergebnisse, die zu ihrer Deutung eine Erweiterung der naturwissenschaftlichen Fragestellungen und Erkenntnisse im Bereich der belebten Natur als notwendig erscheinen lassen. So entsteht im Umkreis ein Suchen nach einem erweiterten Verständnis des «Lebendigen», und die Frage steht vor uns, auf welchem Wege gerade dieses Suchen, von naturwissenschaftlichen Problemen ausgehend, Beantwortung finden kann.

Das Bild der Evolution, wie es heute an den Schulen gelehrt wird, wo Zufall, Auslese, Vererbung als maßgeblich wirkende Faktoren betrachtet werden, bietet hierzu keinen rechten Ansatz. Aber auch die Bestrebungen im Vitalismus und Neovitalismus führen nicht so weit, wie es notwendig ist, da dort im tastenden Suchen nicht die notwendige umfassende Spannweite der grundlegenden Begriffspaare erreicht wird, wie «Form und Stoff» bei Aristoteles oder «Wesen und Erscheinung» bei Goethe. Von den Prozessen in den stofflichen Organismen ausgehend, führte der Weg des Vitalismus nur zu einem organisierenden, harmonisierenden, regulierenden «Etwas», das jedoch den stofflichen Prozessen verbunden bleibt. Selbst der Begriff der «Entelechie», der von Driesch als ein Außerräumliches beschrieben wird, als die Essenz des Organismus, als der Inbegriff von allem, was an ihm ausgeprägt ist und was an ihm und von ihm sich ausprägen kann, bleibt doch nur ein logisches Gebilde, das keinen Bezug zu einer umfassenden realen Welt der Ideen hat.

In dem Vortrag *Philosophie und Anthroposophie*[21] hatte Rudolf Steiner im gleichen Jahre des Erscheines der *Philosophie des Organischen* von *Driesch* (1908) darauf gewiesen, daß es möglich sei, mit der Denktechnik des Aristoteles Begriffe zu erarbeiten, die unmittelbar dahin führen, die vom Menschen selbst gezogenen Erkenntnisgrenzen (Du Bois-Reymond) zu überschreiten. Ausgangspunkt mußte sein die von Thomas von Aquin entwickelte Begriffsfolge der universalia ante res, der universalia in rebus und der universalia post res. Das heißt also, auf das Beispiel der Rose angewandt: der Idee von der stofflichen Erscheinung im göttlichen Bewußtsein, der im stofflichen Gewande der Rose sich offenbarenden Idee, und der vom Menschen durch Beobachten und Denken an der stofflichen Rose erarbeiteten Idee der Rose. Die subjektiv erarbeitete Idee tastet sich also an die objektive Realität in der Welt des Geistes heran. Dieser letzte, wichtige Schritt, der für den heutigen Menschen nur schwer allein im Denken vollziehbar ist, wird erleichtert, wenn das Üben an der «Rose» begleitet wird vom Üben im Erfassen des Wesens eines Menschen. Dort ist es leichter erlebbar, daß man sich bei einem solchen Bemühen an ein reales Geistig-Wesenhaftes herantastet.

Wie beim Menschen ist es auch bei der Rose wichtig, zur Beobachtung nicht nur die «fünf Sinne» zu nutzen, sondern auch die künstlerische Empfindung heranzuziehen, das, was dem Lebenssinn und Ichsinn sich offenbart. Das führt leichter an ein Verständnis heran, daß man beim Erarbeiten der Idee an der stofflichen Erscheinung sich einem Wesenhaften nähert. Selbstverständlich muß auch das mit der Empfindung

Ertastete in gleicher Weise mit dem sonst Erfahrenen gedanklich verarbeitet werden, wie dies in vorbildlicher Weise bei der Betrachtung der Pflanzenarten durch *Gerbert Grohmann* geschehen ist.

Dieser Ansatz ist für den, dessen Erkenntnisstreben und Empfindung sich gegen die heutige totalitäre Evolutionslegende mit ihrer Zufallsmystik immer mehr auflehnt, gar nicht so fernliegend. Wenn der Ausgangspunkt der Entwicklung nicht im toten Stoff zu finden ist und das Suchen des Vitalismus in ein Übersinnliches, Außerräumliches wies, dann ist es durchaus berechtigt, am anderen Pol einer wesenhaften Geistwelt mit dem Suchen anzusetzen.

Über diesen wichtigen Erkenntnisschritt hinaus sind von Rudolf Steiner auf dem im Vortrag *Philosophie und Anthroposophie* skizzierten Wege weitere wichtige Vorarbeiten zur Überwindung der Erkenntnis-Begrenzung geleistet worden, indem schon in den *Grundlinien einer Erkenntnistheorie der Goetheschen Weltanschauung* (1886) der von Goethe zum Verständnis der Pflanzenarten entwickelte Begriff des Typus erweitert wurde, so daß er auch für eine ganze Evolutionsreihe als gültig angesehen werden kann.

«Der Typus ist somit die Idee des Organismus: die Tierheit im Tiere, die allgemeine Pflanze in der speziellen.

Man darf sich unter diesem Typus nichts Festes vorstellen. Er hat ganz und gar nichts zu tun mit dem, was Agassiz, Darwins bedeutendster Bekämpfer, einen «verkörperten Schöpfungsgedanken Gottes» nannte. Der Typus ist etwas durchaus Flüssiges, aus dem sich alle besonderen Arten und Gattungen, die man als Untertypen, spezialisierte Typen ansehen kann, ableiten lassen. Der Typus schließt die Deszendenztheorie nicht aus. Er widerspricht nicht der Tatsache, daß sich die organischen Formen auseinander entwickeln. Er ist nur der vernunftgemäße Protest dagegen, daß die organische Entwicklung rein in den nacheinander auftretenden, tatsächlichen (sinnlich wahrnehmbaren) Formen aufgeht. Er ist dasjenige, was dieser ganzen Entwicklung zugrunde liegt. Er ist es, der den Zusammenhang in dieser unendlichen Mannigfaltigkeit herstellt. Er ist das Innerliche von dem, was wir als äußerliche Formen der Lebewesen erfahren. Die Darwinsche Theorie setzt den Typus voraus ...

Daß er zeitlich zuerst in einfachster Form auftritt, bedingt nicht, daß die zeitlich-folgenden Formen sich als Folge der zeitlich-vorangehenden ergeben. Alle Formen ergeben sich als Folge des Typus, die erste wie die letzte sind Erscheinungen desselben.»[22]

Da sowohl für die naturwissenschaftliche als auch geisteswissenschaftliche Forschung der Mensch am Ende der Entwicklungsreihe der Tiere steht, wenn auch ganz unterschiedlich gedeutet, so ergibt sich daraus die Aufgabe, zu prüfen, ob die Formen der niederen Stufen dieser Evolutionsreihe schon als Offenbarungen des Typus Mensch erkannt werden können. Für den Landwirt lockt die Untersuchung, ob auch der Organismus des Pflanzenwachstumes oder, wie er im *Landwirtschaftlichen Kurs* genannt wird, der Organismus des Naturwachstumes, bereits nach diesem Urbild gebildet ist. Diese Frage erscheint berechtigt, da von beiden Seiten pflanzentier-artige Gebilde als am Ausgang der zum Menschen führenden Entwicklungsreihe stehend angenommen werden.

Allerdings wird bei einer solchen Zusammenschau zu beachten sein, daß im Laufe der Entwicklung eine fortschreitende Verinnerlichung zu beobachten ist, so daß auf den unteren Stufen manches noch von außen wirkend ist, was beim Menschen verinnerlicht ist. Als Beispiele: Handeln aus Einsicht beim Menschen, wo auch bei den höheren Tieren Instinkte walten; oder Blutwärme von innen bei den Warmblütern, wo noch bei den Reptilien die Wärme von außen wirken muß; oder das Seelenleben, das beim Menschen im Innern lebt, erscheint bei den Pflanzen nur als Abbild eines solchen in den Blütengestalten.

Auch das für eine solche vergleichende Überschau notwendige Wesensbild des Menschen wurde im einleitenden Abschnitt der *Theosophie* mit nachvollziehbarer naturwissenschaftlicher Methodik entwickelt. Ebenso das Wesensbild des Organismus des Naturwachstumes in den Vorträgen des *Landwirtschaftlichen Kurses,* das ebenfalls der übenden anschauenden Urteilskraft erfaßbar ist, wenn die Beobachtung und die Deutung der Erfahrung durch erweiterte Fragestellungen in rechter Weise angeregt sind.

Versucht man auf dieser Grundlage zu einer vergleichenden Zusammenschau zu kommen, so zeigt sich übereinstimmend ein Gleichgewichthalten in einer polaren Spannung, einerseits das Verbundensein und Streben nach dem geistigen Urbild und andererseits ein Impuls der Emanzipation, des Herauslösens aus den kosmisch veranlagten Gesetzmäßigkeiten, des

Schaffens einer irdischen Lebensgrundlage mit Freiheitsgraden der Entwicklung. Der Impuls der Emanzipation kann selbst so stark werden, daß eine Störung der urbildhaft veranlagten Gestalt die Folge ist. Beim Organismus des Naturwachstumes wird das Gleichgewicht gehalten von der Sonne im Jahreskreislauf und im Zusammenspiel der Klimazonen auf der Erde, beim Menschen im freiheitlichen Bemühen des Ich-Wesens.

Das Darinnenstehen in diesem polaren Kräftefeld ist dem Menschen im eigenen Erleben leicht zugänglich. Im Beobachten und Verstandesdenken, belehrt auch von Lust und Unlust, Sympathie und Antipathie, kann sich der Mensch seinen Lebensraum auf der Erde schaffen. Doch schon zum bewußten Erfassen der Naturgesetze müssen Lust und Unlust als wirkende Faktoren zurücktreten, damit Beobachtung und Denken zum objektiven Erfassen derselben führen können. Beim weiteren Schreiten zum Erleben des Wesens eines anderen müssen die empfindenden Seelenkräfte so geläutert werden, daß das Erleben fremden Wesens – nicht nur gedanklich – nachvollzogen werden kann. Eine weitere Stufe auf diesem vom Ich zu erstrebenden Wege kann im sinnlichkeitsfreien Denken zum Erfahren des geistigen Urbildes, des geistigen Ich-Wesens, führen (Abb. 1).

Der Mensch muß sich aber auch pflegend mit seiner Leiblichkeit befassen, wobei Lust und Unlust, zum Beispiel bei der Regelung der Nahrungsaufnahme, ihm helfende Weiser sein können. Er muß sogar die Triebnatur seiner Leiblichkeit ergreifen, damit das Menschengeschlecht auf der Erde sich fortpflanzen kann. Doch Leidenschaft und Triebe können so stark werden, daß ihr Wirken vom Ich nicht mehr beherrscht wird und Schädigung der geistveranlagten Gestalt die Folge sein kann.

Wie schon erwähnt, offenbart sich im Organismus des Naturwachstumes die gleiche Polarität. Allerdings nicht, wenn man nur die grüne zur Blüte strebende Pflanze betrachtet, wie sie Goethe in der *Metamorphose der Pflanzen* beschreibt oder von der Schiller sagt: «Suchst du das Höchste, das Größte, die Pflanze kann es dich lehren ...»

In der Entwicklung vom Keim und der grünen Blätterwelt, wo die Lebensprozesse in der Stoffverdichtung der Assimilation, die Nahrungsgrundlage für alle Lebewesen auf der Erde schaffend, am stärksten tätig waren, zur Blütenentfaltung und

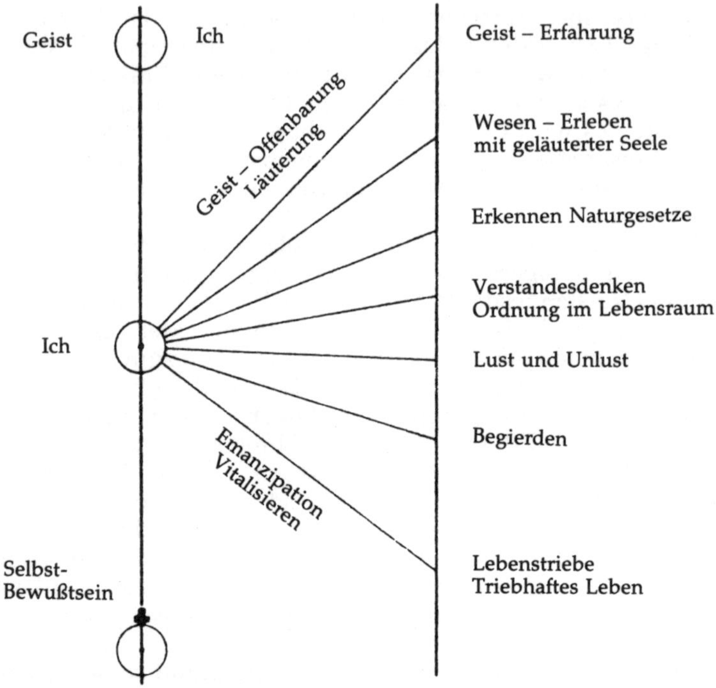

Abbildung 1

zur Samenbildung, wirken die von außen strahlenden Sonnenkräfte läuternd, gestaltend, reifend. Die Blätter werden zarter, feiner durchgestaltet, verschwinden bei vielen einjährigen Pflanzen gänzlich; die Blüten erscheinen in ihrer farbigen Schönheit, bildhaft sonnenverwandtes Seelenwesen offenbarend. Immer deutlicher wird in diesem Reifeprozeß die Geistgestalt der Pflanzenart erlebbar, bis dann – von der Sonnenwärme vermittelt – diese dem Samen als Gestaltimpuls eingeprägt wird.

Diesem Streben zur Lichtesumwelt im entvitalisierenden Wirken der Sonne stehen jedoch vitalisierende Prozesse gegenüber, auf welche erst Rudolf Steiner die Aufmerksamkeit gelenkt hat. Diese erfolgen über die Hüllenorgane der Erde, die Lufthülle, die Feuchtehülle, die Kalk-Mutterbodenhülle, wo Sonnenwirksamkeiten zu Leben und Fortpflanzung vermittelnden Impulsen gewandelt werden. Dies sei an einer Skizze verdeutlicht, wobei hier der Bezug zur Planetenwelt, dem Wirkensbereich des Astralleibes der Pflanzen, durch Einfügung der Planetenzeichen hergestellt sei. Dieser Bezug auf Ergebnisse der Geistesforschung erleichtert das Verständnis der Darstellungen. Zum Vollzug der eingangs gestellten Aufgabe müßte diese Entwicklung jedoch so erfolgen, daß schrittweise nur von dem der Beobachtung und dem Denken Zugänglichen ausgegangen wird.

Zum besseren Verstehen der Bildeprozesse der Pflanzen, wie sie auf der Abbildung 2 angedeutet sind, seien die folgenden Hinweise eingefügt. Geistige Sonnenkräfte, vom Erden-

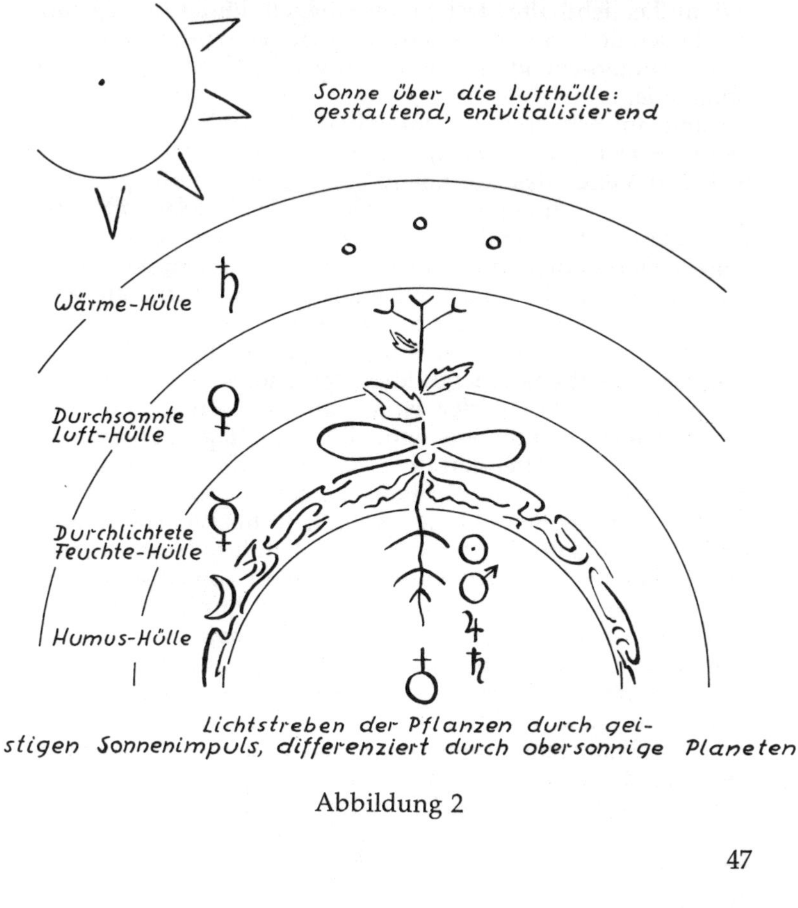

Abbildung 2

zentrum wirkend, lassen die Pflanzen, getragen vom ätherischen Wirken des Urgesteins der Erdentiefen, zum Lichtkosmos streben. Dieses sonnenhafte Wirken wird gegliedert durch die Impulse der obersonnigen (♂ ♃ ♄) und untersonnigen Planeten (☽ ☿ ♀), durch die im polaren Wirken der Astralleib der Pflanzen west. Die obersonnigen Planeten unterstützen differenzierend das lichthafte, sonnenhafte Streben, während die untersonnigen Planeten, zu denen auch der Mond gerechnet wird, das sonnenhafte Leben, über die durchsonnten Hüllenorgane der Erde wirkend (Feuchte-Luft-Wärmehülle), wandeln und verinnerlichend dem Erdenleben einverleiben.

So wirken im Blattleben Mars und Merkur zusammen, indem das lichthafte Streben der Stengelbildung im vegetativen Leben der Blattprozesse zurückgehalten wird, Sonnenwirken verinnerlichend in der Bildung der Nahrung für alles Erdenleben.

Dann, im Schossen zur Blütenbildung, schließt Jupiter die Pflanzen als Lichtsinnesorgane zum Seelen-Geist-Kosmos auf, während Venus das Kosmos-Erleben in den Blütengestalten und Farben verinnerlicht, verleiblicht, Weltseelenhaftes zur Offenbarung bringend. – Abschließend prägt dann Saturn dem absterbenden Mondenleben in der Samenbildung die Geistgestalt für die folgende Generation ein, durch die Weltenopferkraft das Erdenleben erhaltend.

In der Zeit der Reife der Einjahrspflanzen im Sterbemonat August ergreift das Fruchtbildungsgeschehen auch den Mutterboden, wo die in der Humusbildung wirkenden, vom Lichtkosmos emanzipierenden, die Grundlage des Eigenlebens der Erde schaffenden alten Mondenkräfte das Pflanzenleben am weitesten vom Lichtkosmos gelöst haben. Doch nun wird auch die Bodenbildung sonnenhaft durchleuchtet, wenn im Reifeprozeß des Mutterbodens das lichtlose Humuswirken mit den das Sonnenwirken vermittelnden Tonsubstanzen in der Bildung der Ton-Humus-Komplexe innig verbunden wird. Nun kann der Mutterboden sonnenhaft genannt werden, denn in ihm wirken nun obersonnige und untersonnige Planetenkräfte, sich im Gleichgewicht haltend, zusammen.

Der Mensch konnte erst durch die Aufrichtung in die Vertikale den Bezug zum Erdenmittelpunkt, zum Erden-Ich gewinnen, den die Tierwelt bei der Trennung von der pflanzlichen Entwicklungslinie aufgegeben hatte. Er gewann dadurch sein

Selbstbewußtsein, und es eröffnete sich die Möglichkeit, im freien Streben sich dem Geist-Ich zu nähern.

Auch die Pflanze verdankt ihrer Beziehung zum Erdenmittelpunkt, zum Erden-Ich, vermittelt durch die Kristallgesteine, die Möglichkeit der Entfaltung zur Lichtesumwelt und zur Samenprägung durch das Arten-Ich. Der Emanzipations-Impuls führte hier jedoch nicht zur vollen Einstülpung einer Leibeshöhle in der Gastrulation, sondern nur zur Hüllenbildung in der Kugelgestalt mit ihrer Beziehung zum Mittelpunkt und zur unendlichen Ferne.[23]

Wenn auch in den letzten Abschnitten zur Kürzung und Verdeutlichung geisteswissenschaftliche Ergebnisse hereingenommen wurden, so ist es andererseits doch möglich – unter Einbezug von Hinweisen aus der Geisteswissenschaft und mit naturwissenschaftlicher Methodik auf Beobachtung und Denken bauend – sowohl für die Hüllen-Organe der Erde wie auch für Wesen und Bedeutung des Vertikal-Impulses, immer wieder an eigenes Erleben im Jahreskreislauf und in den Klimazonen anknüpfend, Verständnis zu gewinnen.

Indem aufgezeigt werden kann, daß das Urbild Mensch bereits im Organismus des Naturwachstumes erkennbar ist, gewinnt man auch die Berechtigung, bei der Pflanze im Blütenbereich von bildhafter Offenbarung eines Seelenhaften – zumindest als Problemstellung – zu sprechen und beim Menschen von einem sonnenhaften Seelenbereich. Andererseits läßt sich auch Verständnis gewinnen für den vom Sonnenhaft-Kosmischen emanzipierenden Impuls, den die Geisteswissenschaft als Wirken alter Mondenkräfte charakterisiert.

Von der Urpflanze Goethes zum «Organismus des Naturwachstumes»

Der von Goethe in der *Metamorphose der Pflanzen* entwickelte Weg zu einer vertieften Erkenntnis der belebten Natur wird auch heute noch als methodisch berechtigt empfunden und von denen begangen, die von naturwissenschaftlicher Seite sich mit dieser Aufgabe befassen wollen, damit zugleich einen Zugang zum Verständnis des geistigen Grundes der Welt für alle diejenigen bereitend, welche durch die heute an den Schulen gelehrte einseitige Naturwissenschaft, vor allem durch das materialistische Bild der Evolution und damit auch des Wesens der Menschen zu der Überzeugung kamen, daß Zufall und Auslese die alleinigen Schöpfer der belebten Natur seien. Dieser Weg ist vor allem dadurch gangbar, daß Rudolf Steiner die methodischen Grundlagen herausarbeitete und Gerbert Grohmann an praktischen Beispielen diesen Erkenntnisweg verdeutlichte.[24]

Wenn man nach diesem Vorbild die Entwicklung von Pflanzen aller Art beobachtet, kann man erfahren, was ihnen allen als Kräftewirken, als Idee zugrunde liegt, was Goethe als Urpflanze bezeichnete. Das Streben zur Lichtesumwelt, das in der Erdenfeuchte in der Blattbildung zurückgehalten wird, das gestaltende Hereinwirken des Lichtes, die Blätter durchformend und schließlich, das vegetative Leben zurückdrängend, zur Blütenbildung führend, in deren vielfältigen Gestalten und Farben sich ein anderer Weltbereich nun offenbart. Im Duft und Blütenstaub strebt die Pflanze weit hinaus in die durchlichtete Umwelt, um jedoch dann in der Samenbildung dem Erdenleben erhalten zu bleiben. Wenn mit diesem Rüstzeug Pflanzen aller Art in den verschiedenen Jahreszeiten in unterschiedlichen Klimazonen betrachtet werden und die beobachteten Erscheinungen so zusammengestellt und geschaut werden, daß die wirkenden Kräfte sich offenbaren, werden so manche Rätsel der belebten Natur eine Lösung finden.

Doch die grüne, zur Blüte und Samenbildung strebende Pflanze, wie sie Goethe betrachtete, ist nur Organ in einem umfassenderen Organismus, der Erde und Kosmos umfaßt, der von Rudolf Steiner in den Vorträgen des den Landwirten gehaltenen Kurses ausführlich als «Organismus des Naturwachstumes» beschrieben wurde. Es ist ein gewaltiges Bild des Wirkens kosmischer und irdischer Impulse, das bisherige Bild bedeutend erweiternd. Zwar wurde schon im wissenschaftlichen Freundeskreis Goethes die große Polarität im Erdenleben zwischen den Bilde-Impulsen der Pflanze und der Tiere erkannt, wie sie besonders deutlich hervortritt, wenn man die sich entfaltende Pflanze mit den ersten Stufen der Entwicklung des Tieres aus der befruchteten Eizelle betrachtet. Die Pflanze, in ihrer Entwicklung in allen Gliedern sich zur Umwelt öffnend, die Verbindung mit dem Kosmos haltend und erstrebend; das Tier, in der Einstülpung der Gastrulation – am Beginn jeder Embryonalentwicklung – urbildhaft sich von der Umwelt abschliessend, verinnerlichend, den

Hohlraum der Leibeshöhle als Voraussetzung eigenständigen Lebens bildend.

Auch Rudolf Steiner begann hier seine Ausführungen mit einem solchen Hinweis. Nämlich, im Urbeginne ist alles vom Kosmos bestimmt, während später, vor allem bei den Tieren, ein Impuls der Emanzipation auftritt. Es wird dann aber gezeigt, daß auch im Pflanzenleben diese beiden Impulse wirksam sind: das Streben zum Lichtkosmos, impulsiert von den kosmischen Kräften der Kristallgesteinstiefen der Erde, von geistigen Sonnenimpulsen in der Erdenmitte, denen dann aber in der Feuchtehülle der Luft und des Bodens terrestrische, irdische Kräfte, kosmische Sonnenwirksamkeit verinnerlichend, entgegenwirken, vegetatives Leben zur Entfaltung bringend. Die von außen strahlende Sonne wirkt dann wieder gestaltend, reifend, die Schönheit der Blütenwelt bewirkend. Der eigentliche irdische Bereich terrestrischer Kräfte, alter Mondenwirksamkeit, Sonnenkräfte verinnerlichend, ist nur die Feuchtehülle der Erde (Abb. 3).

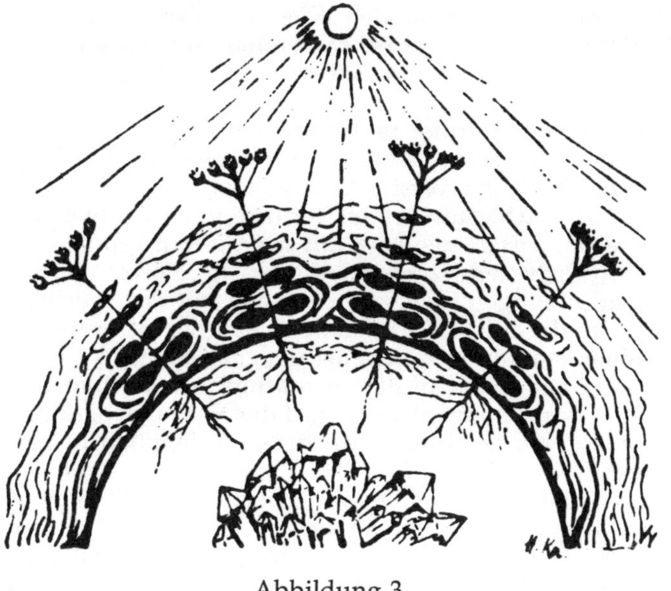

Abbildung 3

Schematische Skizze der Pflanzenentfaltung in der Begegnung irdischen und kosmischen Wirkens.

Der Goethesche Weg der entwickelnden Methode geht voraussetzungslos von der eigenen Beobachtung aus, sorgfältig die Einzelheiten prüfend und gedanklich verarbeitend, um sie dann in der Überschau der Erfahrungen zusammenzufassen. Hierbei kann auch die geschulte künstlerische Empfindung in der anschauenden Urteilskraft, die von Rudolf Steiner als Zwischenstufe von der Urteilsbildung im Ich zur Imagination charakterisiert wurde, eine immer wichtiger werdende Rolle spielen. Man tastet sich an die wirkenden Kräfte, an das geistig Wesenhafte auf der Stufe eines subjektiv-objektiven Erfassens der Zusammenhänge heran. Es kann dieser Weg der entwickelnden Methode jedoch fortgesetzt werden, indem nicht nur die grüne, zur Blüte strebende Pflanze, sondern das aus der Geisteswissenschaft stammende Bild des «Organismus des Naturwachstumes» als Grundlage des Fragens und Beobachtens genommen wird. Die Mutterbodenhülle mit ihren Kalkprozessen, die Feuchtehülle und die durchsonnte Lufthülle der Erde, aber auch die Kristallgesteine der Erdentiefen mit ihren lichthaften Kieselimpulsen, auch Sonne, Mond und Planeten werden mit einbezogen – allerdings nur soweit ihr Wirken zugänglich ist oder verständlich werden kann.

So manche Erfahrung am Naturleben findet so eine umfassendere Deutung, und manches neu angeregte Problem kann langsam deutlicher verständlich werden. Zum Beispiel das Streben zur Lichtesumwelt im Vertikalimpuls der Stengel und Stämme im Zusammenhang mit der Gesteinsgrundlage und der durchlichteten Atmosphäre oder die Horizontaltendenz der Blattbildungen im Zusammenhang mit der Feuchtehülle der Erde, die Stickstoff-Einatmung aus der Atmosphäre im Zusammenwirken terrestrischer Bodenkräfte mit kosmischen Impulsen oder auch in der zweifachen Art der Blüten- und Samenbildung, sonnenhaft reifend der Nahrungsbildung verwandt oder mondenhaft verinnerlichend Heilpflanzen hervorbringend.

Zur Goetheschen Methode gehört, die Phänomene so zusammenzustellen, daß sie sich selber aussprechen, wenn dabei die Fragestellungen wesensgemäß und den Situationen entsprechend gewählt werden, zum Beispiel nach Wesen und Erscheinung, Polarität und Steigerung oder Inkarnation und Metamorphose. Als Grundlage hierzu bietet das Bild des «Organismus des Naturwachstumes» gegenüber dem der einjährigen Blütenpflanze, welche in der *Metamorphose der Pflanzen* beschrieben wird, umfassendere Möglichkeiten, vor allem, wenn man mit dieser Anregung die Pflanzenwelt in den verschiedenen Klimazonen auch über den Jahreslauf hin betrachtet oder auch die Pflanzenarten in ihren individuellen Prägungen. Polare Gegenüberstellungen sprechen oft am deutlichsten. Wenn sich auch so das Bild des «Organismus des Naturwachstumes» immer mehr mit eigenen Erfahrungen füllt, so bleibt man doch mit dem Erkennen in einem subjektiv-objektiven Bereich. Es ist jedoch möglich, sich weiter an ein objektives Erkennen heranzutasten, wenn man die Ergebnisse des so Erarbeiteten und Erfahrenen immer wieder an die Darstellungen der geisteswissenschaftlichen Forschung heranträgt. Man erhält Anregungen zum Erfassen des Wesens der Kräftewirkungen, man lernt geisteswissenschaftliche Darstellungen besser oder auch erst richtig verstehen, Irrtümer der eigenen Erfahrungen werden korrigiert; doch so manche Diskrepanzen werden stehenbleiben, oftmals durch lange Zeiten. Man muß lernen, wenn man der entwickelnden Methode der Bewußtseinsseele treu bleiben will, mit zwei Erkenntnisbereichen zu leben: mit dem durch die eigene Arbeit mit Erfahrung durchdrungenen und dem an den geisteswissenschaftlichen Mitteilungen erarbeiteten Bereich. In dieser fruchtbaren Spanne lebt die fortwährende Anregung, die Erkenntnis nach beiden Seiten zu erweitern.

Ein weiterer Schritt zum Verständnis des Pflanzenlebens ist möglich, wenn das Bild des «Organismus des Naturwachstumes», einem Hinweis Rudolf Steiners in den landwirtschaftlichen Vorträgen folgend, dem Bild der Individualität des Menschen gegenübergestellt wird. Wiederum eine gewaltige Erweiterung der Grundlagen, nach denen die Beobachtungen geordnet werden können, eine Bereicherung, die viele neue Anregungen und Fragen mit sich bringt. Da jedoch bei einem solchen Zusammenschauen eine genaue Kenntnis des Kräftewirkens der jeweiligen Situationen im Pflanzenleben und im Menschen notwendig ist, wird der mit der entwickelnden Methode Arbeitende einen sicheren Weg geführt, indem jeweils das im pflanzlichen Bereich Erfahrbare zusammengeschaut wird mit dem am eigenen Erleben Erfaßbaren, wozu zum Beispiel der erste Teil der *Theosophie,* in welchem das Wesen des Menschen geschildert wird, eine wichtige Hilfe sein kann. Auf diesem Wege wird es möglich, zum Beispiel als

Landwirt aus eigener Verantwortung auf der Grundlage eigener Erfahrungen über viele Bereiche des *Landwirtschaftlichen Kurses* zu sprechen, ohne sich auf Zitate berufen zu müssen.

An einem solchen Zusammenweben der Erfahrungen werden die oben erwähnten polaren Impulse im Erdenleben deutlich erlebbar: das Hineinführen des Typus, des Urbildes, in die stoffliche Verwirklichung und das Hinaufstreben zum Lichtumkreis, zum Geistkosmos, zum Art-Ich bei der Pflanze in der Samenprägung und zum Geist-Ich im Streben des Menschen; auch wie die beiden Impulse getragen werden von polaren Seelenkräften des Lichtstrebens und des Triebhaften – im Pflanzenleben gelenkt durch den Jahreskreislauf im Planetensystem –, vereinfacht ausgedrückt durch die Sonne einerseits und das Sonnenwirken in der Mondgewalt, das heißt verinnerlicht von dem Hüllenorgan der Feuchte der Erde andererseits. Im Aufbau der physischen Stofflichkeit des Organismus ist das Ätherische mit dem physischen Leib durch den Seelenleib beziehungsweise das Mondenhafte mit der stofflichen Leiblichkeit verbunden, während im Streben zur Offenbarung des Sonnenhaften in der Blütenwelt und der Prägung des Arten-Ich im Samen, und, entsprechend beim Menschen, der Ätherleib lockernd gelöst werden muß. Hier liegt auch ein wichtiger Teil der Aufgabe des Landwirtes, daß die Vielfalt der Qualitäten des Obersonnigen sich im Reifeprozeß der Nahrung einprägen kann.

Eine solche Zusammenschau von Pflanzenleben und Mensch zeigt auch die nahe Verwandtschaft der beiden. In beiden offenbart sich der gleiche Typus, der Typus Mensch, der die ganze Evolution bestimmt. Doch darf hierbei nicht der Mensch der einzelnen Pflanze gegenübergestellt werden, sondern dem «Organismus des Naturwachstumes». Der Mensch hat physischen Leib, Ätherleib, Astralleib und Ich weitgehend verinnerlicht, während bei der Pflanze die höheren Wesensglieder von außen wirksam sind, am polaren Wirken der Sonne im irdischen und kosmischen Bereich ertastbar, als Ergebnis geisteswissenschaftlicher Forschung: das polare Wirken im Astralischen durch die Planetenwelt und die Art-Ich-Prägung durch die Sonne vermittelt von den Fixsternen.

Es sollte in diesen Ausführungen gezeigt werden, wie die entwickelnde Methode Goethes, die voraussetzungslos von der Betrachtung der Erscheinungen in der Natur ausgeht, eine methodisch berechtigte Erweiterung finden kann, indem zum

Ordnen der Phänomene das umfassendere Bild des «Organismus des Naturwachstumes» in seinen faßbaren Erscheinungen als Grundlage der Fragestellungen und des Beobachtens genommen wird und sogar noch eine zusätzliche Erweiterung durch ein Zusammenschauen mit dem Organismus des Menschen möglich ist. Von der subjektiv-objektiven Erkenntnis, die so mit der anschauenden Urteilskraft gewonnen werden kann, ist ein Nähern an ein objektives Erfassen der wirkenden Kräfte und Impulse durch ein immer wiederholtes Zusammenschauen der eigenen Erfahrungen mit den geisteswissenschaftlichen Ergebnissen möglich. Man hält hierbei den Voraussetzungen der entwickelnden Methode die Treue, wenn zwei sich gegenseitig befruchtende Erfahrens- und Erkenntnisbereiche im Bewußtsein bleiben: das in der Beobachtung an der Natur und andererseits im Studium der Ergebnisse geisteswissenschaftlicher Forschung Erarbeitete.

Vom «Typus» des Erdenlebens und des Menschenwesens

In den Pfingsten 1924 den Landwirten gehaltenen Vorträgen über *Geisteswissenschaftliche Grundlagen zum Gedeihen der Landwirtschaft* entwickelt Rudolf Steiner einleitend, wie das Leben auf der Erde weitgehend von der Umwelt, vom Kosmos bestimmt ist, so daß dort die im Pflanzenleben wirkenden Impulse zu suchen sind. Dagegen ist in den Lebensprozessen der Tiere eine zum Menschen hin steigende Tendenz der Emanzipation vom Kosmos zu beobachten. Anschließend wird dann die gegenwärtige Situation des pflanzlichen Lebens in der frühlingshaften Entfaltung beschrieben. Ein aus den Erdentiefen wirkender kosmischer, vom Kiesel geförderter Impuls läßt die Pflanzen zur Lichtesumwelt emporwachsen. Diese Wachstumstendenz in der Vertikalen zum Erdenmittelpunkt und zum Kosmos wird jedoch in der durchsonnten Feuchtehülle der Erde in der vegetativen Blattentfaltung zurückgehalten.

In dieser Feuchtehülle, wo terrestrische, mondenhafte Kräfte, vom Kalk gefördert, dominant sind, werden kosmische Sonnenkräfte verinnerlicht. Damit wird das vegetative Leben dazu angeregt, daß es Blätter und Wurzeln, eine neue Erdenhülle bildend, in ein horizontales Wachstum führt. Blattrosetten werden gebildet, die Getreide bestocken sich im horizontalen Wachstum. Die lichtverwandte, zum Licht strebende Pflanze kann hier mit der von außen wirkenden Sonnenstrahlung in der Assimilation, in der Stoffverdichtung von Wasser und Kohlensäure zu Zucker und Stärke die Nahrung für alle Lebewesen schaffen.

Diese Hüllenorgane der Feuchte im Mutterboden und im Erdendunst sind Vermittler der Emanzipation, des Herauslösens aus dem Kosmos, und der Schaffung einer Grundlage für das Eigenleben der Erde. Doch geht diese Emanzipation in der kugelförmigen Hüllenbildung nicht so weit wie die in der Gastrulation, das heißt der Einstülpung zur Bildung der Leibeshöhle am Anfang der Entwicklung eines befruchteten tierischen Eies. Denn die Kugelgestalt verselbständigt sich wohl gegenüber dem Kosmos, schafft Eigenwesensgrundlage, behält jedoch die Beziehung zum Mittelpunkt und zur unendlichen Ferne, das heißt zum Erden-Ich und zum Kosmos. Sie wird daher auch als Urform des Lebendigen auf der Erde bezeichnet.

Das von außen wirkende Sonnenlicht ermöglicht der sonnenverwandten Pflanze, die Nahrung für alle Lebewesen und auch, im Sauerstoff, die notwendige Lebensluft zu schaffen. Es formt und gestaltet aber auch die Blattbildungen und drängt im Laufe der Entwicklung das vegetative Leben zurück, so daß die Pflanzen wiederum zum Lichtkosmos stengelhaft in der Vertikalen emporschossen können. Besonders typisch ist dies bei den Gräsern, also den Getreiden, den Kohlarten, dem Spinat und bei Salaten. Wo bei anderen Arten die Blüten sich in den Blattachseln bilden, übernimmt der Knoten eine wichtige Ersatzfunktion.

Und der Kosmos antwortet diesem geläuterten Lichtstreben der Pflanzenwelt in einer Unzahl von Blütenbildungen, so sich selbst in sonnenhafter Schönheit offenbarend – deutlich tingiert von sonnenhaft obersonnigen Planetenwirkungen, aber auch, bei anderen Arten, von mondenhaft untersonnigen Aspekten planetarisch astralischen Wirkens.

Doch nicht nur in der Seelenhaftigkeit der Blütenwelt antwortet der Kosmos, sondern auch im weiteren Fortgang in der Einprägung der Geistgestalt der Arten in der Samenbildung, durch die Arten-Iche in der Fixsternwelt. So antwortet der Kosmos, vermittelt durch die Sonne, in zweifacher Art auf das Lichtstreben der Pflanzen, das die Emanzipation der Kalk-Feuchtehüllen der Erde überwunden hat.

Diese drei Schöpfungsimpulse des Erdenlebens – das Streben zum Lichtkosmos vergangenen schöpferischen Wirkens, das Zurückhalten in der Schaffung der Eigenwesens- und Lebensgrundlage in den vegetativen Prozessen des Mutterbodens und des Blattlebens, die Antwort des Kosmos in der Vielfalt der Blüten- und Samenbildungen – sie können in den verschiedensten Ausgestaltungen als Grund-Impulse des pflanzlichen Lebens erlebt werden. Zu diesem Erleben führt auch Goethe den aufmerksamen Leser in seiner *Metamorphose der Pflanzen.* Das naturgesetzlich geordnete Zusammenspiel dieser Impulse im Jahreskreislauf ist der «Typus der Urpflanze», den Schiller als Idee bezeichnete, von dem Goethe aber sagte, daß er ihn mit Augen sehen könne. Erst Rudolf Steiner gelang es jedoch, das Zusammenwirken dieser Impulse im Zusammenwirken von Kosmos und Erde, von kosmischen und terrestrischen Kräften voll zu entschleiern, so daß die Pflanzen als Organe der Erde erfaßbar werden.

Stufenweise nur, im Laufe vieler Jahrhunderte, konnte die zum Denken erwachte Menschheit sich diese Erkenntnis erringen. Aristoteles weist auf zwei polare Impulse im Götterschaffen:

Form (Idee) – Stoff (Stoffwille).

Thomas von Aquin führt diesen Prozeß weiter, indem er unterscheidet:

Idee im göttlichen Bewußtsein

Idee im stofflichen Organismus, zum Beispiel in einer Pflanze	Idee im Erkenntnisstreben des Menschen

Die Schöpfer-Idee inkarniert sich, beispielsweise in der Pflanze, im stofflichen Gewand. Der Mensch vermag jedoch durch Beobachten und Denken in seinem Erkenntnisstreben sich Schritt für Schritt der wesenhaften Schöpfer-Idee zu nähern. Ein Verständnis für diese Möglichkeit ist eine wichtige Hilfe zur Überwindung eines einseitigen Kantianismus, indem das Suchen sich nicht auf ein unerreichbares «Ding an sich» richtet, sondern auf den die Art bestimmenden Typus.

Rudolf Steiner konnte nun zeigen, daß dieser dritte Schritt, diese dritte Stufe nicht nur für das Erkenntnisstreben des Menschen gilt, wo er in Freiheit vollzogen werden kann, sondern auch die naturgesetzliche Lebensgrundlage der Pflanzenwelt darstellt. Das Erdenleben kann in der Emanzipation vom Kosmos nur deshalb Lebensgrundlage für die Entwicklung der Menschheit sein, weil das Streben zum Lichtkosmos, zum Urquell des Erdenlebens, naturgesetzlich veranlagt ist. Ein rechtes Verständnis für die Bedeutung der so erschlossenen Überschau eröffnet sich durch die Erkenntnis, daß die Pflanze nur Organ ist in dem Erde und Kosmos umfassenden Organismus des Naturwachstums.

Nun führt ein Verständnis für das Wirken des Typus in der organischen Welt dazu, daß der Typus nicht naturgesetzlich das Geschehen von außen bestimmt, sondern, als wesenhafte Idee wirkend, die Entwicklung eines Organismus lebendig von innen als seinen eigenen durchdringt. Dies gilt nicht nur für die Entwicklung eines einzelnen Organismus vom Keim zur vollen Ausbildung, sondern auch für eine ganze Evolutionsreihe. Es müßte daher der «Typus Mensch» auch schon in den ersten Urformen pflanzlich-tierischen Lebens auf der Erde als wirksam erkennbar sein, ja auch im Leben der ganzen Erde in den Urzeiten, woraus sich die Evolutionsreihen der Pflanzen und Tiere herausdifferenziert haben.

Es fällt dem anschauenden Denken und Empfinden nicht schwer, die Offenbarung des gleichen Typus im Menschen und der Pflanze – besser: im Organismus des Naturwachstumes – im Naturleben der Erde zu ertasten, wenn beachtet wird, daß, was beim Menschen im Inneren, im Denken, Fühlen und Wollen erlebbar ist, bei der Pflanze gewissermaßen von außen wirkt und nur an den Gestalten, den Gesten, den Lebensprozessen erfaßt werden kann. Es sei dies hier nur in kurzem Abriß verdeutlicht, um von da aus zur Bedeutung des Vertikal-Impulses zu führen.

Im Menschen ist die Polarität des Gebundenseins an den stofflichen Leib, an die stoffliche Leiblichkeit, und andererseits des Strebens zum geläuterten Seelenleben und lichthaften Denken, zum Erfahren des Geist-Ich, im Seelenleben zu erfassen, wobei das rechte Gleichgewicht vom Menschen-Ich zu halten ist.

Bei der Pflanze, deren Astralleib im planetarischen Leben west, führt das mondenhafte, untersonnige Planeten-Wirken in die stofflichen Prozesse, während die obersonnigen, sonnenhaften Planetenkräfte zum lichthaften Kosmos führen. Das Gleichgewicht wird im Jahreslaufe für die Pflanze als Zeitenwesen von der Sonne als Ich-Träger des Planeten-Organismus gehalten. So wie die Ganzheit des Pflanzenwesens sich erst im Jahreslauf – rhythmisch sich wiederholend – offenbart, so die des Menschheitwesens in der Überschau der ganzen Evolution als einmaligem Geschehen.

Rudolf Steiner vermochte aber darüberhinaus zu zeigen, daß der Mensch seine Aufrichtung in die Vertikale, in Überwindung der mondenhaften Horizontale des Trieblebens der Tiere, einer Christustat in der geistigen Welt verdankt.[25] Es war ein Ereignis, das zwar in der geistigen Welt stattfand, dessen Ergebnis aber erst über die Erde zur Wirksamkeit kommen konnte. Durch die so gewonnene Beziehung zum Erden-Mittelpunkt erlangte der Mensch das Selbstbewußtsein, das es ihm ermöglicht, in freiheitlichem Mühen zur Geisterfahrung zu kommen.

Die eingefügte Skizze zu einem neuen Bilde der Evolution (Abb. 4) macht die intime Beziehung der Pflanze zum Menschenwesen anschaubar.

Rudolf Steiner wies auf sie hin, als er sagte, daß man an der Pflanze etwas vom Ätherleib des Christus erfahren könne.[26] Denn sicherlich ist das Aufrichten der Pflanze in die zum Licht-Kosmos führende Stengelrichtung, in Überwindung der Horizontalen des vegetativen Wachstumes, des sich um die Erde Rundens in Blatt- und Humuswurzel-Wachstum, in diesem Zusammenhang zu sehen. Auch für diese Impulse wird auf die Erdentiefen, auf das Kristallgestein der Erde, auf den Erdenmittelpunkt gewiesen.

Am Ende seines Vortragswirkens, am 15. September 1924,[27] faßte Rudolf Steiner in lapidarer Kürze zusammen: Sonnenhaft alles, was im Stengelwachstum emporstrebt, mondenhaft alles, was, sich rundend, zur Erde führt. Das sonnenhafte Streben unterstützt von den obersonnigen Planeten, das in die irdische Gestaltung Führende von den untersonnigen Planeten. Aus der diesem Vortrag entnommenen Skizze[43] (siehe Abb. 13, S. 151) ist ersichtlich, wie im Blattbereich Mars und Merkur, im Blütenbereich Jupiter und Venus zusammenwirken und wie Saturn in der Samenbildung das mondenhafte Leben der Erde erhält.

Das Auffinden dieser Zusammenhänge und das Darstellen derselben in gedanklicher Klarheit war eine Menschheitsaufgabe von Jahrhunderten. Heute ist ihr verständnisvolles tastendes Erleben dem Landwirt und Gärtner möglich, der sich um eine solche Erkenntnis übend bemüht. Am Beobach-

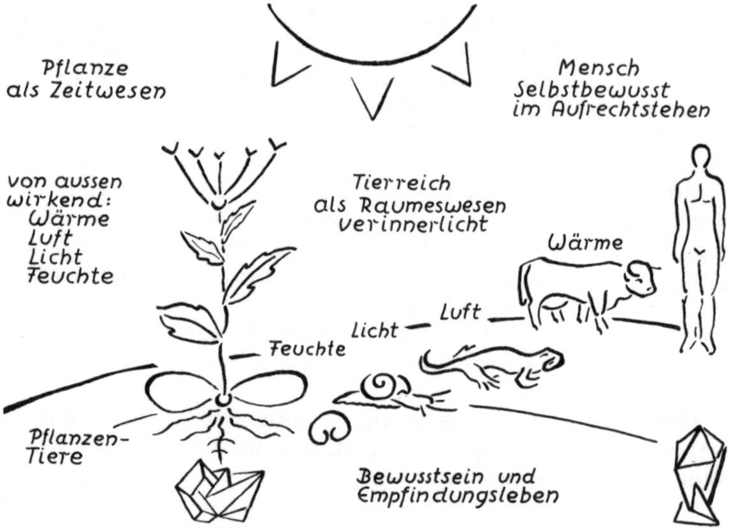

Abbildung 4

ten der Unterschiedlichkeit der Pflanzenarten in ihrem Wachsen, Blühen und Reifen oder der Auswirkungen der verschiedenen Klima- und Bodentypen auf das Pflanzenwachstum kann das Wirken der charakterisierten Impulse in vielfältig differenzierter Art erfahren werden. Sonnenhaft oder mondenhaft, obersonnig oder untersonnig, kieselhaft oder kalkhaft, Vertikal- oder Horizontaltendenz, Lichtstreben oder vegetatives Zurückhalten, Lichtgestaltung oder Wärmestau – alles dieses und mehr bleibt nun keine leeren Begriffe, sondern füllt sich immer mehr mit Inhalten, und dieses vor allem auch in der Zusammenschau mit den eigenen Seelen-Erfahrungen am Menschenwesen.

So eröffnen diese Einsichten nicht nur Andacht und Begeisterung weckende Einblicke in die großen Zusammenhänge des Erdenwerdens und des Menschheitsschicksals sowie der Zukunftsaufgaben, sondern sie befruchten auch im täglichen Leben das landwirtschaftliche Tun und das menschliche Zusammenwirken.

Vom Erkenntnispfad des naturpflegenden Land- und Gartenbauers

Für den Landwirt und Gärtner wie überhaupt für jeden, der sich mit der Pflanzenwelt beschäftigt und der gewohnt ist, die Impulse für die Entwicklung der Pflanzen im Samenkorn und in der dort veranlagten Vererbung zu sehen, bedeutet es eine große Umstellung, zu lernen, wie das landwirtschaftliche Tun weitgehend von bisher recht ungewohnten Gesichtspunkten aus betrachtet werden kann, und darüberhinaus Verständnis zu gewinnen für die spezifischen biologisch-dynamischen Maßnahmen zur Pflege der Lebensgemeinschaft Boden-Pflanzenwelt, zur Lenkung der Entfaltung der Kulturpflanzen und zur Erzielung der besonderen Qualitäten. Er muß aber auch zu den geistigen Grundlagen vordringen, wenn er wirklich schöpferisch tätig werden will. Das ist aber mit erheblichen Schwierigkeiten verbunden, da die von Rudolf Steiner gegebenen Grundlagen und Ratschläge in nur acht Vorträgen konzentriert sind. Es ist daher verständlich, daß diese wohl überwältigende Einblicke in das Naturgeschehen vermitteln, gedanklich aber nur mühsam zu durchdringen sind.

Hinzu kommt, daß die Land- und Gartenbauer meist mehr dem praktisch tätigen Leben verbunden sind als dem Bücherstudium und auch dort ihre Erfahrungen sammeln. Gewiß, der Weg zum Verständnis geistiger Zusammenhänge führt immer über das Studium geisteswissenschaftlicher Schriften und meditatives Üben, aber für den Naturpfleger wird der Schwerpunkt oft mehr auf der Seite des übenden Anschauens liegen. So hatte wohl Rudolf Steiner für die Teilnahme am *Landwirtschaftlichen Kurs* die Bedingung des Studiums der *Theosophie* und der *Geheimwissenschaft* gestellt; aber in den Vorträgen legte er den Hörern nahe, hellfühlend, hellriechend zu werden, ein persönliches Verhältnis zum Stalldung, zum Kompost zu erstreben. Es wurde also der Weg des meditativen Anschauens besonders angesprochen, wie er in *Wie erlangt man Erkenntnisse der höheren Welten?* beschrieben ist.

So einleuchtend dem gärtnerisch Tätigen diese Aufgabe erscheint, so ist sie doch nicht so leicht gedanklich erfaßbar. Schwer genug schon die an anderen Orten gestellte Aufgabe: am anderen Menschen aufzuwachen, den anderen als geistiges Wesen zu erleben, die Dreiheit der Holzplastik des Menschheits-Repräsentanten in ihm erlebnismäßig zu erfassen, das heißt ihn als Geist- und Seelenwesen zu erleben. Doch was wird mit dem persönlichen Verhältnis zum Kompost, zur Pflanzenwelt erstrebt, zu den Pflanzen, die doch kein eigenes Seelenleben haben?

Ein rechtes Verständnis für diese Aufgabe ist dadurch erschwert, daß die neu hinzukommenden Landwirte und Gärtner in erster Linie Richtlinien für ihre praktische Tätigkeit suchen und erst in Verbindung mit der neuen Arbeitsart erleben, daß das in der Schule erlernte Naturverständnis zum Geistigen erweitert werden muß, daß vor allem auch ein anderes Bild der Evolution der Naturreiche und des Menschen, zumindest als gedankliche Möglichkeit, zu erarbeiten ist, so daß Worte wie die folgenden wiederum als von Gedanken getragene Empfindungsgrundlage erlebt werden können:

> Aus dem Geiste ist alles Sein entsprungen,
> In dem Geiste wurzelt alles Leben,
> Nach dem Geiste zielen alle Wesen.[28]

Auf einer solchen Empfindungsgrundlage, zusammen mit den Inhalten geisteswissenschaftlicher Darstellungen, werden viele Erlebnisse, die jahrein, jahraus im Pflegen der Natur, im Erleben der Jahreszeiten aufgenommen wurden, deutlicher zu sprechen beginnen. Zweifach gegliedert ist dieses Aufwachen an der Pflanzenwelt. Zum einen betrifft es den Typus der Pflanzenarten, deren Urbild, deren Idee sich durch Jahrtausende im Pflanzenleben verwirklicht, deren Bildung auf lang vergangene Zeiten weist, wo die Geistwelt noch frei schöpferisch im Naturleben tätig war. Zum anderen betrifft es die Bereiche, wo elementarische Geistigkeit auch heute noch im Werden der Pflanzen im Jahreslauf helfend wirkt.

Es war das besondere Anliegen unseres früh verstorbenen Freundes *Gerbert Grohmann* – vor allem in seinem Werk *Die Pflanze,* Band 2 – die Wege zu zeigen, wie am Erleben der Gestaltungen, der Entwicklungstendenzen etwas von der Idee der Arten, vom Wesen der Gruppen-Iche erfahren werden kann. An polaren Gegenüberstellungen verschiedener Pflanzenfamilien versuchte er dies zum Erleben zu bringen, und es sei dieser Weg hier an einigen Pflanzenarten aus dem landwirtschaftlichen Erlebnisfeld verdeutlicht (Abb. 5).

Abbildung 5

Unterschiedliches Wirken des Sonnen-Blüten-Impulses

verinnerlicht ◄———► **von außen**

Tollkirsche	◄ Erbse	◄ Rosen ►	Zitronenmelisse	► Weizen
Nachtschatten-gewächse	Leguminosen	Obstarten	Labiaten	Getreide

Auf der einen Seite die im Blühen und Reifen sonnenverwandten Pflanzen: die in der Vertikalen strebenden, in Sonnenlicht und -wärme reifenden, in goldgelbem Leuchten Sonnenhaftes offenbarenden Getreide, kristallisierte Körnernahrung spendend, oder auch die Familie der Labiaten, der Würzkräuter, wo der sonnenhafte Blütenimpuls die ganze Pflanze aromatisiert, zum Duften bringt.

Ganz auf der anderen Seite die Nachtschattengewächse, wie die Tollkirsche und der Stechapfel mit ihren unheimlich anmutenden, tief sich einstülpenden Blüten, wo kosmische Astralität vom Erdenstoffwechsel ergriffen wird, oder mehr zum Gleichgewicht der Mitte hin die Leguminosen, zu denen zum Beispiel die Erbsen, die Wicken, die Kleearten gehören, wo der Blüten- und Fruchtbildungsimpuls in den Blattbereich und tiefer hineingezogen wird, aber so, daß hier der vegetative Impuls dominant bleibt, und im Bereich des Mutterbodens der Stickstoff, wo der Träger des Astralischen aus der Luft stofflich gebunden werden kann.

In der Mitte aber die Rosen, lichthafte Gestaltungskraft aus dem Wurzelbereich in die verholzenden Stengel und fein durchformten Blattbildungen hinauftragend, die selbst in dunkelroten Blüten noch diese Leuchtekraft offenbaren können. Aber auch die zu den Rosengewächsen gehörenden Obstgehölze künden in ihrer Frühlings-Blütenpracht und dem Heranreifen der Früchte im Sommer- und Herbst-Sonnenglanz bis in die unvergleichliche Säurequalität des Aromas von ihrer Lichtverwandtschaft.

Die wichtigsten Nahrungsmittel in den letzten Jahrtausenden, in denen sich die Fähigkeit des Denkens herausbildete – die Getreide, die Obstgehölze, die Labiaten –, gehören zu Familien, die an der entvitalisierenden Sonne reifen und keine Giftpflanzen bilden. Am anderen Pol der Verinnerlichung der Sonnenwirksamkeit wird Bodenfruchtbarkeit aufgebaut, werden Heilmittel bereitet, aber auch im Mondenwirken für den Menschen giftige Substanzen gebildet.

So wie es Aufgabe ist, am anderen Menschen aufzuwachen, ihn als Geistwesen zu erfassen, aber auch die Dreiheit des Geistig-Seelischen in ihm zu erleben, so kann auch hier Wesenhaftes – in dreifachem Kräftewirken immer deutlicher sprechend – an der Pflanzenwelt erfahren werden:

Das lichthafte Hinaufgetragenwerden der Pflanzen aus der Erde zum kosmischen Licht-Umkreis, im sich Aufschließen zum Kosmos.

Das Verinnerlichen der Sonnenwirksamkeit in der Feuchte-, Blatt- und Mutterboden-Hülle, Grundlage für das Eigenleben der Erde im Mondenwirken schaffend.

Sonnenwirksamkeit von außen, entvitalisierend gestaltend, Blüten- und Reifeprozesse bewirkend, kosmische Impulse zur Offenbarung bringend.

Auf die Bedeutung eines solchen Wesens, wenn nur ein wenig nach *Wie erlangt man Erkenntnisse der höheren Welten?* geübt wird, ist in den Vorträgen *Die Sendung Michaels*[29] hingewiesen. Wichtige Aufgabe sei in der Gegenwart, in die mittlere menschliche Sphäre der flutenden Gefühle Ordnung zu bringen, das traumhafte Gewoge der Empfindungen mit Weisheit zu durchdringen, die hinweist auf einen anderen Realitätsgehalt, als ihn die Sinneswelt gibt. Es sei auf diesem Wege nicht schwieriger, etwas vom Wesen der Hierarchien zu erfassen, als den anderen Menschen wirklich als Geistwesen zu erleben.

Es ist dies der Übungsweg vom Leben in der Bewußtseinsseele zum Geistselbst-Bewußtsein, wo die zum objektiven Wahrnehmen geschulten Empfindungen Sinnesorgane für die seelisch-geistige Umwelt werden. So wie auf diesem Wege das Seelisch-Geistige eines Menschen an seiner Gestalt, seinen Gesten und Bewegungen, seiner Sprache, seiner Schrift erlebbar wird, so auch etwas vom Wesen der Hierarchien an den Gestalten und Gesten der Pflanzenwelt, deren Schöpfer sie sind und worin sie ihr Wesen offenbaren.

Eine andere berechtigte Frage ist, ob denn der Bauer und Gärtner im Drange der täglichen Pflichten die Muße hat, solche Empfindungen, abgelenkt durch die heutige mechanisierte Umwelt, zu beachten? Es ist dies das Problem, das in den Mysteriendramen zwischen Felix Balde und Strader spielt. Felix Balde hatte sich, um die Sprache der Naturgeistigkeit vernehmen zu können, völlig von der Umwelt zurückgezogen. Strader, nach seinem Tode als reife Sonnenseele charakterisiert, vermag dies jedoch mitten im tätigen Leben und schildert die hierzu notwendigen Voraussetzungen mit den folgenden Worten:

«Erstreben nichts; – nur friedsam ruhig sein;
Der Seele Innenwesen ganz Erwartung – –:
Das ist die Mystenstimmung. – Sie erweckt
Sich selbst – ganz ungesucht im Lebensstrom,
Wenn sich die Menschenssele recht erkraftet, –
Wenn sie gedankenkräftig geistig sucht.
Die Stimmung kommt in stillen Stunden oft,
Doch auch im Tatensturm; sie will dann nur,
Daß nicht gedankenlos die Seele sich
Dem zarten Schau'n des Geistgeschehns entzieht.»[30]

«Wenn sich die Menschenseele recht erkraftet, wenn sie gedankenkräftig geistig sucht». Also auch hier das Zusammenwirken von denkerischer Zielstrebigkeit mit erkraftendem Üben. Der mit den Kräften der Natur Schaffende kann sich sogar freier nach dieser Seite bewegen, denn sein Tun, das hierdurch Anregungen empfängt, erfährt immer wieder Korrekturen durch die Antworten der von ihm gepflegten Pflanzenwelt. Selbstverständlich muß das so Erfahrene immer wieder an die Ergebnisse der Geisteswissenschaft herangetragen werden. Es muß geprüft werden, wie beide Seiten sich zusammenfinden können. Und so wie das tastend Erlebte oftmals Korrektur durch die Ergebnisse der Geistesforschung erfahren wird, so kann sich andererseits auch zeigen, daß beim Studium falsch Verstandenes Korrektur von dem selbst Erarbeiteten erfährt. So manches Mal wird aber auch beides unversöhnlich nebeneinander durch Jahre, auch durch Jahrzehnte getragen werden müssen. Ja, es muß der Mut aufgebracht werden, das Ergebnis der geistigen Forschung in Frage zu stellen, bis ein befriedigender Zusammenklang erreicht werden kann.

In den Bereichen, wo Rudolf Steiner neue Wege heilenden Wirkens gewiesen hat, zeigt sich, wie auch hier, daß oftmals ein rechtes Verständnis für das Dargestellte erst am Erleben des praktischen Tuns aus der anschauenden Urteilskraft gewonnen werden kann, und man lernt, mit dieser wie auch mit den Gedanken der Geisteswissenschaft in neuer Art umzugehen.

Aber auch im Miterleben der Entfaltung der Pflanzenwelt im Jahreslauf, wo elementarische Geistigkeit noch heute wirksam ist, verfügt der Gärtner und Landwirt über einen reichen Schatz von Erfahrungen. Am deutlichsten spricht wohl die durchsonnte Feuchtehülle der Erde an einem Frühlingsmorgen, den selbst der Städter als Wachswetter empfindet, wenn die Feuchtehülle des Erdendunstes das mit der Sonne hereinstrahlende kosmische Wirken zum irdische Entfaltung fördernden Impuls wandelt.

Wie ganz anders ist die lichthafte Sonne eines kühlen Frühsommertages zu erleben, die das Wesen des Lichtes so überzeugend zur Offenbarung bringen kann, vor allem wenn die Luft von kristallklarer Reinheit nach einem Regentag ist oder die Bergeshöhe oder das polnahe Klima ihr diese Reinheit schenkt; das Wesen des Lichtes, das die Blütenwelt hervorbringen hilft, mit deren strahlender Pracht in der Frühlingszeit der Pflanzenpfleger sich in seinem Wesen so intim verwandt fühlen kann.

Und anders wiederum die Spätsommer- und Herbstesreife-Sonne, die mit ihrem Wärmewirken die Samen – das Wachstum abschließend und das Pflanzenleben der Erde erhaltend – zur Bildung und Reife bringt oder auch in den sich bildenden Früchten das neue vegetative Leben mit kosmischen Impulsen durchdringt.

Aber all dieses Wachsen, Blühen und Fruchten kann sich nur entfalten, weil aus den Erdentiefen der Geistwille, zur Lichtesumwelt der Sonne strebend, die Pflanzen in der Vertikalen, in Stengel und Stamm zur Entfaltung bringt.

Wie tiefgreifend das Erleben des Landwirtes durch ein solches Heranführen an die Wesensbereiche elementarischen Wirkens erweitert und vertieft werden kann, sei an einem Beispiel aus der Vorkriegszeit deutlich gemacht. Ende der dreißiger Jahre ließ sich der damalige Reichs-Bauernführer von einer Persönlichkeit seines Stabes einen Bericht über die biologisch-dynamische Landwirtschaft anfertigen. In diesem Bericht, der uns nach dem Kriege zugetragen wurde, stand zu lesen: «Auffallend ist, daß diese Bauern ein ganz anderes Verhältnis zum Licht haben ...»

Das konnte damals so deutlich erlebt werden, trotzdem in diesen Jahren bei der Pflege der biologisch-dynamischen Arbeit in Vorträgen und Schriften Zurückhaltung angeraten war und die Anthroposophie nur im Hintergrund stand.

So kann der Landwirt und Gärtner aus seinem Lebens- und Arbeitsschicksal in besonderer Weise helfende Anregungen erfahren, die über das Erleben des seelisch-geistig Wesenhaften in den Sinneswahrnehmungen – am Lichte oder der sonnenhaften Blütenwelt – im Sinne des neuen Joga-Willens Außenwelt und Innenwelt wiederum verbinden helfen. Eine Erfahrung, die mit «ein wenig gesundem Menschenverstand» zum Ertasten der Präexistenz des Seelischen, zum Erleben der geistigen Heimat des Menschen führen kann.

Vom Erkenntnismühen in der anthroposophischen Landwirtschaft

Aus den Vorträgen, die Rudolf Steiner für die Landwirte und Gärtner gehalten hat, ergab sich für diese einerseits die Aufgabe, gedanklich ein Verständnis für das Wirken kosmischer und irdischer Kräfte im Pflanzenleben zu erarbeiten, andererseits jedoch die Aufforderung, hellfühlend, auch hellriechend zu werden – zum Beispiel für das Pflegen des Kompostes und der Pflanzen –, um ein persönliches Verhältnis zum Naturleben zu gewinnen. Der Landwirt im rechten Sinne sei ein Meditant, und so könnten sich im Sorgen um seine Aufgaben zur rechten Zeit die rechten Einfälle einstellen.

Zwischen diesen beiden Polen schwingt das Erkenntnissuchen des Landwirtes als Grundlage für seine Arbeit, gedankliches Erarbeiten eines Weltbildes der belebten Natur und ein persönliches Verhältnis zu den ihm anvertrauten Naturwesen, dem Boden, den Pflanzen, im willensgetragenen Verbundensein zu gewinnen.

Nun ist der Landwirt mehr als ein Mensch in anderen Berufen auf seine am Beobachten des Pflanzenlebens oder der Witterung sich bildenden Empfindungen für das Fassen der Entschlüsse, für seine Tagesarbeit angewiesen. Auch ist er durch seine körperliche Tätigkeit in besonderer Weise mit seiner Arbeit an der belebten Natur, mit den Erdenkräften verbunden. So ergab sich immer wieder die Frage: Wie darf das Fühlen, die am Erleben der Natur sich bildende Empfindung, in das Erkenntnisstreben hineingenommen werden, das doch in unserer Zeit mit der Ordnung und Bildung des Denkens beginnen soll? Aber auch, ob es für den in einem solchen Tun Stehenden einen besonderen Willensweg zur erweiterten Erkenntnis gäbe.

Letzteres tendierte in den ersten Jahren nach dem Kurs, als die intellektuelle Bildung auf dem Lande, nur von der Dorfschule vermittelt, oft noch gering war, zum Hinweis auf die

Verse Goethes im *Vermächtnis altpersischen Glaubens (Parsi Nameh):*

> Und nun sei ein heiliges Vermächtnis
> Brüderlichem Wollen und Gedächtnis:
> *Schwerer Dienste tägliche Bewahrung,*
> Sonst bedarf es keiner Offenbarung.[31]

In diesen Versen ist allerdings zuvor auf die notwendige Ergänzung gewiesen, nämlich auf die Verehrung der Schöpfermacht, damals der Sonne:

> ... Gott auf seinem Throne zu erkennen,
> Ihn den Herrn des Lebensquells zu nennen,
> Jenes hohen Anblicks wert zu handeln
> Und in seinem Lichte fortzuwandeln.

Im Ausklang bäuerlicher Tradition in unserer Zeit war es noch möglich, daß ein Bauer im Allgäu nicht recht die Kunst des Lesens und Schreibens beherrschte und doch seinen Hof in vorbildlicher Weise, aus eigenen Erfahrungen gestaltend, gemäß den biologisch-dynamischen Leitgedanken führte, ja sogar als Pionier es vermochte, einen Hof, auf dem nur Rindergülle zur Düngung vorhanden war, auf diesem Wege zur vollen Gesundheit zu führen.

Nun, diese Zeiten sind, vor allem für die jüngere Generation, vorüber. Doch ist auch heute noch die Lebenssituation in der landwirtschaftlichen Tätigkeit durch den engen Umgang mit Boden, Pflanzen und Tieren eine andere als in landfernen Berufen. Das gilt vor allem für diejenigen, die nach einer Verbindung mit der biologisch-dynamischen Landwirtschaft streben, sei es aus der Stadt kommend oder schon in einer landwirtschaftlichen Tätigkeit stehend. So wie der Pädagoge von seinen Schülern belehrt wird, so auch der Landwirt und Gärtner von der von ihm betreuten Natur. Er erlebt vieles am Boden, an den Pflanzen, am Jahreslauf, am Wettergeschehen, am Zusammenwirken von Sonne und Erdenfeuchte, alles mit seinen Empfindungen begleitend. Er muß vielfach sein Handeln nach diesen ausrichten, obwohl er das Erlebte gedanklich nur ungenügend durchdringen kann; denn die Gedanken, die aus der heutigen Naturwissenschaft kommen, umfassen nur die Außenseite. Vor allem vermögen sie nichts zu sagen über das innere Wesen der Natur, die ihn mit ihrer Schönheit beschenkt, die die Nahrung spendet und die Lebensgrundlage des Menschen geschaffen hat. Auf alle diese Fragen, meist nicht voll bewußt, sucht er Antwort in der anthroposophisch orientierten Landwirtschaft. Der mit der Natur im täglichen Tun Verbundene will die Antwort auf seine Fragen in seinem Umgang mit dieser, in seinem Erleben derselben gewinnen. Er will arbeitend lernen und lernend arbeiten.

Soll jedoch dieser Gang, bei dem nicht nur das Meß- und Zählbare als Grundlage genommen wird, sondern auch das Erleben an der Natur, nicht zu Unklarheit und Schwärmerei führen, dann gilt es, solide Grundlagen zu schaffen. Das kann auf den Spuren Goethes erreicht werden, der als wichtigsten Lehrmeister für seine botanischen Arbeiten Carl von Linné schätzte, von dem er das genaue Beobachten der Einzelheiten gelernt habe. Auf einem solchen Wege des exakten Beobachtens der sich wandelnden Erscheinungen, anhand von Goethe und dessen Interpreten Gerbert Grohmann und der Bewahrung des Beobachteten im Gedächtnis zur Überschau über die Ganzheit des Geschehens wird zugleich das Denken geordnet, gestärkt und geschult, als notwendige Grundlage eines gesicherten Erkenntnispfades.

Es gilt hierbei die Phänomene so zu ordnen, daß sie sich selber aussprechen, so daß die darin wirkenden Kräfte erfahren werden, zum Beispiel im Vergleich der ersten, in der feuchten Bodennähe sich entwickelnden Blätter einer einjährigen Pflanze mit den später folgenden, mehr vom Lichte durchformten, auch mit den später im Jahreslaufe sich entwickelnden. In der Überschau des Gesamtgeschehens wird das Kräftewirken erfahrbar. Hierbei ist bereits die Empfindung angesprochen und in den Erkenntnisbereich einbezogen. Dieser sich so an die landwirtschaftliche Aufgabe anschließende Weg findet weitere notwendige Anleitung in *Wie erlangt man Erkenntnisse der höheren Welten?* Es zeigt sich dabei, daß das dort in den ersten Abschnitten Beschriebene dem früheren Bauernleben nichts Fremdes ist, sowohl was die Voraussetzungen betrifft als auch so manche der aufgeführten Übungen.

Als Voraussetzung ist dort auf die Grundstimmung der Verehrung, der Andacht gewiesen gegenüber der in der Natur sich offenbarenden Geistwelt. Wie die Liebe, oder besser das von Liebe getragene Interesse, Voraussetzung für einen guten Pädagogen ist, so auch für den Landwirt, richtet es sich doch in beiden Fällen letztlich zur Schöpfermacht. Aber auch ein behutsames meditatives Betrachten und Umgehen mit den wachsenden Pflanzen, mit dem Saatgut, mit dem Boden lebte in der Bauernkultur, wenn auch nicht in der zielbewußten Klarheit dieser Darstellungen. Ja, das ganze Bauernleben war, zumindest dort, wo es wirklich zur Blüte kam, ein Übungsweg im Umgang mit der Umwelt, den Menschen und der Natur, im erstrebten Einklang mit der als Meditationsschrift gelesenen Bibel. Auf diesem Wege wurden Tugenden erpflegt, wie sie zum Beispiel für die Entfaltung der Herzens-Lotusblume beschrieben sind: Ordnung im Denken, Ordnung im Wollen, Ausdauer, Toleranz gegenüber den Mitmenschen, Offenheit gegenüber allem, was das Schicksal heranbringt, ausgewogenes Gleichgewicht. Ein solcher Übungsweg knüpft also in vielem an etwas an, was noch im Beginne dieses Jahrhunderts an so manchen Persönlichkeiten auf dem Lande zu erleben war.

Doch es sei nun der Frage nachgegangen, welche Berechtigung die betonte Hereinnahme des Fühlens in einen anthroposophischen Erkenntnisweg hat. Allerdings nicht eines passiven Fühlens, sondern der Empfindung, die willensgetragen die Umwelt zu erleben sucht. Auf die wichtige Aufgabe, das Fühlen in dieser Weise zu wandeln, wird in der Vortragsfolge *Die Sendung Michaels* hingewiesen: «In diese Sphäre unseres Daseins muß nach und nach eine ebenso große Ordnung hineinkommen, wie sie in die Kopfweisheit durch die Kopflogik hineingekommen ist, wie sie in alles dasjenige, was wir auf ahrimanische Weise wissen, durch die Mathematik, Geometrie, überhaupt durch diese äußerlich rationelle Naturbeobachtung kommt. Wodurch kommt in diesen mittleren Teil unseres Menschenwesens die innere Logik, die innere Weisheit, Orientierungsfähigkeit hinein? Durch den Christusimpuls, durch dasjenige, was in die Erdenkultur übergegangen ist durch das Mysterium von Golgatha.»[32]

Zu den hieraus sich ergebenden Aufgaben gehört vor allem, das Übersinnliche in der unmittelbar uns umgebenden Sinneswelt zu erkennen, also in der Menschen-, Tier- und Pflanzenwelt: «In dem Augenblicke, wo das nicht eine Theorie ist, sondern lebendig empfundene Wirklichkeit der Seele ist, die uns befähigt, in dem Menschen ein Übersinnliches zu sehen, in dem Augenblicke erziehen wir in uns die Fähigkeit, den Christus-Impuls mitten unter uns überall wahrzunehmen.»[33]

Im weiteren Verlauf der Vorträge wird diese Aufgabe allgemeiner gefaßt als das im Laufe der Bewußtseinsentwicklung heute notwendig gewordene Streben, in den Sinneswahrnehmungen wiederum das Seelisch-Geistige zu erfassen, wobei insbesondere auf das Erleben des Geistig-Wesenhaften im Lichte hingewiesen wird. «Wir müssen fühlen lernen, wie durch unsere Augen unser Wille wirkt und wie in der Tat die Aktivität der Sinne leise sich hineinmischt in die Passivität, wodurch sich Weltengedanken mit Menschheitswille kreuzen. Diesen neuen Jogawillen, den müssen wir entwickeln.»[34]

Es wird dann ausgeführt, daß die Goethesche Weltanschauung nach solchen Dingen strebt. Goethe wollte das Urphänomen erkennen, indem er die Wahrnehmungen an der Außenwelt so zusammenstellte, daß sie sich selber aussprechen – und sich nicht hineinmischt der Gedanke aus dem Kopfe des Menschen.

«Kommen wir aber zu diesem reinen Phänomen, zu diesem Urphänomen, dann haben wir in der Außenwelt etwas, was uns möglich macht, auch die Entfaltung unseres Willens im Anschauen der Außenwelt zu verspüren, und dann werden wir uns aufschwingen wiederum zu etwas Objektiv-Subjektivem.»[35]

Dieser willensgetragene Weg über die Sinnesorgane, das Seelisch-Geistige in der Umwelt zu erfahren, in den Vorstufen zur anschauenden Urteilskraft führend, ist für den mit der Natur pflegend Verbundenen von besonderer Wichtigkeit. Es bedarf dies jedoch einer Ergänzung. Bleibt doch das so Erfahrene, trotz der Bedeutung auch für die Vermittlung des erstrebten persönlichen Verhältnisses, in einer gewissen Unbestimmtheit. Es wird anderes an der Rose erlebt als an der Lilie, anderes an der durchsonnten Frühlings-Morgenfeuchte als an der Gewitterschwüle, anderes am Granit als am Kalk: wohl deutlich sprechend, aber doch der Hilfe aus einem anderen, dem Gedankenleben verbundenen Bereich bedürfend, um in rechter Weise in den Gesamtzusammenhang des Erdenlebens eingeordnet zu werden. Diese Hilfe erfuhr Goethe, wie Rudolf Steiner in den Vorträgen *Pneumatosophie* beschreibt, durch seine im Wahrhaftigen der Welt wurzelnde Phantasie.

Diese wird dort als Zwischenstufe auf dem Erkenntniswege gekennzeichnet, der vom Urteilen im Ich über das Meditieren an selbstgeformten Vorstellungen – Rosenkreuz oder mathematische Gebilde – zur Imagination führt. «Weil das so ist, deshalb hat zum Beispiel Goethe, der den künstlerischen Prozeß wohl kannte, so oft betont, daß die Phantasie durchaus nicht etwas ist, was in beliebiger Weise die Welterscheinungen zusammenstellt, sondern daß sie Wahrheitsgesetzen unterliegt. Aber die Wahrheitsgesetze sind so, daß sie durchaus aus der Welt der Imaginationen heraus wirken. Nur weil sie in das Alltagsleben hereinwirken, verändern sie sich und verweben sich mit dem, was das Alltagsleben im Bewußtsein hat, gliedern die gewöhnliche Wahrnehmungswelt in einer freien Weise, so daß wir in der wahren Phantasie wirklich etwas haben, was zwischen dem bloßen Vorstellen und zwischen der Imagination mitten drinnen liegt. Wenn die Phantasie nicht so aufgefaßt wird, daß sie etwa dem Menschen doch nur als das gilt, wovon oft gesagt wird: Phantasie ist etwas, was nicht wahr ist –, sondern wenn sie wirklich verstanden wird, so liegt in ihr ein unmittelbarer Zeuge für ein Weitergehen der Vorstellungen nach der Richtung hin, wo die Vorstellungen sich ergießen können in das Gebiet des Übersinnlichen, der imaginativen Welt. Hier haben wir einen derjenigen Punkte, wo wir das unmittelbare Hereinströmen der geistigen Welt in unsere gewöhnliche Welt wahrzunehmen in der Lage sind.»[36]

In dem erwähnten Vortrag werden auch die Vorstufen auf dem Willenswege zur Intuition besprochen. Während auf dem Wege zur Imagination nichts mitwirken darf, «was auf dem Wege der körperlichen Organe unseren Seeleninhalt bilden kann ... was durch Augen oder Ohren in uns hereinkommt», führt das Verfolgen des Willens näher an die Körperlichkeit heran. Aber es «findet erst das in die höheren Regionen hinaufsteigende Bewußtsein in sich etwas, was zugleich ein Geschehen ist. Das ist das, wo die Welt hereinspielt in das Bewußtsein. Das ist die Intuition. Auch hier gibt es wieder eine Art von Übergang, nur ist derselbe nicht so leicht zu bemerken wie der Übergang, der vom Vorstellen durch die Phantasie zur Imagination führt. Dieser Übergang tritt dann ein, wenn der Mensch ... beginnt, seine Gemütsbewegungen selber über die Qualität der Handlungen auszudehnen ... Aber steigern kann sich auch dieses Miterleben seiner eigenen Handlungen in den Gemütsbewegungen ... dann haben wir an dem Übergang zwischen den Gemütsbewegungen und der Intuition dasjenige gegeben, was wir nennen können das menschliche Gewissen». Aber selbst die ausgebildete Intuition verbleibt auf der Seite der Gemütsbewegungen. «Da dringt sie zwar in unser Bewußtsein, in unsere Seele herein, aber auf der Seite der Gemütsbewegungen, nicht auf der Seite des Vorstellens.» Und etwas später: «Das geistige Geschehen steht den Gemütsbewegungen näher als dem Vorstellen, denn die Vorstellungen sind alle nicht maßgebend für die seelisch-geistigen Geschehnisse.» (Abb. 6a).

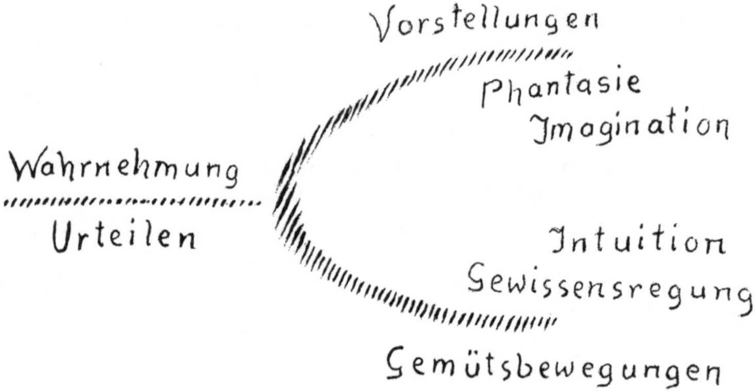

Abbildung 6a

Da diese Zusammenhänge für das rechte Verständnis eines sich aus der landwirtschaftlichen Arbeit ergebenden Erkenntnisweges von großer Bedeutung sind, sei hier noch ein weiteres Zitat eingefügt.

«Wenn wir dann durch diese Intuition, die in das Gemüt hereinspielt, weitergehen wollten, so würden wir nicht gut weiterkommen können, sondern wir müssen eigentlich mehr von der anderen Seite ausgehen. Um nicht so allgemein in den Gemütsbewegungen zu schwelgen, sondern um zum konkreten Anschauen der geistigen Welt zu kommen, müssen wir schon versuchen, Imaginationen auszubilden und darauf dann mit Bezug auf die geistige Welt unsere Aufmerksamkeit wenden. Dann tritt allmählich eine Verbindung ein in unserem Leben zwischen der noch unverstandenen, mehr nur gefühlten Intuition und der noch mehr oder weniger in der Unwirklichkeit schwebenden Imagination, die nur aus Bildern besteht. Und was da die Verbindung ist, das gibt uns zuletzt das Heranrücken an den Gedanken: Wir sind jetzt zu den Wesen gekommen, die das geistige Geschehen ausführen. Dieses Herankommen an die Wesen bezeichnen wir als Inspiration.»

Dieser gegenseitigen Ergänzung bedürfen aber auch die Ergebnisse auf den beiden Wegseiten eines Forschens auf den Spuren Goethes, die beiden polaren Zwischenstufen auf dem gedanklichen Weg zur Imagination und dem Willensweg zur Intuition. «Wir haben also hier gewissermaßen das Umgekehrte von den Vorgängen, die wir der äußeren körperlichen Welt gegenüber haben. In dieser haben wir sozusagen die Gedanken, die wir uns über die Dinge machen. Da sind uns die Dinge schon gegeben und wir machen uns Gedanken über dieselben. Hier aber ist das Geschehen, das Ding, das in der Intuition zunächst für die Gemütsbewegungen auftritt, ein durchaus Unbestimmtes, und die Imagination als solche wäre ein in der Luft Hängendes. Erst wenn die beiden zusammenkommen, wenn die Imagination durch die Inspiration hereinwirkt in die Intuition, wenn uns, mit andern Worten, unser Vorstellen hinaufführt zur Imagination, und wenn wir die Imagination fühlen als von Wesenheiten herkommend, dann strömt auch das Wesen dieser Wesenheiten in uns ein als ein Geschehen.» (Abb. 6b).

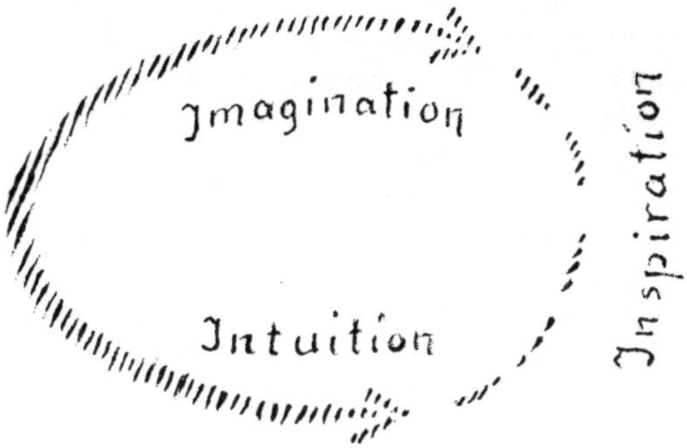

Abbildung 6b

So bleibt auf den Vorstufen das auf dem Willensweg durch die Sinnesorgane Erfahrbare nicht ein Unbestimmtes und das durch die wahre Phantasie Strömende nicht ein in der Luft

Hängendes, sondern das Zusammenwirken kann zu konkreten Erfahrungen über das Wirken von Kräften und Impulsen in der belebten Natur führen: einerseits zum Einordnen der Erfahrungen in die großen Weltzusammenhänge, andererseits aber auch neue Impulse ergebend für das Handeln in der Pflege und Entwicklung der Naturreiche.

Doch wie kann der Weg zur im Wahrhaftigen der Welt wurzelnden Phantasie als ergänzende Vorstufe zur anschauenden Urteilskraft gefunden werden? Dieser Weg wurde dem Landwirt bereits gewiesen, als das Studium der *Theosophie* und der *Geheimwissenschaft* als Voraussetzung der Teilnahme am landwirtschaftlichen Kurs gefordert wurde; ein Studium, das auch sonst als notwendige Vorbereitung zum Erkenntnispfade gilt. Werden auch nur die ersten Teile dieser grundlegenden Schriften über das Wesen des Menschen und über die Evolution von Erde und Menschheit studiert – nicht nur mit dem Kopfdenken gelesen, sondern meditativ erarbeitet und im Abtasten mit dem inneren Wahrheitsempfinden innerlich bildhaft aufgenommen –, so wird sicherlich eine wichtige Voraussetzung hierzu geschaffen.

So nahe der willensbetonte Weg zur anschauenden Urteilskraft durch die Sinnesorgane für den so stark willensorientierten Landwirt und Gärtner ist, so förderlich die damit gewonnenen Erfahrungen sind, die auch das erstrebte persönliche Verhältnis zur Natur-Umwelt vermitteln, so dürfte doch aus diesen Betrachtungen hervorgehen, daß es einer Ergänzung aus der gedanklichen Überschau, vermittelt durch die wahre Phantasie, bedarf.

Bei Gesprächen über die Gestaltung der geistigen Arbeit wurde oftmals in der biologisch-dynamischen Landwirtschaft erwogen, wie die in zeitgemäßer Weise gewandelten Kräfte und Fähigkeiten der «Hirten auf dem Felde» und der «Magier aus dem Morgenlande» in das Erkenntnismühen in fruchtbarer Weise aufgenommen werden könnten. Besonders aufmerksam wurde verständlicherweise dabei die Wandlung der Impulse der Hirten, die durch ihre Willenskräfte mit den Erdentiefen verbunden waren, betrachtet.

«Was an vorgeburtlichen Fähigkeiten bei den Magiern sich ausdrückte, das entspricht mehr einem Intellektuellen, einem Erkennen. Allerdings war das Intellektuelle damals noch ein anderes als heute. Was dagegen bei den Hirten wirkte, das entspricht mehr einem Wollen, und das Wollen ist es zu gleicher Zeit, welches die Wachstumskräfte im Universum darstellt. So daß ... die Hirten verbunden wurden mit ihrem Wollen dem, was da der Erde sich nahte als das Christus-Wesen.»[37] Dagegen ergab sich für die Magier das Herannahen des Christus aus den Sternenerkenntnissen.

Doch diese Kräfte haben im Laufe der Menschheitsentwicklung eine Wandlung erfahren: «Und was da Innenerkenntnis ist, was bei den Hirten hervorgetreten ist, das wächst sich in der weiteren Entwickelung der Menschheit immer mehr und mehr nach außen und wird zu der heutigen Außenwahrnehmung. Das wird das, was wir heute die Erfahrungswahrnehmung nennen. Was dagegen bei den Magiern die Erkenntnis der belebten Sternenwelt vermittelt hat, das zieht sich nach dem Inneren ... mehr nach dem Gehirn zurück, und das wird unsere mathematische, unsere mechanische Welt.»[38]

Beide Kräfte aber müssen und können weiter gewandelt werden, wenn wir den Aufgaben, die die Gegenwart stellt, gerecht werden wollen. «Die Kraft, die bei den Hirten der Verkündigung noch im Inneren, in den Herzen war, sie ist heute nur in den Augen, in den Ohren ... Aber sie muß noch weiter nach außen gehen. Dazu muß aber der Mensch seinen Leib verlassen und der Inspiration fähig werden.»[39] Was aber die Fähigkeiten der Magier anlangt, so gilt, daß wir den Weg wieder zurückfinden, wieder die Möglichkeit finden müssen, «daß das Innere, das heute nur trockene Mathematik ist, sich bildhaft intensiviert zur Imagination».[40]

Es wird hier von einem anderen Ausgang aus die gleiche Polarität der Wege, der Aufgaben geschildert wie in den Vorträgen der *Pneumatosophie:* die Entwicklung im Denken zur Imagination und der Willensweg zur Intuition. Die Fähigkeit der Magier muß über die Imagination wiederum die Geistesweiten erreichen, und die Kraft der Herzensfrömmigkeit der Hirten, die durch die Sinnesorgane hinausgegangen ist, sie muß dort wiederum das Geistige der Erde und ihrer Naturwesen, auch des Menschen erfassen. Die gewandelte Herzensfrömmigkeit der Hirten kann so auch heute noch zum Verständnis des Christus-Wesens und seines Wirkens führen.

«In dem Augenblicke, wo das nicht eine Theorie ist, sondern lebendig empfundene Wirklichkeit der Seele ist, die uns befähigt, in dem Menschen ein Übersinnliches zu sehen, in dem Augenblicke erziehen wir in uns die Fähigkeit, den Christus-Impuls mitten unter uns überall wahrzunehmen.»[41]

Das gilt auch im Anschauen der Natur, im Umgang mit dem Boden und wohl vor allem, wo das vom Menschen in der rechten Weise gepflegt wird. Da liegt ein wichtiges Geheimnis verborgen, das so viele Menschen zur landwirtschaftlichen Arbeit zieht.

Es ist jedoch auch ein anderes Wort aus diesem Zusammenhang, vor allem im Leben auf den Höfen, zu beachten: «Der Christus-Impuls kann über die ganze Menschheit hin gleich sein und ist doch für jeden einzelnen eine persönliche Angelegenheit.»[42] Das Verhältnis zu dem Christus-Impuls muß als ein persönliches gewonnen werden. Aber auch hier bedarf der Willensweg, wenn das Erleben nicht in einem Unbestimmten verbleiben, sondern voll in seiner Bedeutung erfaßt werden soll, der Ergänzung aus dem gedanklichen Bereich einer Überschau über die Erden- und Menschheitsentwicklung.

Vom «Organismus des Naturwachstumes» und dem Wirken des Christus-Impulses in der Evolution der Erde

Für den, der das Pflanzenleben von geisteswissenschaftlichem Blickpunkt aus betrachten oder gar nach den sich daraus ergebenden Richtlinien Pflanzenbau betreiben will, bedarf es immer wieder großer Anstrengungen, nicht nur gedanklich zu erfassen, sondern auch miterlebend zu verfolgen, daß man die Pflanzen nicht für sich betrachten darf, wenn man ihr Wachstum begreifen will. Denn sie sind nur Organe in dem Organismus des Naturwachstumes, der überall vorhanden ist, wo Pflanzen auf der Erde wachsen. In diesem sind auch der Mutterboden, der Mineral-Untergrund, die Feuchtehülle und die Lufthülle der Erde Organe. Mit der physischen Sonnenstrahlung wird auf den Wogen des Weltenäthers auch Astralisches herangetragen, das in unterschiedlicher Weise wirksam wird: Über die obersonnigen Planeten (Saturn, Jupiter, Mars) kosmische Impulse vermittelnd, oder, verwandelt von den untersonnigen Planeten (Venus, Merkur, Mond), zu denen also auch der Mond gerechnet wird, Wachstum und Fortpflanzung anregend.

Aus dem eigenen Erleben der Natur im Jahreskreislauf sind dem Landwirt zwei Arten der Sonnenwirksamkeit bekannt. Die Frühjahrs-Sonne, über die Feuchtehülle der Erde wirkend, wachstumanregend und die Blätterhülle zur Entfaltung bringend, wobei die sonnendurchstrahlte Feuchtehülle – die kosmische Sonnenstrahlung in irdisches Wirken wandelnd – unmittelbar als Vermittler der Fruchtbarkeit erlebt wird. Sie ist mit ihrem wärmetragenden Vermögen zugleich auch der notwendige Schutz gegen Hitze am Tage und Kaltstrahlungsschäden der Nacht.

Ganz anders die Licht-Wärme-Sonne des Frühsommers und die Sommer-Reife-Sonne, welche, entvitalisierend Prozesse in den Pflanzen anregend, zur sich wandelnden Gestalt der Blätter, zur Blütenbildung und zur Samen- und Frucht-Reife führen. In den entvitalisierenden Prozessen kann sich im Bilde der Blüten, aber zum Beispiel auch der Farbgestalt der Getreide immer ausdrucksvoller das Urbild der Pflanzenarten offenbaren. In einem Arbeitervortrag charakterisierte Rudolf Steiner diese beiden Wirkensarten wie folgt: Sonne von außen: entvitalisierend, Schönheit hervorzaubernd; Sonne durch das Wäßrige verinnerlicht: Wachstum, Fruchtbarkeit anregend.[43]

Im *Landwirtschaftlichen Kurs* wird jedoch in den einleitenden Vorträgen auf eine andere Polarität hingewiesen: Sonne, über die obersonnigen Planeten, in der Rückstrahlung aus den Erdentiefen wirkend, läßt die Pflanzen, unterstützt durch die Kieselkräfte, Nahrung bildend zur Lichteswelt emporwachsen; ohne die Gegenwirkung der untersonnigen, über das Kalkige wirkenden Planeten könnten die Pflanzen jedoch nur taube Blüten erzeugen. – Sonne, gewandelt durch die untersonnigen Planeten, über die Feuchtehülle der Erde, über das Kalkige auch in der Atmosphäre wirkend, vermittelt Fruchtbarkeit, Wachstum, Fortpflanzung. Bei einseitig verstärktem Wirken dieser Impulse würden die Pflanzen pyramidenartige Formen haben und keine Blüten zur Entfaltung bringen können.

Die zuletzt beschriebenen Wirkungsarten sind für den Landwirt gut zu verstehen, denn sie decken sich, wie schon beschrieben, mit seinen eigenen Erfahrungen. Doch für die Sonnenwirksamkeit, welche über die obersonnigen Planeten von unten das Wachstum impulsiert, war nicht leicht ein Verständnis zu gewinnen. Deutlich mußte erst auch in der Beobachtung erfahren werden, daß hier als Wirkensort nicht der Mutterboden gemeint war, sondern die Mineralgesteine der Erdentiefen und die dort wirkenden Kristallisationskräfte. Auch dort, wo im *Landwirtschaftlichen Kurs* die Landwirtschaft als eine auf dem Kopfe stehende Individualität charakterisiert wird, ist mit dem Kopf-Organ nicht der Mutterboden gemeint, der an anderen Orten als das Zwerchfell bezeichnet wird, in dem kosmische und irdische Kräfte sich begegnen. Es sind die Kristallgesteine der Erdentiefen, von denen, wie von der Kopf-Organisation des Menschen, gestaltende geistige Wirkungen ausgehen.

Noch einmal sei zum Erleben des Landwirtes zurückgekehrt. Er weiß einerseits, daß die Frühjahrsfeuchte vor allem die Blätterwelt zur Entwicklung bringt, die sich insbesondere in der Horizontalen entfaltet. Schaffen doch die Blätter in der Frühjahrs- und Sommerzeit über dem Mutterboden ein weiteres wichtiges Hüllen-Organ der Erde.

Er weiß aber andererseits auch, daß die von außen strahlende, gestaltende Sonne durch ihre entvitalisierende Wirkung im Wachstum das rechte Gleichgewicht hält. Sie hält die Wachstumsentfaltung zurück und verhindert so, daß ein einseitiges Feuchtewirken zu triebiger Entfaltung, zu schädigendem Pilzbefall oder auch zu Qualitätsminderung führt.

Für die Beobachtung des Landwirtes bleibt jedoch eine wichtige Rätselfrage offen. Was läßt die Pflanze aus dem Dunkel der Muttererde zum Lichte emporwachsen, was läßt die Bäume in den wie Säulen geformten Stämmen der Schwerkraft entgegen zum Kosmos emporstreben, was läßt die Pflanzen in der Wandlung ihrer Substanzen sich so dem Kosmos öffnen, daß die Blütenwelt in ihrer Schönheit zur Offenbarung kommen kann?

Erst langjähriges Beobachten und Erleben konnte zu einem gesicherten Verstehen führen, daß das Wachstum in der Vertikalen, in der Stengel- und Stammbildung – Goethe nannte diese den geistigen Stab der Pflanzen –, daß aber auch das Aufschließen der Pflanzen zum Kosmos in der Blütenwelt, auf einer Wirksamkeit über die Mineralgesteine beruht. Solche Beobachtungen sind zum Beispiel, daß auf den Moorböden des Nordens die Birke und andere Pflanzen die Orientierung in der Vertikalen verlieren, daß auf den Moorböden Nordwestdeutschlands bei landwirtschaftlicher Kultur sich die Pflanzen vor allem in der Horizontalen entfalten, und daß umgekehrt andererseits auf Urgesteinsverwitterung oder Sand die Getreide die Phase des Horizontalwachstums in der Bestockung überspringen oder in Kanada und Skandinavien auf dem kristallinen Untergrund in der kristallklaren Luft die

Kiefern und Fichten, sich einseitig in die Vertikale einordnend, das Horizontalwachstum der Äste fast verkümmern lassen. Gerade an einer solchen Beobachtung eines vermehrten Vertikal- oder Horizontalwachsens der Pflanze, das natürlich auch von der Düngung beeinflußt wird, kann man sich an das von Rudolf Steiner offengelegte Geheimnis der kosmischen Sonnenwirkung über die Mineraltiefen der Erde, differenziert durch die obersonnigen Planeten, herantasten.

Vor dem anthroposophischen Naturwissenschafter steht diese Rätselfrage aber auch noch in anderer umfassender Art. Was war in der Evolution der Erde Veranlassung, daß in der frühen Lemuris aus den sich ganz in der Horizontalen entfaltenden rhizomartigen Wurzeln sich senkrecht hierzu die Stämme der Bäume, Säulenschäfte formend, zum Kosmos erhoben? Was veranlaßte die Pflanzenwelt später in der Atlantis plötzlich über die ganze Erde hin sich in der farbigen Blütenpracht zum Kosmos aufzuschließen?

Wenn man sich erlebend mit dem Vertikalwachstum der Bäume beschäftigt, kann man immer deutlicher die Bedeutung des Aufrichteimpulses des Menschen in die Vertikale erleben, auch dessen Beziehung zum Erden-Mittelpunkt, der er sein Selbstbewußtsein verdankt. – Vielfältig wurden diese Zusammenhänge von Rudolf Steiner geschildert, zum Beispiel in *Die geistige Führung des Menschen und der Menschheit* und in den Vorträgen über die *Vorstufen zum Mysterium von Golgatha.* In letzteren wird für das Zeitalter der Lemuris ausgeführt, daß die Erde keine Kräfte hat, «um von sich aus unmittelbar zu dienen dem Menschenwesen, das durch sein Ich, dessen Bewußtsein später erwacht, vertikal gerichtet sein kann. Damit der Mensch sich harmonisch entwickeln kann bei aufrechtem, vertikalem Gang, müssen Kräfte aus dem Kosmos, aus dem Außerirdischen hereinströmen. Luzifer und Ahriman hätten alle menschliche Entwickelung in Unordnung bringen können dadurch, daß der Mensch durch seine aufrechte Stellung von den geistigen Kräften des Irdischen herausgerissen ist, wenn nicht in der alten lemurischen Zeit das erste Christus-Ereignis eingetreten wäre ... Unordnung hätte kommen müssen, wenn nicht hereingeströmt wäre mit der physischen Sonnenkraft die Kraft jener Formung, jener Gestaltung, die dadurch hereinstrahlen kann, daß das erste Christus-Ereignis stattgefunden hat».[44] Auch das Wahrnehmungsleben durch die Sinne wurde durch dieses Ereignis den einseitigen Einwirkungen des Stoffwechsel- und Trieblebens entzogen. Der Mensch gewann die Möglichkeit, zum Kosmos aufzuschauen und, in den Sinnen, die Umwelt objektiv wahrzunehmen.

Betrachtet man diese Beschreibungen im Zusammenhang mit der oben erwähnten Rätselfrage, so erlebt man deutlich den inneren Zusammenhang. Durch das Vertikalwachstum wird die Pflanze dem Bereich des alten Mondenlebens, das vor allem im Humusleben des Mutterbodens wirkend ist, entzogen; sie kann aus dem Bereich des Erdendunstes hinaufwachsen in den sonnendurchstrahlten Luftbereich, und sie kann so Sinnesorgan der Erde für den Kosmos werden.

Ein ähnlicher intimer Zusammenhang zeigt sich auch zwischen dem Blütenbildungs-Impuls und dem dritten vorbereitenden Ereignis in der Atlantis. Hier wird für den Menschen geschildert, daß durch Harmonisierung des Zusammenwirkens von Denken, Fühlen und Wollen das Denken so geläutert werden konnte, daß die Sibyllen-Impulse, aus Erdenkräften wirkend, überwunden werden konnten und ein Lauschen auf kosmische Offenbarung möglich wurde, wie überhaupt ein geordnetes Gedankenleben zur objektiven Nachbildung der Umwelt. Ein verwandter Prozeß ist in der Blütenbildung zu erleben. Durch die Entvitalisierungsprozesse wird das Stoffwechselleben mehr und mehr zurückgedrängt, werden die Substanzen so gewandelt, daß in Duft, Farbe und Gestalt der Blüten die durch die Sonne vermittelten Geist-Impulse sich abbilden können.

Auch für das mittlere vorbereitende Ereignis zeigt sich ein deutlicher Zusammenhang. Für den Menschen wurde erreicht, daß das Gefühlsleben und das aus diesem impulsierte Sprachvermögen durch Überwindung einseitigen Gebundenseins an das Triebleben so geläutert werden konnte, daß durch die Sprache objektive Zusammenhänge der irdischen und geistigen Umwelt wiedergegeben werden konnten. In der Entwicklung der Pflanze entspricht dies dem oben beschriebenen notwendigen Gleichgewicht zwischen Entfaltung und Gestaltung im Blattwachstum der Pflanze; dem Gleichgewicht, für das der Landwirt bei den Kulturpflanzen zu sorgen hat, das aber für den «Organismus des Naturwachstumes» geregelt wird durch das Geschehen des Jahreskreislaufes der Sonne und der Planetenbewegungen, deren Ordnung in der heutigen Art aus der frühen Atlantis herrührt. Im Tag-Nacht-Rhythmus, im Wandel der Jahreszeiten, in den Wandlungen der Witterung kommen einmal die durch die inneren Planeten und den alten Mond vermittelten, ins Irdische führenden, das Astralische und Ätherische mit dem Physischen verbindenden Kräfte stärker zur Entfaltung, andererseits wiederum die entvitalisierenden Kräfte, die das Ätherische vom physischen Leib der Pflanze ein wenig lösen, so daß kosmische Gestaltungsprozesse sich verstärkt mit dem Pflanzenleben verbinden können, wie dies auch in der Metamorphose der Blätter zum Ausdruck kommt.

Betrachtet man unbefangen die Evolution der Naturreiche, so drängt sich die Empfindung auf, daß mit dem Vertikalwachstum der Baumwelt ein neuer Impuls in dieser Entwicklung auftritt. In den ersten Phasen der Erdentwicklung zeigt sich ein stufenweises Hineinleben der Naturreiche in die sich verändernden Bedingungen der sich verfestigenden Erde, ein Anpassen an die Erdenverhältnisse, die sich bis zur Zeit der Lemuris immer mehr vom Kosmos emanzipiert hatten. Mit dem Vertikalwachstum setzt ein neuer Impuls ein, der als ein Wiederhinwenden zum Kosmos charakterisiert werden kann. Die Pflanzenwelt erhebt sich im Vertikalwachstum aus dem Boden- und Dunstbereich der Erde zum Kosmos empor, sie kann Sinnesorgan der Erde zum Kosmos werden.

In der Blütenbildung, die plötzlich über die ganze Erde hin in der Atlantis auftritt, vollzieht die Pflanzenwelt einen weiteren Schritt der Hinwendung zum Kosmos, zu der Fähigkeit, Sinnesorgan der Erde zu werden. In den Blütenbildungen können die Urbild-Ideen der Pflanzen sich bildhaft offenbaren.

In einem Vortrag vom 14. Februar 1910 – er ist im dritten Teil der vorliegenden Arbeit zu finden – hat Rudolf Steiner darauf hingewiesen, daß das Pflanzenreich das wichtigste Naturreich für den Menschen der Gegenwart sei, denn in ihm lebe das Sonnenprinzip, im Ätherleib der Pflanzen offenbare sich der Christusgeist; deshalb müsse der Mensch wieder ein intimes Verhältnis zur Pflanzenwelt gewinnen. – In der bereits erwähnten Vortragsfolge *Die geistige Führung des Menschen und der Menschheit* spricht Rudolf Steiner von einer Spiritualisierung der Naturwissenschaften im Sinne des Christus-Prinzips: «Künftig werden Chemiker und Physiker kommen, welche Chemie und Physik nicht so lehren, wie man sie heute lehrt unter dem Einfluß der zurückgebliebenen ägyptisch-chaldäischen Geister, sondern welche lehren werden: Die

Materie ist aufgebaut in dem Sinne, wie der *Christus* sie nach und nach angeordnet hat! – Man wird den Christus bis in die Gesetze der Chemie und Physik hinein finden. Eine spirituelle Chemie, eine spirituelle Physik ist das, was in der Zukunft kommen wird. Heute erscheint das ganz gewiß vielen Leuten als eine Träumerei oder Schlimmeres. Aber was oft die Vernunft der kommenden Zeiten ist, das ist für die vorhergehenden Torheit.»[45]

Auf diesem Hintergrund ist es sicherlich nicht unberechtigt, die Entwicklung des Organismus des Naturwachstumes und der Pflanzenwelt im Zusammenhang mit den drei das Mysterium von Golgatha vorbereitenden Ereignissen zu betrachten.

Aphoristisches zum Menschheits-Impuls in unserer Zeit

In dem Vortrag *Philosophie und Anthroposophie*[46] wird ein wichtiger Schritt geschildert, der auf dem Erkenntniswege über Thomas von Aquin hinausführen kann. Von der Offenbarung der Idee, des Typus in der stofflichen Erscheinung (universale in re) führte dieser Weg im denkenden Erkenntnisbemühen des Menschen (universale post rem) wieder hin zur Ideenwelt des Ursprungs (universale ante rem). Das zuerst Subjektivste führt hinein in das Allerobjektivste, in die Wirklichkeit. Es kann mit dieser Denktechnik bei Betrachtung der Tiere bis zu den Gruppenseelen, bei der des Menschen bis zur Individualseele geführt werden.

Dem heutigen Menschen, der im naturwissenschaftlichen Zeitalter gewohnt ist, Ideen nur als vom Menschen zusätzlich geschaffene Scheingebilde zu erleben, fällt es jedoch schwer, eine Idee wesenhaft mit Potenz der Verwirklichung zu erleben, als eine Idee, die schöpferisch sich im stofflichen Bereich verwirklichen kann. – Rudolf Steiner weist nun in dem erwähnten Vortrage auf die einzige Erfahrung, in welcher mit dem heutigen Bewußtsein das Zusammenfallen von Idee-Inhalt und der Potenz der Verwirklichung erlebt werden kann. Nämlich, wenn auf dem Wege der *Philosophie der Freiheit* im reinen Denken der Schritt vom Denken des Ich, der Geistgestalt des Menschen zum Erleben des Ich, zum Ergreifen im Geistes-Ich vollzogen werden kann.

«Außer diesem ‹Ich› gibt es zunächst für das gewöhnliche Bewußtsein nichts, was in das Denken Form und Materie zugleich hereinsenkt. Alle anderen Gedanken sind zunächst nicht Bilder einer vollen Wirklichkeit. Doch indem man im reinen Denken das wahre Ich als Erlebnis erfährt, lernt man kennen, was volle Wirklichkeit ist. Und man kann von diesem Erlebnis weiter vordringen zu anderen Gebieten der wahren Wirklichkeit.»[47]

Impulse zum moralischen Handeln erfließen dann aus der eigenen Ich-Wesenheit und sind nicht mehr von außen auferlegte Pflichtgebote. Ein Erlebnis geistiger Neu-Geburt.

Eine entsprechende Erfahrung wird auch im Arbeiten an den *Wochensprüchen*[48] angeregt. In den Frühlings- und Sommersprüchen wird das Erleben zum geistigen Ursprung, zum eigenen geistigen Wesenskern geführt. Wie etwa im Beginn Mai:

Ich fühle Wesen meines Wesens:
So spricht Empfindung,
Die in der sonnerhellten Welt
Mit Lichtesfluten sich vereint.

Oder bald darauf:

Die Welt, sie zeigt mir überall
Als göttlich Urbild
Des eigenen Abbilds Wahrheit.

Ein Erleben, das dann in den Herbst-Monaten vom eigenen Ich ergriffen werden kann. Sich vorbereitend im Beginn September:

Das Licht aus Weltenweiten,
Im Innern lebt es kräftig fort:
Es wird zum Seelenlichte
Und leuchtet in die Geistestiefen.

Und dann am Ende September:

Ich darf nun mir gehören
Und leuchtend breiten Innenlicht
In Raumes- und in Zeitenfinsternis.

Man kann von dem hier verfolgten Gedankengang aus Verständnis gewinnen für die Antwort, die Rudolf Steiner einmal auf die Frage gab, wie man zum Erleben des Christus kommen kann: «Im Erleben des Jahreskreislaufs.»

In anderer Weise wird dieser Zusammenhang im letzten Vortrag im alten Goetheanum vor dem Brand beleuchtet, in *Die geistige Kommunion der Menschheit.*[49] In den Tagebuch-Notizen zu diesem Vortrag finden sich die Zeilen:

> Menschendenken, du erleuchtest mich;
> Ich erfasse dich als Gottgedanken,
> In den Gottgedanken ist mein Urbildsein,
> Und Urbildsein wird lichterschaffend in mir.

Und bezüglich des Wollens die folgenden Zeilen:

> Ich belebe dich zu Menschenwillen,
> In dem Menschenwillen wird mein Wesen
> Selber krafterschaffendes Leben.
> Ich wirke aus dem Ich zur Welt.

Wiederum ein Hinführen dazu, wie das erlebte göttliche Urbild vom Menschenwillen im Geist-Ich ergriffen werden kann.

In anderer Art ist dieser Zusammenhang geschildert in der Vortragsfolge *In geänderter Zeitlage.*[50] Im 5. Vortrag wird entwickelt, wie der Christus in der Gegenwart der fünften Kulturperiode als der Heilende wirken will. Hierzu wird der Weg bereitet, wenn gelernt wird, im Menschen die Dreiheit der Dornacher Gruppe, der Holzplastik des Christuswesens zwischen Ahriman und Luzifer, zu erleben. Also das Bild des Menschheits-Repräsentanten im anderen zu erleben und in der Begegnung mit dem anderen aus diesem Erleben zu handeln. Dazu muß aber das geistig-seelische Urbild des Menschen, die Dreiheit, zwischen der das Gleichgewicht zu halten ist, auch im eigenen Ich ergriffen werden, um aus der Kraft des Ich handeln zu können, die Dreiheit auch im anderen anschauend. Als Meister solchen Wirkens wird in *Theosophische Moral* Franz von Assisi geschildert, der es vermochte, auch durch die geschädigte Hüllennatur der Aussätzigen, das Göttliche in den Seelentiefen, das volle Menschenbild zu erleben und aus durchchristeter Ich-Kraft, die Verbindung von Ich zu Ich gewinnend, zu handeln. «Dadurch war es möglich, daß die entgegengesetzte Kraft auftrat in seiner Seele, und dieses ist die Kraft moralisch gebender, moralisch helfender, ja sogar heilender Liebe. Und niemand kann, wenn er wirklich den Glauben an das ursprünglich Gute der Menschennatur zum vollen Impulse entwickelt, zu etwas anderem kommen als dazu, diese Menschennatur als solche zu lieben.»[51]

Wiederum in anderer Weise wird diese Frage in der Vortragsfolge *Die Sendung Michaels* entwickelt. Aufgabe sei es heute, in den Bereich des Fühlens Ordnung zu bringen, wie dies schon im Denken begonnen sei. Übungsfeld hierzu sei das Schulen des Erlebens des Geistig-Seelischen im Menschen, auch in den Naturreichen. Vor allem aber im Menschen. Es geht auch hier wieder um das Erleben des geistigen Urbildes, des geistig-seelisch Wirkenden. Um es aber im anderen erfassen zu können, ist nach dem ersten Aufwachen am Morgen ein zweites Aufwachen in den Willensimpulsen des eigenen Ich notwendig.

«In dem Augenblicke, wo das nicht eine Theorie ist, sondern lebendig empfundene Wirklichkeit der Seele ist, die uns befähigt, in dem Menschen ein Übersinnliches zu sehen, in dem Augenblicke erziehen wir in uns die Fähigkeit, den Christus-Impuls mitten unter uns überall wahrzunehmen.»[52]

In einem späteren Vortrag wird dann hingeführt zu der Aufgabe, das Geistig-Seelische in jeder Sinneswahrnehmung zu erleben, vor allem aber im Lichte.

«Von außen wirken die Weltgedanken in uns herein, von innen wirkt der Menschheitswille hinaus. Und es durchkreuzen sich Menschheitswillen und Weltengedanken in diesem Kreuzungspunkte, wie sich im Atem das Objektive mit dem Subjektiven einstmals überkreuzt hat. Wir müssen fühlen lernen, wie durch unsere Augen unser Wille wirkt, und wie in der Tat die Aktivität der Sinne leise sich hineinmischt in die Passivität, wodurch sich Weltengedanken mit Menschheitswille kreuzen. Diesen neuen Jogawillen, den müssen wir entwickeln.»[53] – Wiederum kann uns Goethes Art der Naturbetrachtung wegweisend sein. «Goethe wollte das reine Phänomen erkennen, was er das Urphänomen nannte, wo er nur zusammenstellte dasjenige, was in der Außenwelt auf den Menschen wirkt, wo sich nicht hineinmischt der luziferische Gedanke, der aus dem Kopf des Menschen selbst kommt.

Dieser Gedanke sollte nur zur Zusammenstellung der Phänomene dienen. Goethe strebte nicht nach dem Naturgesetz, sondern nach dem Urphänomen. Das ist das Bedeutsame bei ihm. Kommen wir aber zu diesem reinen Phänomen, zu diesem Urphänomen, dann haben wir in der Außenwelt etwas, was uns möglich macht, auch die Entfaltung unseres Willens im Anschauen der Außenwelt zu verspüren, und dann werden wir uns aufschwingen wiederum zu etwas Objektiv-Subjektivem.»[54] Dann werden wir aber auch einerseits zur äußeren Natur das Christus-Verhältnis haben und andererseits mit dem gesunden Menschenverstand einsehen können, daß erst die Präexistenz uns eine Anschauung von der wirklichen Ewigkeit der Seele zu geben vermag. «Wenn wir in der Natur das Seelische mitempfangen lernen mit der Sinnesanschauung, dann werden wir das Christus-Verhältnis zu der äußeren Natur haben. Da wird das Christus-Verhältnis zur äußeren Natur etwas sein wie eine Art geistigen Atmungsprozesses.

Wir können uns dadurch unterstützen, daß wir immer mehr einsehen, aber jetzt einsehen durch den gesunden Menschenverstand: Ja, Präexistenz ist etwas, was unserem Seelendasein zugrunde liegt.»[55] So führt auch dieses Bemühen am Lichte zum Erfahren des geistigen Wesensgrundes, der im Geist-Ich schöpferisch ergriffen werden kann.

Angeregt wurde diese Zusammenstellung durch den Hinweis Rudolf Steiners, daß das Erleben des Christus im Ätherischen nur selten in vehementen Eindrücken stattfinden würde, sondern in intimer Art, so daß das Erleben auch verschlafen werden könnte. Mit der möglichen Folge, daß man es während mehrerer Inkarnationen nicht mehr bekommen könnte. Daraus ergibt sich die Aufgabe, ein solches Verschlafen und unbemerktes Vorübergehenlassen durch ein Stärken des Aufwach-Impulses zu vermeiden. Aber auch durch ein vertieftes Verständnis für die Art, wie der Christus-Impuls heute wirken kann.

Durch ein Zusammenschauen von Ausführungen aus dem Vortragswerk Rudolf Steiners wurde in diesen aphoristischen Darstellungen versucht, Übungswege hierzu aufzuzeigen.

Vom Umgang mit Pflanzen und Menschen

Die jüngeren Generationen streben im vermehrten Maße nach Gemeinschaft, sei es aus mitgebrachten Impulsen, sei es veranlaßt durch die Herzlosigkeit des heutigen Wirtschaftslebens. So wird die Gemeinschaft mit Menschen gesucht, aber auch – oftmals in recht ungeklärter Weise – mit der Natur, mit Pflanzen und Tieren.

Doch das Suchen wird oft enttäuscht und findet nicht die unklar gesuchte Erfüllung. Oft schon nach kurzer Zeit lösen sich schnell begründete Lebensgemeinschaften oder Kommunen wieder auf; erstrebte landwirtschaftliche oder gärtnerische Berufe werden wieder aufgegeben. – Deutlich wird zwar empfunden, daß heute neue Arten des Zusammenlebens und -wirkens gefunden werden müssen, aber auf dem Wege dorthin tastet man oft ins Dunkle.

Ein gemeinsames Ziel, wie zum Beispiel in einer Hofgemeinschaft die Entwicklung des Hofes zur Schaffung gesunder Nahrung, reicht nicht aus. Früher gab Harmonie und Festigkeit eine eingesetzte oder anerkannte Autorität, oftmals in den Dörfern der Lehrer, der Pfarrer, die reife Persönlichkeit eines Bauern oder auf dem Hofe das Haupt der Familie, zugleich bestimmend für den ganzen Hof. Heute werden andere Formen gesucht, solche eines gleichberechtigten Mitsprechens in der Beratung oder auch in der Entscheidung. Selbst wenn jedoch eine weitere Vorbedingung erfüllt ist, nämlich die eines ausreichenden Ausmaßes an Kenntnissen und Erfahrungen, ist dies kein ausreichendes Fundament, um in der heutigen Zeit in einer Gemeinschaft zusammenleben zu können.

Ohne wenigstens einige Schritte im Ordnen des Fühlens zum Geistselbst-Bewußtsein zu tun, ist ein gemeinsames Wirken in zeitgemäßen Gemeinschaften nicht möglich. Erst auf dieser Grundlage kann Verständnis für die Motive des anderen gewonnen werden und darüberhinaus Beziehung zum geistigen Wesenskern des anderen. Erst die Freundschaft von Ich zu Ich, im Erleben auch des Andersartigen oder Unzulänglichen des Freundes, kann tragende Grundlage für das Zusammenleben bilden. Erst dann können die Motive, wie auch die Lebensziele des anderen so klar wie die eigenen erlebt werden. Dann erst können Entschlüsse, auch in Abwesenheit der anderen, aus der Gemeinsamkeit gefaßt werden.

Das setzt jedoch ein gewisses Alter voraus, um die notwendigen Erfahrungen zu sammeln, die erforderliche Reife zu erwerben. Wo Jüngere mitwirken, ist zumindest für das Handeln ein gewisses autoritatives Element notwendig. Im *Heilpädagogischen Kurs*[56] ist darauf gewiesen, daß in einem solchen gemeinschaftlichen Zusammenwirken doch ein autoritatives Element leben müsse, wohlgemerkt für das Handeln und nicht im Erkenntnissuchen. Scherzhaft und doch ernst wurde hinzugefügt, daß doch so mancher junge Mensch ohne Lebenserfahrung noch sein eigenes Ich auf den Armen wiegt wie die Amme das ihr anvertraute Kind.

Schwieriger noch ist es, das rechte Verhältnis zur Natur, zur Pflanzenwelt zu gewinnen. Das mitgebrachte Herzempfinden für Schönheit und Erhabenheit der Natur, das noch von Lust und Unlust tingiert ist, ist unzulänglich, um ein Berufsleben zu tragen. Es verblaßt in den Mühen des Tages. Der Pädagoge kann leicht zum Seelenwesen des Kindes Beziehung gewinnen. Doch der Gärtner steht einsam, ist doch die Pflanze kein Seelenwesen. Und doch wird diese Beziehung im Innersten der Seele erstrebt. Gewinnt man sie nicht, kann das Gärtnern herzlose Routinearbeit werden, der man doch gerade durch diese Berufswahl entgehen wollte.

So muß auch hier der Übungsweg zum Geistselbst-Bewußtsein beschritten werden, zum Erleben des Geistig-Seelischen in der Umwelt. In der Hinwendung zur Pflanzenwelt kann *Gerbert Grohmann*[57] mit seinen Büchern ein guter Führer sein zum Erleben der Pflanzen-Wesen, zum Ich, das allen Pflanzen gemeinsam ist, und zum Art-Ich der verschiedenen Pflanzen-Familien. An den Gestalten und Lebensprozessen können dann diese mit der anschauenden Urteilskraft ertastet und erfahren werden, doch nur, wenn die Bücher nicht nur gelesen werden, sondern auch erstrebt wird, das Dargestellte an der Natur selbst zu erleben. Deutlich empfindet man auf diesem Wege den Übergang vom subjektiven Fühlen zum objektiven Empfinden, wie das Weltenleben hereingeistert, wenn, fest im Willen lebend, das menschliche Fühlen zum Abklingen kommt.

Man tastet sich an die Sphäre des Ätherischen heran und lernt verstehen, daß Rudolf Steiner, über solches Erkenntnismühen sprechend, an verschiedenen Orten darauf hinweist, daß man dann berechtigt sagen könne, der Christus lebt mitten unter uns. «In dem Augenblicke, wo das nicht eine

Theorie ist, sondern lebendig empfundene Wirklichkeit der Seele ist, die uns befähigt, in dem Menschen ein Übersinnliches zu sehen, in dem Augenblicke erziehen wir in uns die Fähigkeit, den Christus-Impuls mitten unter uns überall wahrzunehmen.»[58] Das gilt auch gegenüber der Pflanzenwelt, wie im Vortrag vom 14. Februar 1910 im zweiten Teil dieses Bandes entwickelt wird, wenn es wohl auch schwieriger ist, das Bewußtsein dieser Erfahrung wachzuhalten.

Sicherlich ist es dem Pädagogen leichter, in Berührung mit dem Seelen- und Geistwesen eines Kindes zu kommen, als dem Gärtner, das Geistwesen der Pflanzenwelt zu erleben und den Nachklang davon immer in sich zu tragen. – Dies ist wohl auch einer der Gründe, warum so viele, die eine gärtnerische oder landwirtschaftliche Ausbildung durchgemacht haben, sich dann doch einer Tätigkeit im heilpädagogischen Zusammenhang zuwenden. Das ist verständlich, zumal sie dort auch von einer größeren örtlichen Gemeinschaft mitgetragen werden.

Doch andererseits beschenkt das im gärtnerischen Beruf Geforderte, nämlich mit individuellen Willenskräften in der täglichen Arbeit zu stehen, im Pflegen der Naturwesen und der Erde, mit einem tieferen Erleben der Geistigkeit, welche der Perser zu Zarathustras Zeiten in der Sonne erlebte. Dann wird die weise Kunde recht erkannt:

> «Verlieren kann das Menschen-Ich
> Und finden sich im Welten-Ich.»[59]

Will man der Gefahr des Sich-Verlierens entgehen, dann gilt es der Natur im wachen Ich, im willensgetragenen Anschauen zu begegnen, so daß sich das Ich dem Ich erschließen kann. Oder wie es bei der Beschreibung des neuen Jogawillens heißt: Wenn so unser Wille durch unsere Augen wirkt, dann erreichen wir, daß «sich Weltengedanken mit Menschheitswille kreuzen». Und ein wenig später: «Wenn wir in der Natur das Seelische mitempfangen lernen mit der Sinnesanschauung, dann werden wir das Christus-Verhältnis zu der äußeren Natur haben. Da wird das Christus-Verhältnis zur äußeren Natur etwas sein wie eine Art geistigen Atmungsprozesses.»[60]

So kann ein tragender Grund sich bilden, auf dem eine Lebensarbeit in voller Befriedigung, trotz aller Überlastung durch die berufliche Tätigkeit und die Unbilden der Umwelt, sich entwickeln kann.

Die hierzu notwendige Wachheit, die nur durch Studium und Üben, aber mit dem Schwerpunkt auf dem Üben errungen werden kann, im Streben nach Geistselbst-Bewußtsein, ist aber auch Voraussetzung für eine die Gründungszeit überlebende Gemeinschaft. Auch hier reicht es nicht aus, im Fühlen und Urteilen mit dem Freundeskreis zu leben, auch hier gilt es immer wieder im wachen Ich, im willensgetragenen Anschauen dem Geistwesen der Freunde zu begegnen.

Doch der rechte Ansatz zu diesem Übungsweg wird oft nicht gefunden, weil nicht erkannt wird, daß es sich hier um das notwendige Beschreiten eines Erkenntnisweges handelt und Hinweise darauf nicht Moralpredigten sind. Erleichtert kann ein Verständnis dafür werden, wenn erkannt wird, daß eine erste Stufe im Ordnen des Gefühlslebens bereits in der heutigen Naturwissenschaft notwendige Voraussetzung ist, um im Experimentieren und Ordnen der Beobachtungen zu objektiven Ergebnissen zu kommen, die nicht durch Sympathie und Antipathie beeinflußt sind. Das hier geforderte Üben ist also nur eine Fortsetzung in der Richtung, daß Sympathie und Antipathie nicht nur beiseite geschoben werden, sondern das Seelenleben zum Sinnesorgan für das Geistig-Seelische der Umwelt gewandelt wird. Es gilt den Weg zu beschreiten zu einem vertieften Verständnis der Natur, aber auch zur Schaffung des festen Grundes für jedes Gemeinschaftsleben.

Heilsam ist nur, wenn
Im Spiegel der Menschenseele
Sich bildet die ganze Gemeinschaft;
Und in der Gemeinschaft
Lebet der Einzelseele Kraft.

Dies ist das Motto der Sozialethik.[61]

Zu dem für ein Zusammenwirken und Zusammenleben so wichtigen gegenseitigen Verstehen kann eine Regel ein guter Helfer sein, die Thomas von Aquin für die damals oft geführten Streitgespräche veranlagt hatte. Bei diesen öffentlichen Diskussionen, die oft von den Kanzeln einer Kirche aus zwischen zwei Persönlichkeiten über ein umstrittenes Thema stattfanden, mußte nach dieser Regel jeder der beiden Streiter erst das Positive in den Anschauungen des anderen entwikkeln, um erkennbar zu machen, daß er auch diese Seite der

Anschauungen und des Wesens des anderen kannte, ehe das eigentliche Streitgespräch beginnen durfte, wo die Klingen gekreuzt werden konnten. Diese Regel hat auch heute für alle Diskussionen im kleinen oder großen Kreise große Bedeutung; wenn nämlich jedem Votum, jedem Beitrag sofort die gegenteilige Meinung entgegengesetzt wird, entsteht meist nicht viel Neues, und es bleiben nur die beiden Meinungen getrennt im Raume stehen. Wenn man jedoch erst versucht, das Positive in den Äußerungen des anderen zu erfassen, dann steht etwas anderes im Raume. Muß man doch dazu sich auch mühen, etwas von dem Geistwesen des anderen in sich zum Erleben zu bringen, um das den Worten zugrunde Liegende erfassen zu können. Das heißt aber, daß man, sowohl das Positive als auch das Unvollkommene zu erfassen suchend, auf dem Wege ist, etwas von der Dreiheit der Dornacher Holzplastik – der Menschheitsrepräsentant zwischen Ahriman und Luzifer – im anderen zu erleben. Ein solches Bemühen fördert jedoch nicht nur das gegenseitige Verständnis in der laufenden Diskussion, sondern es wird eine Situation bereitet, auf deren Bedeutung in der Vortragsfolge *Soziale und antisoziale Impulse*[62] hingewiesen ist, daß nämlich, wenn dies immer mehr Lebenswirklichkeit wird, der Christusimpuls als heilender erlebbar werden kann.

Leider kann man jedoch immer wieder erleben – an anderen und an sich selber –, wie wenig man noch die vielen gedanklichen Hilfen der Geisteswissenschaft zu nutzen imstande ist.

II.
Auf dem Wege zu einem neuen Bild der Evolution

Es gibt nur Ein Gebiet im Geisterland,
In dem das Schwert geschmiedet werden kann,
Vor dessen Anblick du verschwinden mußt.
Es ist das Reich, in dem die Menschenseelen
Sich aus Verstandeskräften Wissen bilden
Und dann zur Geistesweisheit umgestalten.[63]

In den folgenden vier Aufsätzen wird versucht, mit den Einsichten und Anregungen der Grundlinien einer Erkenntnistheorie der Goetheschen Weltanschauung *die durch die heutige naturwissenschaftliche Methodik gesetzte Erkenntnisgrenze zum Erfassen des die Naturerscheinungen Bewirkenden zu überschreiten. Ausgegangen wird vom Beobachten und Denken des heutigen Bewußtseins unter Anerkennung, als berechtigter Fragestellung, daß wesenhaft wirkende Ideen den Weltenkern bilden und daß diese dem menschlichen Denken im intuitiven Erfassen zugänglich sind. Erleichtert wird ein solches Bemühen, wenn die zum objektiven Erfassen geschulten Empfindungen als wegweisende Hinweise Beachtung finden.*

Wesenhaft wirkende Ideen, welche auf diesem Wege intuitiv erfaßt wurden, sollen dann mit der vergleichenden Methode auf ihre Wirkensweite geprüft werden. Über die vergleichende Methode heißt es in den Grundlinien, *im Abschnitt* Die organische Natur,[64] *daß das Ideal der organischen Wissenschaft, nämlich «in dem Typus und seinen Erscheinungsformen dasjenige in möglichster Vollkommenheit zu haben, was wir in der Reihe der Einzelwesen sich entwickeln sehen», erst erfüllt werden kann, «wenn die von Goethe angewendete vergleichende Methode in ihrer Tragweite erkannt wird».*

Die «Grundlinien einer Erkenntnistheorie der Goetheschen Weltanschauung» – Wende und Keimpunkt zur Erweiterung der Naturwissenschaft

Wenn auch in dieser vor nun bald hundert Jahren (1886) erschienenen Schrift Rudolf Steiners an das Erkenntnisstreben von Goethe und Schiller angeknüpft ist, so ist doch darin zugleich ein so wichtiger Schritt vollzogen in die Zukunft hinein, daß sie wohl mit Recht als Keimpunkt für ein naturwissenschaftliches Denken bezeichnet werden kann, von dem aus auf klarer, fester Grundlage das die Naturwissenschaft auch heute noch beherrschende Dogma der Erkenntnisgrenze zu überschreiten möglich ist.

Goethe wollte im Suchen nach einem vertieften Verständnis der Pflanzenwelt die Phänomene so zusammenstellen, daß sie der anschauenden Urteilskraft ihr Geheimnis offenbaren. Schiller wies ihn darauf, daß die auf diesem Wege sich ergebende Urpflanze als Typus aller Pflanzen doch nur eine Idee sei. Das war gewiß ein Schritt hin zur Klärung der so gesuchten Erkenntnis. Doch was bedeutet dem naturwissenschaftlichen Erkenntnissuchen heute eine Idee, eine vom Menschen gefaßte Idee? Hat sie einen inneren Bezug zur Wirklichkeit der Naturprozesse? Kann dieser Bezug nur in mathematischen Gesetzmäßigkeiten oder im physikalisch-stofflichen Geschehen gefunden werden? Oder gibt es Wege, die darüber hinausführen?

In den *Grundlinien* entwickelte Rudolf Steiner auf eine gedanklich nachvollziehbare Weise, daß im Zusammenschauen von Wahrnehmungen und Begriffen zu umfassenderen Ideen nicht Gedanken über eine dem Menschen unzugängliche Wirklichkeit gestülpt werden – über die Kantschen «Dinge an sich» oder die Atome –, sondern daß der Weltengrund die dem Menschen im Denken erreichbare Ideenwelt ist, seinem «immer strebenden Bemühen» zugänglich. Das Subjektive des menschlichen Denkens kann so zum objektiven Weltengrund führen. Der Mensch nimmt mit seinem Denken am Weltgeschehen teil, das ihm nicht nur für die Erscheinungen der Natur, sondern auch für das diese Bewirkende Verständnis vermitteln kann. Vom heutigen Bewußtsein ausgehend, kann im sich entwickelnden Denken wesenhaft ideell, sozusagen von außen, erreicht werden, was die geistige Forschung von innen als geistige Wesen erlebt.

Hier liegt die im Titel des vorliegenden Aufsatzes betonte Bedeutung dieser Schrift Rudolf Steiners. Bis in die Gegenwart herein lebte die Menschheit von den verebbenden Traditionen alter Mysterienweisheit. Im Zeitalter der Bewußtseinsseele konnte durch die Kraft des individuellen Denkens die Wissenschaft der unorganischen materiellen Welt erarbeitet werden. Hier wird nun gezeigt, wie es auf dem Wege eines vom Wollen durchwirkten Denkens, aus der Kraft des Menschen-Ich möglich ist, die Erkenntnisgrenze zum Verständnis der belebten Welt zu überschreiten. Es ist ein wichtiger, man darf vielleicht sagen ein zentraler Wendepunkt im Erkenntnisleben der Menschheit.

Auf der Grundlage der Erkenntnis von der Bedeutung der Ideen für den Menschen und für die Welt läßt sich naturwissenschaftlich bewußter mit an den Naturerscheinungen intuitiv erfaßten Ideen arbeiten. In Fortsetzung des von Goethe beschrittenen Weges wandert man nun nicht nur mit der Idee der Urpflanze von Pflanzenfamilie zu Pflanzenfamilie oder von Standort zu Standort, um mit der vergleichenden Methode die Gültigkeit zu prüfen, sondern man kann dies nun auch mit den an der Urpflanze als wirksam gefundenen, in Ideenform erfaßten einzelnen Wirkensimpulsen tun. Als Beispiel dafür sei genannt das Streben zur Lichtesumwelt, zum Kosmos einerseits und das Verinnerlichen der Sonnenstrahlung, das Emanzipieren vom Kosmos andererseits. Man ist jedoch dabei mit diesem Wandern nicht auf die Pflanzenwelt beschränkt, sondern man kann beispielsweise bezüglich des Wirkens dieser Impulse die Blütenpflanze als Organ der Erde mit der Wesenheit des Menschen vergleichen. Freilich müssen hierzu die Ideen der Wirkensimpulse ganz von der Urpflanze gelöst, das heißt ihrer stofflichen und gestaltlichen Umkleidung entblößt sein, damit das Wesenhafte vergleichend betrachtet werden kann.

Im Vorwort zur 1924 erschienen zweiten Auflage der *Grundlinien* weist Rudolf Steiner darauf hin, wie die Beschäftigung mit der Entwicklungstheorie vor allem Haeckels wesentlich zum Entstehen seiner Schrift beigetragen habe. So ist es ganz im Sinne derselben, mit dem durch sie neu erwachsenen Vertrauen in das menschliche Denken und mit der darin entwickelten Methodik zu versuchen, die Einseitigkeit der naturwissenschaftlichen Deutung der Evolution, vom heutigen Bewußtsein ausgehend, zu überwinden. Diese Aufgabe ist heute von besonderer Wichtigkeit, wo die nur auf Zufall und Auslese bauende Evolutionslehre nicht nur im Bereich wissenschaftlicher Erkenntnis eine Rolle spielt, sondern die auf allen Schulen gelehrte Weltanschauungs-Grundlage für Millionen geworden ist.

Hierzu reicht es nicht aus, einzelne Schritte der Entwicklung zu untersuchen, so wichtig auch diese Aufgabe ist, und die einseitige Deutung zu ergänzen oder richtigzustellen, sondern es gilt, die in der Entwicklung zu beobachtenden, sie konstituierenden Wirkensimpulse aufzuzeigen und erkennbar zu machen. Dieser Weg ist auch deshalb bedeutungsvoll, weil ein so gewecktes Verständnis für den Ursprung der Evolution und die sie tragenden Impulse zugleich die Möglichkeit vorbereitet für ein Verständnis des geistigen Wesens des Menschen.

Gewiß, die Ergebnisse sorgfältiger naturwissenschaftlicher Forschung scheinen überzeugend nachzuweisen, daß nur Zufall und Auslese die bestimmenden Faktoren in der Evolution sind. Doch der methodische Erkenntnisansatz der *Grundlinien* kann mit gleicher Deutlichkeit auf in derselben wirkende «wesenhafte Ideen» weisen. Die sinnvolle Folgerung daraus für die Biologie kann nur sein, daß auch hier gelernt werden muß, mit Gegensätzen zu leben, so wie der Physiker zwischen Wellen und Korpuskeln in den Strahlungsbereichen.

Die fundierten Ergebnisse der Schulwissenschaft auf der einen Seite sollten ein freies unbehindertes Forschen auf der anderen Seite nicht lähmen. Ist doch viel Arbeit zu leisten, um immer deutlicher erkennbar zu machen, daß die Höherentwicklung bei den Pflanzen und in der Tierwelt bis zum Menschen von wesenhaften Impulsen getragen wird, die heute noch wie in urferner Vergangenheit als wirksam zu erleben sind. Auf dieser gedanklichen Grundlage könnte, und zwar an den beobachtbaren Phänomenen ablesbar, ein neues geistoffenes Bild der Evolution geschaffen werden.

Wenn nun das Suchen nicht mehr wie sonst in der Naturwissenschaft auf stoffliche Zusammenhänge, sondern auf das wesenhaft Wirkende gerichtet ist, das mit dem Denken erfaßt werden soll, dann wird dieser Weg unmittelbar aus seinen eigenen Voraussetzungen und Zielsetzungen zu einem Schulungsweg geistiger Erkenntnis. Sind doch das Ordnen des Denkens, die Läuterung des Fühlens wichtige Schritte auf diesem Wege. Das heißt aber auch, daß das Wahrnehmen sich erweitert, wie dies für den Weg der *Philosophie der Freiheit* beschrieben ist, daß die Empfindungen dem tastenden Denken zur weiteren Orientierung helfen. Man beginnt dann auch die mehrmaligen Hinweise Rudolf Steiners am Ende der Pfingst-Vorträge über Thomas von Aquin (1920)[65] zu verstehen, wo er sagt, daß dieser Weg nur durch die Durchchristung des Denkens möglich geworden ist. Auch an anderen Orten ist gezeigt, wie das Streben, das Geistig-Seelische im anderen Menschen oder im Naturleben zu erfassen, zum Verständnis des Christuswirkens in der Gegenwart führt. Ordnung zu schaffen im Bereich des Fühlens ist dabei wichtigste Voraussetzung. Der Weg zum Geistselbst-Bewußtsein im Ordnen des Begehrens läßt das Wesenhafte der Umwelt erleben.

Es dürfte aus den Ausführungen deutlich geworden sein, daß der in den *Grundlinien* ausgelegte Weg als Wendepunkt im Erkenntnisstreben der Menschen auf der Erde charakterisiert werden kann, der von umfassender Bedeutung für die gesamte Erden- und Menschheitsentwicklung ist. Ohne Anlehnung an vergangene Kulturepochen, aus der Kraft des Erden-Ich des Menschen und aus dem in ihm lebenden Götterwillen, das Wollen im Denken stärkend und die Bedeutung und Möglichkeiten des Denkens klärend – so führt dieser Weg hin zum gedanklichen Erfassen der wesenhaft wirkenden Ideenwelt.

Vielleicht darf man auch folgendes berechtigterweise aussprechen: Goethe führte zum Erleben der Offenbarungen der Natur, zum Vatergott; in Rudolf Steiners *Grundlinien* ist der Weg bereitet zur Weltengeistigkeit, der dann in der Anthroposophie weitergeführt wurde zum gedanklichen Durchdringen übersinnlicher Wahrnehmungen und Offenbarungen.

Vom Wandern mit zu prüfenden «Ideen» auf Wegen der «vergleichenden Methode»

> Man suche nur nichts hinter den Phänomenen; sie selbst sind die Lehre.
>
> Goethe[66]

Im vorangehenden Aufsatz wurde entwickelt, daß intuitiv an den Wahrnehmungen mit der anschauenden Urteilskraft erfaßte Ideen auf einem naturwissenschaftlichen Erkenntnisweg mit der vergleichenden Methode auf Gültigkeit und Gültigkeitsbereich zu prüfen sind. Zu wichtigen Ergebnissen kann ein solches Wandern durch verschiedene Naturbereiche mit den an der Entwicklung der Blütenpflanze abgelesenen Wirkensimpulsen führen, wie dem Streben zum Licht-Kosmos und andererseits dem Verinnerlichen, dem Emanzipieren vom Kosmos. Es offenbaren sich dabei unterschiedliche Arten des Zusammenwirkens dieser beiden Wirkens-Impulse.

Die zur Lichtesumwelt emporwachsende einjährige Pflanze wird in der durchsonnten Erden-Feuchte in vegetativer Blattentfaltung zurückgehalten (Abb. 3, S. 51). Der die Pflanzen pflegende Gärtner erlebt dies besonders deutlich, wenn er mit Feuchte- und Humus-Wirkung Salat, Spinat oder Kohl in der Blatt- und Blattkopf-Bildung halten muß und wenn die Pflanzen im vertikalen Stengel-Wachstum zu verfrühter Blütenbildung schießen, wenn die zurückhaltenden Einflüsse zu gering werden. Doch im Blattleben werden Sonnenkräfte verinnerlicht im Zusammenwirken der zum Kosmos aufschließenden und der verinnerlichenden Impulse.

Deutlicher noch wird diese Polarität, wenn man die sich aus dem Keim entwickelnde junge Pflanze mit den aus einem befruchteten Ei sich entwickelnden Anlagen eines tierischen Organismus vergleicht (Abb. 7). Während die Pflanze in Wurzel, Stengel und Blatt sich strahlig und flächenhaft entfaltet und, ohne Hohlraumbildungen, zur Umwelt öffnet, teilt sich das befruchtete tierische Ei – was besonders deutlich bei den Reptilien und Amphibien zu beobachten ist – die Kugelform behaltend in viele Zellen, wandelt sich zur Hohlkugel (Blastula) und stülpt sich dann vollständig ein, so einen Innenraum bildend und belebende Wäßrigkeit verinnerlichend. Mit der Bildung der Leibeshöhle wird die Voraussetzung für späteres selbständiges Eigenleben geschaffen.

Wir haben hier eine urbildhafte Polarität pflanzlichen Lebens und tierischer Bildung vor uns. – Mit dem Selbständigwerden, dem Loslösen von den zum Licht führenden Impulsen verlieren die tierischen Bildungen auch die Möglichkeit, Sonnenwirken in der Zuckerbildung (Assimilation) zu verinnerlichen.

Indessen wirken in Pflanze und Tier die beiden Impulse, Streben zum Licht-Kosmos und Emanzipation, in sich wandelnder Art immer zusammen. Bei der Entwicklung der Pflanze wird dies besonders deutlich erkennbar, wenn man

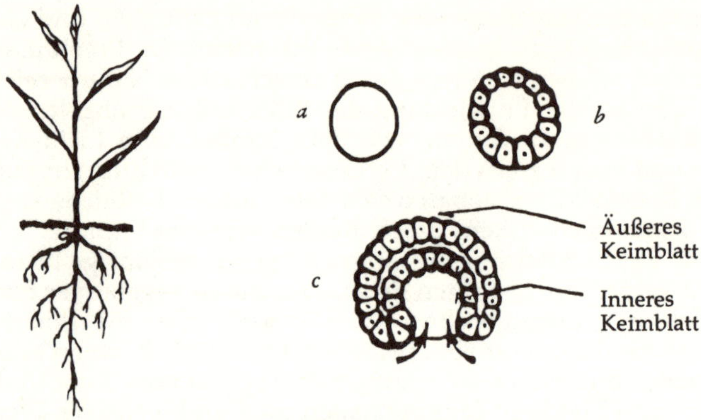

Abbildung 7

Gegensätzlichkeit von

Pflanzen-Entfaltung *und* *Tierbildung*

Entfaltung großer Oberflächen im Wurzel- und Blattbereich in Berührung mit der Umwelt.

Bildung des Organismus durch Gastrulation, Einstülpung, Innenraum-Bilden.
a. Ei b. Hohl-Blase
c. Einstülpung
Vergrößerung ca. 50 mal

beachtet, daß die Pflanze nur ein Organ ist in dem Erde und Kosmos umfassenden «Organismus des Naturwachstumes», den Rudolf Steiner wohl zum erstenmal in dieser Art im *Landwirtschaftlichen Kurs* vorstellte und der den Erdenmittelpunkt, die Kristalltiefen, die Hüllenorgane der Erde, insbesondere die Humus- und Feuchtehüllen und die Luft- und Wärmehüllen sowie den kosmischen Umkreis umfaßt. Lichtverbunden, von kosmischen Kräften getragen, strebt die sich entwickelnde Pflanze zur Lichtesumwelt empor; doch in der durchsonnten Feuchtehülle wird sie in den Blattbildungen mit ihren vegetativen Prozessen zurückgehalten, dabei Sonnenwirken verinnerlichend, bis die Überwindung der vegetativen Entfaltung durch die Sonnenstrahlung ein weiteres Schossen zur kosmischen Lichteswelt ermöglicht. Den eigentlich irdischen Bereich, in dem vom Kosmos emanzipierende, Eigenleben fördernde Kräfte wirken, bilden die Humus- und Feuchtehülle. Die zum Lichtkosmos aufschließenden Kräfte werden durch den Kiesel getragen, die von diesem emanzipierenden Impulse vom Kalk gefördert. Während bei der Entwicklung des tierischen Organismus die totale Einstülpung bei der Gastrulation zu einer weitgehenden Emanzipation von der kosmischen Umwelt führt, kommt es beim Organismus des Naturwachstumes nur zur Kugelbildung, so daß die Pflanze mit dem Erdenmittelpunkt und der unendlichen Ferne des Kosmos verbunden bleibt. Die Kugel wird daher als das Urbild des Eigenlebens bezeichnet.

In der Tierbildung wird die Polarität schon nach der Gastrulation, der Einstülpung, in der Differenzierung zwischen Innen- und Außenhaut erkennbar. Aus der Innenhaut oder Leibeshöhle, dem Endoderm, entwickeln sich die Stoffwechselorgane durch weitere Einstülpungen; aus der Außenhaut, dem Ektoderm, werden die Sinnesorgane, die zur Umwelt aufschließen.

Mit großer Deutlichkeit kann die Polarität im Verlagern der Bildeimpulse nach der einen oder anderen Seite beim Vergleich des Erdenlebens in den verschiedenen Klimazonen erlebt werden, zum Beispiel der feuchten Regentropen mit der lichthaft durchsonnten Luft Skandinaviens oder Kanadas. In Skandinavien wird die kosmische Sonnenstrahlung im Winter an der kristallinen Schneedecke zurückgestrahlt, die Atmosphäre doppelt durchleuchtend. Aber auch im Sommer erlebt man diese Steigerung der Durchlichtung durch die Reflexion an Meeren, Seen und Gesteinen, ja selbst an der hellgrünen Färbung der Pflanzen. Das Vertikalwachstum in Stengel- und Stammbildung wird gefördert, das Horizontalwachstum der Zweige vermißt in der klaren durchsonnten Luft die tragenden Kräfte.

In der Feuchte-Hülle der Regentropen wird die übermäßig einstrahlende Sonnenwirksamkeit von der Feuchte-Hülle der Erde verinnerlicht, man erlebt sich abgeschlossen vom Kosmos in der irdischen Hülle des Erdenlebens. Wohl bilden sich in den Regenwäldern auch prächtige Stämme aus dem Dunkel zum Lichte strebend, doch wo genügend Licht vorhanden, überwiegt das üppige vegetative Blätter bildende Wachstum. Es steigt in den Wäldern das Wurzel- und Pilzwachstum über den Boden hinauf, die Samen vieler Orchideen bedürfen der Symbiose mit der Pilzwelt, um keimkräftig zu werden. – In den polnahen Gebieten ist die kosmische Lichtwirkung dominant, in den Regentropen das irdische Wirken der Feuchte- und Humushülle, vom Kosmos emanzipierend. Der Kiesel beziehungsweise der Kalk sind die jeweiligen Repräsentanten dieses polaren Geschehens. – Aufschließen zur kosmischen Umwelt einerseits, sich emanzipieren, eigenständiges Leben veranlagen andererseits. – In klaren Winternächten Skandinaviens empfindet man die Fixsternwelt wie hereinwirkend, während in den Regentropen der Mond, vor allem in den überwältigenden Vollmondnächten, lebenfördernd empfunden wird.

Der unterschiedliche Grad der Verinnerlichung ist auch an der Vogelwelt zu erleben, zum Beispiel an den ätherisch zarten Farben sibirischer Finken im Gegensatz zu der knallharten Färbung tropischer Vögel oder auch am morgendlichen Frühlingsjubel nordeuropäischer Singvögel im Gegensatz zu dem Gekrächze und Geschrei vieler Vögel der Tropen, wo man den zarten Ruf der Singvögel völlig vermißt.

Jedoch nicht nur im Bereich der vegetativen Entfaltung, sondern auch in dem der Blüten- und Fruchtbildung kann die unterschiedliche Dominanz, das Vorherrschen des einen oder anderen dieser beiden Impulse erlebt werden. Es sei dies an einer vergleichenden Betrachtung einiger Pflanzenfamilien im Übergang von den eigentlichen Nahrungspflanzen zu den Gift- beziehungsweise Heilpflanzen erläutert.

Die Getreide, die wichtigste Nahrung der asiatisch-europäischen Menschheit in den Jahrhunderten der Bewußtseinsentwicklung zum aktiven Denken, verbleiben ganz im Kosmisch-Stengelhaften, sie deuten die Blütenbildung nur an und ersterben in der Reife in der Sonnenstrahlung, dabei im kosmischen Sonnengold aufleuchtend. Bei den typischen Giftpflanzen wie der Tollkirsche oder dem Stechapfel entfalten sich dagegen unheimlich anmutende Blüten, die, zur Erde geneigt, aus den Blattachseln im vegetativen Leben der Pflanzen sich herausbilden. Während die Getreide sonnenhaft leuchten und überhaupt viele Blütenpflanzen sonnenverwandt erscheinen, ist der Eindruck bei den beiden Nachtschattengewächsen ganz anderer Art, gerade so, als ob das Sonnen-Blütenhafte von den verinnerlichenden Boden-Feuchte-Kräften ergriffen sei. Bei den Getreiden sehen wir ein Ersterben in der Sonnenwirksamkeit von außen; bei den Nachtschattengewächsen wird der sonnenhafte Blüten-Impuls in das vegetative Leben hereingeholt.

Überblickt man nun die ganze Breite von den Getreiden über Labiaten und Rosengewächse zu den Leguminosen und Nachtschattengewächsen (Abb. 5, S. 63), so fällt auf, daß bei den Familien der eigentlichen Nahrungspflanzen des Menschen, wozu auch die Kruziferen gerechnet werden können, praktisch keine Giftpflanzen auftreten, also nirgendwo kosmische Impulse stoffwechselhaft verinnerlicht werden. Dieser Prozeß beginnt erst vorherrschend zu werden bei den Leguminosen und den soeben beschriebenen Nachtschattengewächsen. Die Leguminosen stellen einen gewissen Übergang dar; sie sind auch noch Nahrungsmittel, haben jedoch viele Giftpflanzen in ihrer Familie und sind vor allem bekannt durch ihre Fähigkeit, den toten Stickstoff aus der Luft, den Träger des Astralischen, zu verinnerlichen und zu beleben, so daß er im Boden-Pflanzenleben wirksam werden kann. Die Rosengewächse, zu denen viele Obstarten gehören – Apfel, Birne, Pflaume, Pfirsich, Aprikose, Schlehe – lassen wohl in der Fruchtbildung dem Blütenprozeß eine weitere vegetative Fruchtentwicklung folgen, doch bleibt diese im Gleichgewicht zwischen Fruchtsäure- und Zuckerbildung im sonnenhaften Bereich. Nur die Mandel bildet dabei im Kern eine Ausnahme.

Wenn so im anschauenden Wandern die Wirksamkeit dieser beiden Impulse im unterschiedlichen Zusammenwirken erfahren wurde, dann darf auch noch ein weiterer Schritt gewagt werden, nämlich die Pflanze, oder besser den Organismus des Naturwachstums, und den Menschen vergleichend zu betrachten. Das ist deshalb nun auch möglich, weil auf diesem Wege die Wirkensimpulse immer deutlicher in ihrer ideellen von äußeren Wahrnehmungen befreiten Gestalt erfaßt werden konnten.

Die Pflanze, im Organismus des Naturwachstums sich in der Vertikalen zur Lichtesumwelt erhebend und von den Hüllen-Organen der Erde ins Vegetative und ins Stoffwechselleben geführt, strebt weiter empor zur Blütenentfaltung und Samenbildung. So auch der Mensch, der am Ende der Evolution der Tierreihe, nach der Verinnerlichung von Licht, Luft und Wärme, sich die Vertikale im Aufrechtstehen eroberte, die ihn fest auf der Erde stehen läßt und ihm die Möglichkeit vermittelt, das Seelenleben seiner Umwelt zu erfahren und zum Geistigen zu streben. Beide sind in der Gefahr, von einem Übermaß des Stoffwechsel- und Trieblebens, wobei sie sich von der Umwelt abschließen, überwältigt zu werden. Bei der Pflanzenwelt wird das Gleichgewicht naturgesetzlich im Jahreslauf des Sonnen-Erden-Planeten-Organismus erhalten. Vom Menschen jedoch ist es in eigener Anstrengung zu erstreben, indem er das Herabsinken zu vermeiden sucht und sich um die geistige Entwicklung müht. Feuchte, Licht, Luft und Wärme wirken bei der Pflanze gestaltend von außen; beim Menschen jedoch sind sie im Laufe der Evolution verinnerlicht und offenbaren sich in ihren Qualitäten in seinem Seelenleben.

Doch nicht alles, was die grüne Pflanze an Sonnenwirksamkeiten aufnehmen kann, konnte mit den Verinnerlichungsimpulsen auf dem Wege der Evolution zum Menschen erfaßt werden. So muß die grüne Pflanze auch heute noch die Lebensnahrung für alles Leben auf der Erde mit den Sonnenkräften aufbauen. Durch das Aufrichten in die Senkrechte, die mit Erdenmittelpunkt und Kosmos verbindet, konnte wohl die Möglichkeit einer Erkenntniserweiterung durch das Menschen-Ich veranlagt werden; doch eine Verbindung mit dem strömenden Leben der Sonne wurde bisher nicht geschaffen. Ein Geheimnis, das wohl mit dem Mythos vom Baum der Erkenntnis und dem des Lebens zusammenhängt. Geht doch die Mär von einer mineralischen Ernährung des Menschen in der Zukunft.

Die «Grundlinien einer Erkenntnistheorie der Goetheschen Weltanschauung» – ein Führer von Darwin und Haeckel zu einem geistgemäßen Bild der Evolution

Man erfaßt die Bedeutung der *Grundlinien* erst recht, wenn man erlebt, wie wenig man aus dem heutigen naturwissenschaftlichen Weltbild, selbst mit gut gefaßten intuitiven Ideen, zum Verständnis des Lebens beginnen kann. Sie werden erfaßt – und können doch nicht fruchtbar weiter verarbeitet werden.

So schloß beispielsweise *Justus von Liebig* den 23. seiner *Chemischen Briefe,* in dem er unter anderem auf den Materialismus eingeht, nachdem er die Einseitigkeiten der Vitalisten und Materialisten in ihrer Unzulänglichkeit charakterisiert hatte, mit einem vielversprechenden Satz:

«Die Wahrheit liegt in der Mitte, die sich über die Einseitigkeiten erhebt und ein formbildendes Prinzip, eine herrschende Idee in und mit den chemischen und physikalischen Kräften für das organische Leben anerkennt.»[67]

Doch dieser Satz blieb viele Jahre lang unverändert und folgenlos in der Sammlung der Briefe bestehen, während alle anderen Inhalte ständig weiterentwickelt wurden. Ein Ansatz für die Entwicklung dieses Weges konnte nicht gefunden werden.

Ein anderes Beispiel: *Hans Driesch* ließ 1908 bei Gastvorlesungen in England, die später unter dem Titel *Philosophie des Organischen* veröffentlicht wurden, seine Ausführungen gipfeln in Sätzen, in denen er die Entelechie als die Essenz des Organismus bezeichnete; sie sei der Inbegriff von allem, was an ihm ausgeprägt sei und was an ihm und von ihm sich ausprägen könne, auch in der Folge künftiger Generationen.[68] – Auch dieser Ansatz wurde nicht aufgegriffen. In weiteren Arbeiten wandelte sich die Entelechie sogar zurück zu einem Psychoid, da der Anschluß an eine wesenhafte Ideenwelt nicht gefunden werden konnte. Und der im gleichen Jahre 1908 von Rudolf Steiner veröffentlichte Vortrag über *Philosophie und Anthroposophie* fand kein Echo.

Noch ein Beispiel: Vor etwa einem Jahrzehnt wurde auf einer Nobelpreisträger-Tagung das experimentelle Entstehen von Aminosäuren in naturnahen Prozessen als eine wichtige Stufe zum Verständnis des Lebens gefeiert. Professor Butenandt, langjähriger Präsident der Max-Planck-Stiftung, wies dies jedoch mit dem Hinweis zurück, daß das Charakteristische der Lebensprozesse doch die immerwährende Koordination der Substanzen und Prozesse im Werden und Erhalten eines Organismus sei.

Auch dieser Hinweis konnte nicht methodisch weiterentwickelt werden, so daß er ein wirklicher Ansatzpunkt zum Verständnis des Lebens hätte werden können.

Nimmt man diese drei Äußerungen zusammen, so ist in den intuitiv erfaßten Ideen die Grundlage des Lebensgeschehens in vortrefflicher Weise charakterisiert, das Wirken von Gestaltleib und Lebensleib im Aufbau eines Organismus umschrieben. Doch es konnte der Ansatz im naturwissenschaftlichen Denken nicht weitergeführt werden, selbst nicht als Fragestellung einer Arbeitshypothese. Man darf wohl sagen, daß die von Kant statuierte Erkenntnisgrenze gegenüber einem dem Menschen unzugänglichen Weltengrund selbst das Denken der Forscher in dieser Richtung lähmte.

Um so bedeutungsvoller erscheint auf diesem Hintergrund die Tat Rudolf Steiners, der in den *Grundlinien* das naturwissenschaftliche von den Sinneswahrnehmungen ausgehende Denken über diese vermeintliche Grenze führte und den gedanklichen Nachweis erbrachte, daß der Weltengrund einer wesenhaften Ideenwelt dem menschlichen Denken durchaus erreichbar ist.

Man findet in den *Grundlinien,* zu deren Entstehen die Auseinandersetzung mit der Einseitigkeit der Darstellungen Darwins und Haeckels wichtige Anregung gab, auch weiterführende Ansatzpunkte für den Weg zu einem neuen, erweiterten Bild der Evolution. Das ist von besonderer Wichtigkeit, weil gerade das heutige Bild derselben so viel zum materialistischen Weltbild unserer Zeit beigetragen hat. Auch hat die naturwissenschaftliche Forschung die Theorie Darwins von Zufall und Auslese als allein wirkende Faktoren scheinbar immer wieder voll bestätigt, so daß es daher dem naturwissenschaftlichen Denken immer schwieriger wurde, noch eine gedankliche Möglichkeit für ein Wirken geistiger Impulse im Werden der Naturreiche und des Menschen zu finden. Erst ein Verständnis für die Bedeutung intuitiv erfaßter Ideen für die Naturerkenntnis und für die Methodik des Arbeitens mit denselben kann hier weiterführen.

Nachdem im erkenntnistheoretischen, methodisch-kritischen Teil der Weg für das naturwissenschaftliche Denken über die sogenannte Erkenntnisgrenze hinaus freigekämpft wurde, werden im Kapitel *Die organische Natur* die Wege gebahnt für ein zum geistigen Ursprung erweitertes Verständnis der Evolution. Was in Goethes naturwissenschaftlichen Betrachtungen keimhaft verborgen war, wird nun in gedanklicher Klarheit herausgemeißelt. Hieraus einige Auszüge:

> «In der unorganischen Natur nehmen wir eine Tatsache wahr und suchen behufs ihrer Erklärung eine zweite, eine dritte und so weiter; und das Ergebnis ist, jene erste erscheint uns als die notwendige Folge der letzteren. In der organischen Welt ist es nicht so. Hier bedürfen wir

außer den Tatsachen noch eines Faktors. Wir müssen den Einwirkungen der äußeren Umstände etwas zugrunde legen, das sich nicht passiv von jenen bestimmen läßt, sondern sich aktiv aus sich selbst unter dem Einflusse jener bestimmt.

Was ist aber diese Grundlage? Es kann doch nichts sein als das, was im Besonderen erscheint in der Form der Allgemeinheit. Im Besonderen erscheint aber immer ein bestimmter Organismus. Jene Grundlage ist daher ein Organismus in der Form der Allgemeinheit. Ein allgemeines Bild des Organismus, das alle besonderen Formen desselben in sich begreift.

Wir wollen nach dem Vorgange Goethes diesen allgemeinen Organismus Typus nennen.»

«Der Typus ist somit die Idee des Organismus: die Tierheit im Tiere, die allgemeine Pflanze in der speziellen ... Er ist das Innerliche von dem, was wir als äußerliche Formen der Lebewesen erfahren.»

«Das Naturgesetz spricht den Zusammenhang der in der Sinnenwelt getrennten Tatsachen aus; es bleibt aber als solches gegenüber der einzelnen Erscheinung bestehen. Beim Typus müssen wir aus der Urform jenen besonderen Fall, der uns vorliegt, heraus entwickeln. Wir dürfen den Typus der einzelnen Gestalt nicht gegenüberstellen, um zu sehen, wie er die letztere regelt; wir müssen sie aus demselben hervorgehen lassen. Das Gesetz beherrscht die Erscheinung als ein über ihr Stehendes; der Typus fließt in das einzelne Lebewesen ein; er identifiziert sich mit ihm.

Eine Organik muß daher, wenn sie in dem Sinne Wissenschaft sein will, wie es die Mechanik oder die Physik ist, den Typus als allgemeinste Form und dann auch in verschiedenen ideellen Sondergestalten zeigen.»

«Jeder Einzelorganismus ist die Ausgestaltung des Typus in einer besonderen Form. Er ist eine Individualität, die sich aus einem Zentrum heraus selbst regelt und bestimmt. Er ist eine in sich geschlossene Ganzheit, was in der unorganischen Natur erst der Kosmos ist.»

Es wird entwickelt, daß der Typus nicht nur das Werden eines Organismus, das Werden einer Art bestimmt, sondern auch die ganze Evolution.

> «Daß er (der Typus) zeitlich zuerst in einfachster Form auftritt, bedingt nicht, daß die zeitlich-folgenden Formen sich als Folge der zeitlich-vorangehenden ergeben. Alle Formen ergeben sich als Folge des Typus, die erste wie die letzte sind Erscheinungen desselben.»

> (Eine Revision unseres Zeitbegriffes) «hätte zu zeigen, daß die Herleitung eines Späteren aus einem Früheren keine Erklärung ist, daß das Zeitlich-Erste kein Prinzipiell-Erstes ist. Alle Ableitung hat aus einem Prinzipiellen zu geschehen und höchstens wäre zu zeigen, welche Faktoren wirksam waren, daß sich die eine Wesensart zeitlich vor der anderen entwickelt hat.»

Der Typus ist jedoch kein fester Schöpfungsgedanke, wie ihn sich beispielsweise Linné als die einzelnen Pflanzenarten schaffend vorstellte.

> «Der Typus ist etwas durchaus Flüssiges, aus dem sich alle besonderen Arten und Gattungen, die man als Untertypen, spezialisierte Typen ansehen kann, ableiten lassen. Der Typus schließt die Deszendenztheorie nicht aus. Er widerspricht nicht der Tatsache, daß sich die organischen Formen auseinander entwickeln. Er ist nur der vernunftgemäße Protest dagegen, daß die organische Entwicklung rein in den nacheinander auftretenden, tatsächlichen (sinnlich wahrnehmbaren) Formen aufgeht. Er ist dasjenige, was dieser ganzen Entwicklung zugrunde liegt. Er ist es, der den Zusammenhang in dieser unendlichen Mannigfaltigkeit herstellt. Er ist das Innerliche von dem, was wir als äußerliche Formen der Lebewesen erfahren. Die Darwinsche Theorie setzt den Typus voraus.
>
> Der Typus ist der wahre Urorganismus; je nachdem er sich ideell spezialisiert: Urpflanze oder Urtier. Kein einzelnes, sinnlich-wirkliches Lebewesen kann es sein.»

Die Einsichten, die sich aus diesen Ausführungen ergeben, rufen zu neuen Fragestellungen auf, zum Herangehen an die Evolution von einem neuen Ausgangspunkt aus. Wenn die allgemeinste Form des Typus die ganze Evolution bestimmt, dann muß die Idee desselben so beschaffen sein, daß sowohl der Mensch als auch einfache Lebensformen von ihm bestimmt sind. Er muß also auch in der Pflanze und im Tier wirksam zu erkennen sein, ja sogar, worauf ebenfalls gedeutet ist, schon vor der Differenzierung der Entwicklung in Urpflanze und Urtier erkennbar sein, also in den ersten pflanzen-tier-artigen Bildungen eines Urorganismus.

Wenn nun diese allgemeinste Form des Typus für den Menschen, für Pflanzen und Tier sowie für die Urform eines Organismus bestimmend sein soll, so kann es nur ein von allen stofflichen und gestaltlichen Bestimmungen befreites Ideen-Gebilde sein. Das Zusammenwirken der polaren Kräfte, die im letzten Kapitel in der Entwicklung der Pflanze und im Organismus des Menschen als konstituierende Ideen erlebt werden konnten, kann also durchaus eine wesentliche Funktion der gesuchten allgemeinsten Form des Typus sein.

Nun ist es so, daß für die Menschwerdung am Ende der Evolutionsreihe der Tiere, für die völlige Inkarnation in dieselbe viele bedeutende Arbeiten von anthroposophischer Seite vorliegen. Für die Evolutionsreihe der Tiere selbst konnte die Naturwissenschaft in Anlehnung an Darwin wichtige Erkenntnisse beibringen. Doch für den Beginn der organismischen Evolution, wo es sich nicht mehr um Differenzierung vorhandener Urformen in spezialisierte Arten handelt, sondern um das Entstehen der Urform eines Organismus selbst, fehlen naturwissenschaftlich befriedigende Erklärungen, ja sogar Hypothesen, die ohne fast unvorstellbare «Zufälle» auskommen könnten. Gerade für diesen Ursprung der Urform eines Organismus mit seinen Lebensfunktionen zeigen die gedanklichen Ergebnisse der *Grundlinien* einen gangbaren Weg, einen Weg, der in die Welt wesenhaft wirkender Ideen führt.

In den vorangehenden Betrachtungen wurde vor allem das polare Wirken des Sich-Aufschließens zur Umwelt und des Sich-Emanzipierens von derselben als wichtige Funktion der allgemeinsten Form des Typus betrachtet. Hinzu trat das Prinzip der Steigerung zur Blüten- und Samenbildung, beziehungsweise zum Erleben des Seelischen der Umwelt und des

Geistigen des eigenen Wesens. Im folgenden soll nun untersucht werden, ob diese Wirkensimpulse, die als bestimmend in der Entwicklung der Blütenpflanze, aber auch im Organismus des Menschen ertastet werden konnten, sich auch bei einer weiteren Prüfung mit der vergleichenden Methode bewähren; ferner, ob diese Impulse auch darüber hinaus in der vororganismischen Zeit als wirksam gefunden werden können.

Auf dem Wege zu einem geistoffenen Bild der Evolution

Sucht man auf dem so vorbereiteten Wege, vom heutigen Bewußtsein mit seinem so spezifisch gearteten Wahrnehmen und Denken ausgehend, zu einem neuen Bild der Evolution und vor allem ihres Ursprungs zu kommen, so gilt es, die allgemeinste Form des Typus zu finden, die sowohl für den Menschen als auch für die Tier- und Pflanzenwelt, ja sogar für die organismischen Urformen bestimmend sein kann.

Auf eine grundlegende Funktion eines Organismus weisen die Charakteristiken desselben von Justus von Liebig und Professor Butenandt, wie sie im vorangehenden Kapitel wiedergegeben wurden. Beide Definitionen beinhalten das immerwährende Koordinieren der Stoffe und Prozesse im Aufbau und in der Erhaltung des Organismus gemäß einem formbildenden Prinzip, einer herrschenden Idee. Das deckt sich inhaltlich mit der Charakteristik eines Organismus aus den *Grundlinien:*

> «Jeder Einzelorganismus ist die Ausgestaltung des Typus in einer besonderen Form. Er ist eine Individualität, die sich aus einem Zentrum heraus selbst regelt und bestimmt. Er ist eine in sich geschlossene Ganzheit, was in der unorganischen Natur erst der Kosmos ist.»

Damit ist die grundlegende Voraussetzung eines lebenden Organismus charakterisiert. Doch lebensvoll für die angestrebte Untersuchung wird die Betrachtung vor allem, wenn die Aufmerksamkeit auf die Impulse gerichtet wird, welche einen Organismus ins Erdenleben führen und darin erhalten, und wenn wir ihre unterschiedlichen Auswirkungen verfolgen können. Für die Entwicklung einer Blütenpflanze hatten wir, auf den Spuren Goethes, als bedeutsam erkannt einerseits das Streben zum Erdenmittelpunkt und zur Lichtesumwelt, also den Vertikalimpuls, andererseits den Impuls der Verinnerlichung des kosmischen Wirkens. Besonders deutlich wird das Zusammenwirken der beiden Impulse erkennbar, wenn man, angeregt durch die Darstellungen im *Landwirtschaftlichen Kurs,* die Pflanze als Organ im «Organismus des Naturwachstumes» zu betrachten lernt. Die Feuchte- und Mutterbodenhüllen der Erde, ja sogar deren Kristalltiefen werden dann als Organe des umfassenden Wachstums-Organismus verständlich.

Schaut man nun auf den Menschen, so wird unmittelbar eine verwandte Polarität erlebbar, jedoch in einem anderen Bereich, nämlich im Seelenleben. Jeder kennt den Wahrheitsgehalt der Worte aus dem «Faust»: «Zwei Seelen wohnen, ach! in meiner Brust ...»; die eine will den Menschen an die Erdenlust fesseln, die andere jedoch strebt nach geistigen Höhen. Berechtigterweise erhebt sich jedoch sofort von naturwissenschaftlicher Seite die Frage, ob ein Kräftewirken in so unterschiedlichen Bereichen wie Pflanzenbildung und Menschenleben auf die gleichen Impulse zurückgeführt werden darf. Zu einer positiven Beantwortung dieser Frage kann man kommen, wenn man den ganzen Verlauf der pflanzlichen und tierischen Evolution vergleichend betrachtet. Da ergibt sich, daß der Gang der Entwicklung bei den Tieren eine stufenweise Verinnerlichung der in der pflanzlichen Entwicklung von außen wirkenden Impulse ist. Was bei der Pflanze vom Umkreis her die Gestalt bildet, offenbart sich im tierischen Dasein im Bewußtseins- und Seelenleben. So scheint es durchaus berechtigt, die polaren Kräfte in beiden Bereichen auf die gleichen Wirkens-Impulse zurückzuführen. Das in Licht, Luft und Wärme im Pflanzenleben qualitativ Erlebbare offenbart sich dann im Innenleben der Tiere und des Menschen.

Ein Verständnis für die Berechtigung einer solchen Zusammenschau wird erleichtert durch die Ausführungen im vorletzten Kapitel. Dort konnte im einzelnen gezeigt werden, welche Bedeutung die beiden Impulse in ihrem unterschiedlichen Wirken im Erdenleben haben. Erinnert sei hier nur an den Impuls der Emanzipation von der Umwelt, wie er sich bei der Einstülpung, der Bildung eines Innenraums in den ersten Phasen der Entwicklung eines befruchteten tierischen Eies ausspricht, so die Grundlage zum Eigensein bildend; und im Gegensatz dazu an die Entwicklung eines pflanzlichen Keimes, der sich zur Umwelt aufschließt und mit dieser verbunden bleibt.

Beim Verfolgen dieser Impulse unter so unterschiedlichen Bedingungen ergibt sich, daß es sich hierbei um wichtige, das Erdenleben konstituierende Kräfte handelt, die die ganze Evolution hindurch wirksam waren. Die zentrale Bedeutung des Vertikal-Impulses beispielsweise, des Strebens zur Licht-Umwelt im Erdenleben, offenbart sich auch darin, daß ohne diese Beziehung der Pflanze zum Licht es keine Assimilation gäbe, keine organische Stoffbildung im Blattbereich, also kein organisches Erdenleben. Es gäbe auch ohne das Schossen zum Licht keine Blütenbildung, keine Offenbarung sonnenhaften Wesens; denn die Höherentwicklung der Pflanzen aus dem Blattbereich zur Blüte ist von diesem Impuls getragen. Zusammenfassend läßt sich sagen: Der Impuls der Verinnerlichung bereitet die Selbständigkeit als Erdenwesen gegenüber dem Kosmos vor; der zum Kosmos orientierte Vertikal-Impuls die Höherentwicklung zur intimeren Verbindung mit demselben.

Was sich so für die Pflanzenwelt ergeben hat, wo es in der Entfaltung der Pflanzen im Jahresrhythmus, im zeitlichen Nacheinander der Organbildungen Blatt, Blüte, Frucht immer wieder zu erleben ist – das zeigt sich auch als gültig für die Tierwelt, wenn der Gesamtverlauf der Evolution zum Menschen hin betrachtet wird. Unverkennbar ist das Abschließen von der Licht-Umwelt, wenn sich die tierische Entwicklung von den pflanzen-tierartigen Urformen loslöst. Die in der Erdenfeuchte lebenden Tierbildungen verlieren die Fähigkeit zur Assimilation, zur Bildung organischer Substanzen am Lichte, sie leben im Stoffwechselbereich der Erde. Doch die weitere Entwicklung führt auch sie wiederum vermehrt zum Lichte zurück, indem nämlich Licht-Sinnesorgane gebildet werden, wobei innere und äußere Aktivität zusammenwirken. Gezielte Bewegung wird möglich, getragen von dem am Lichte verstärkten Bewußtsein. Ist es der gleiche Impuls, der hier das tierische Wesen im Sinnesorgan zum Licht hin aufschließt und der die Pflanzen zur Licht-Umwelt führt?

Auf weiteren Stufen wird die Luft in der Lungen-Atmung verinnerlicht und später die Wärme im Blute. Empfindung und Seelenleben entfalten sich. In der durchsonnten, durchwärmten Luft kommt in der zum Lichte strebenden Pflanze die Blütenwelt zur Erscheinung, in ihren Formen und Farben Seelenhaftes zum Ausdruck bringend. Ist es der gleiche Impuls, der sich in Blüte und tierischem Seelenhaften offenbart?

Und noch einmal stellt sich die Frage bei der letzten Stufe, der Höherentwicklung zum Menschen. Denn erst hier, mit dem Aufrichten in die Vertikale, tritt zum Bewußtsein das Selbst-Bewußtsein hinzu. Hier sprechen Beobachtung und Erleben so deutlich, daß es kaum noch eine Frage ist, daß der Vertikal-Impuls, der die Pflanze zum Lichte und zur Blütenbildung führt, gleichen Ursprungs ist wie der Aufrichte-Impuls, der dem Menschen die Möglichkeit des Strebens zur Geistwelt gibt.

Bei der Pflanze wie beim Menschen ist die Höherentwicklung mit einem Zurückdrängen der vegetativen, der Stoffwechselprozesse verbunden, das heißt mit einer Entvitalisierung. Das Überwinden der Blattprozesse durch die Sonnenstrahlung ermöglicht im Aufschließen für die kosmische Umwelt die Blütenentfaltung und Samenbildung; das Ordnen des Begehrens und Fühlens schafft die Voraussetzung für das Sich-Aufschließen hin zur sozialen Seelen-Umwelt und für das Erfassen des Geist-Ich. Was bei der Pflanze noch von außen als gestaltbildend wirksam erlebt werden kann, wurde im Laufe der Evolution zum Menschen hin immer mehr verinnerlicht und ist nun im Seelenleben zu beobachten. So muß auch die Zügelung des Begehrens durch das Erden-Ich des Menschen erfolgen.

Die von Goethe an der Blütenpflanze erlebbar gemachten polaren Impulse können so als das Erdenleben konstituierende bestätigt und als wichtige Funktionen der allgemeinen Form des Typus angesprochen werden. Hinzuzunehmen ist dann noch die im Laufe der Entwicklung zunehmende Selbstbestimmung eines jeden Organismus aus dem Wesenskern des Individuums heraus.

Betrachtet man nun den ganzen Gang der Evolution durch die Tierreihe zum Menschen, so zeigt sich, daß das Aufschließen zur Seelen- und Geist-Umwelt, das bei der Pflanze im jährlichen Entwicklungsgang erfolgt, bei den Tierbildungen sich über den ganzen Verlauf der Evolution erstreckt. Die Pflanze hatte die Verbindung mit dem Erden-Mittelpunkt und dem Licht-Kosmos sich erhalten, das Hinaufschießen in der Vertikalen zur Seelen- und Geist-Umwelt früh erworben; in der Evolution der Tierreihe hat jedoch erst der Mensch die Aufrichtung in die Vertikale wieder errungen. Doch dieser Prozeß hatte seine Vorstufen.

Schon bevor die Vielfalt der Blütenwelt in der Kreidezeit zur Entfaltung kam, trat bei den Tieren die Abzweigung der Insekten-Entwicklung – für den heutigen Betrachter recht unerwartet – auf, schon im Devon beginnend und im Perm den heutigen Formen bereits verwandt. In der Kreidezeit erlebte diese Entwicklung zusammen mit der der Blütenpflanzen einen neuen Aufschwung, vielfach in enger Verbindung von Insekt- und Blütenbildung in artgemäßer Spezialisierung. Hier ist schon dieser Entwicklungs-Prozeß einer Wandlung der dem Stoffwechsel der Erdenfeuchte verbundenen Larve über das Puppenstadium zur im Licht-Luft-Wärme-Bereich sich entfaltenden Imago, zum Sonnenvogel eines Schmetterlinges vorgelebt. Doch ist diese frühzeitige Entwicklung nur möglich gewesen durch ein- oder mehrmaliges völliges Umschmelzen der Gestalt, der Funktionen und der Leibessubstanz. Nur auf diesem Wege war damals die Umwandlung vom Mondentier zum Sonnentier, ein Aufschließen zum Licht-Kosmos möglich.

Als eine weitere wichtige Stufe im Laufe der Evolution offenbart sich dem miterlebenden Verstehen der Übergang von den Amphibien und Reptilien, die wohl schon in der Atmung die Luft verinnerlicht haben, zu den Warmblütern, welche zur Luft-Atmung auch die Blutwärme erwarben. Man erspürt unmittelbar, welch wichtiger Schritt hier vollzogen wurde, daß auch hier eine Wandlung vom Mondentier zu einem Sonnen-Verwandten vollzogen wurde, deutlich erkennbar vor allem, wenn man repräsentative Arten beider Entwicklungsstufen in Vergleich setzt. Zum Beispiel die Saurier der Jura-Zeit oder heutige Amphibien mit gegenwärtigen Repräsentanten der Warmblüter wie Rind, Löwe und Vogel. Während die ersteren der mondenhaften Erdenfeuchte verbunden bleiben und in ihren Gestaltungen geradezu unheimlich erlebt werden, setzen sich die letzteren vom Boden in die durchsonnte Luft ab und muten, vor allem in ihren Jugendformen, sonnenverwandt an. Sie vollziehen einen Schritt, der in der Entwicklung der Pflanzen vom vegetativen Blattleben zur Blütenbildung zu beobachten ist, und weisen somit auch hier auf einen sonnenhaften Wirkensimpuls.

Doch noch ein anderes wird erlebbar. Nicht nur erinnern

die Jugendformen mancher Säuger in ihrem Spielen und Verhalten an menschliches Jugend-Verhalten; es erscheinen vielmehr Adler, Löwe und Rind in ihrer Dreiheit als Repräsentanten der drei Funktionen, die in ihrem Zusammenwirken die Grundlagen des leiblichen Erdenmensch-Seins bilden. Der Vogel ist ganz Kopftier, ganz Sinnesorgan, der ganze Körper, einschließlich der Knochen, ist durchlüftet, die Verdauung wird nur eilig und oberflächlich durchgeführt. Das Rind, seine riesigen Nahrungsmengen – ein Zwölftel seines Körpergewichts täglich – wiederkäuend und diesem Vorgang ganz hingegeben, lebt völlig in der Stoffbewältigung, so daß die Augen kaum als Sinnesorgan ergriffen werden und die Wahrnehmungen über Geruch und Geschmack mit der in die Nase leckenden Zunge erfolgen. Der Löwe jedoch, indem er in den rhythmischen Funktionen von Herz und Atmung sich entfaltet und erlebt, vermittelt zwischen den beiden polaren Extremen.

So leben diese Tiere in ihrer Dreiheit urbildhaft vor, was erst der Mensch als Einheit verwirklichen konnte. Doch bedurfte es hierzu des Aufrichte-Impulses aus der Horizontalen der Tier- und Triebrichtung in die Vertikale, die Erden-Mittelpunkt und Kosmos verbindet. Erst dadurch konnte sich im entstehenden Selbstbewußtsein des menschlichen Seelenlebens der Impuls, sich zur seelischen und geistigen Umwelt in bewußter Art aufzuschließen, durchsetzen.

An einer solchen Zusammenschau – der Entwicklung der Pflanzen vom Leben im Blattbereich zur Entfaltung der Blütenwelt, der Metamorphose der Insekten von den in der Feuchte lebenden Larven zum lichthaften Schmetterling, des Weges von den im Feuchte-Bereich der Erde lebenden Amphibien zu den Warmblütern in der durchsonnten Luft – kann anschaubar werden, daß ein sonnenhafter Impuls des Lichtstrebens nicht nur in der Entwicklung der Pflanzen sich offenbart, sondern auch in den Stufen der Evolution der Tierreihe. Und ebenso kann der lichthafte Impuls beim Menschen in der Aufrichtung der Leiblichkeit in die Vertikale ertastet werden. Wird dem Menschen durch diese Aufrichtung doch nicht nur das Selbstbewußtsein vermittelt, sondern auch die Möglichkeit, sich als Ich-Wesen dem Seelenleben der Umwelt und dem eigenen Geist-Ich zu öffnen.

So scheint sich hier mit aller Deutlichkeit zu offenbaren, daß es ein sonnenhafter Impuls ist, der die ganze Evolution durchstrahlt und auch die Menschwerdung, das heißt die volle Inkarnation des Menschen in das Erdenleben, erst ermöglicht.

Noch einmal sei der Gang der Evolution betrachtet, doch diesmal vom Menschen zurückschauend in den Urbeginn der Entwicklung. Hatte sich die Entwicklung von den niederen Tieren zum Menschen als ein fortgesetzter Prozeß der Verinnerlichung ergeben, so zeigt sich nun, umgekehrt zurückschauend, daß die Veranlagungen und Wirkens-Impulse, die heute im Seelenleben des Menschen anschaubar sind, in der Vergangenheit bei den niederen Organismen von außen aus dem Umkreis wirkten. Bei der Pflanze wird der Blick bereits hinausgeführt zum «Organismus des Naturwachstumes», der Erde und Planeten-Organismus umfaßt. Im Sonnenwirken vom Erden-Mittelpunkt und vom Kosmos und in den Hüllen-Organen sind dort bereits die Impulse wirksam, die als konstituierende in der Entwicklung der Pflanzen und Tiere und dem Leben des Menschen erkannt wurden. Der Blick in den Urbeginn der organismischen Evolution wird also in die Weiten des Kosmos geführt zu dort wirkenden wesenhaften Ideen. – Nichts deutet darauf hin, daß die in den ersten niederen Organismen beobachteten Lebensfunktionen als Nebenprodukte bei der Bildung von Aminosäuren und deren Verbindungen aus unbelebten Substanzen in Erscheinung traten. Es deutet sich vielmehr an, daß auch die ersten Stufen tierischer Entwicklung sich nicht durch Zufall zusammenfügten, sondern sich durch Differenzieren aus einem umfassenden Ur-Organismus – den sich wandelnden Umwelt-Bedingungen im Erdenwerden entsprechend – gebildet haben. Man könnte auch sagen, als einfachere Organismen aus dem Ur-Organismus geboren wurden, die aber noch mit einem Teil ihrer Lebensfunktionen, zum Beispiel dem Ich-Impuls, dem Astralleib und auch einem Teil des Lebensleibes vom mütterlichen Ur-Organismus abhängig blieben.

Die von Goethe seiner *Metamorphose der Pflanzen* zugrunde gelegte Entwicklung einer einjährigen Blütenpflanze mit Blatt-Metamorphose erweist sich in ihrer Bildung im Jahreslauf als ein repräsentatives Organ im «Organismus des Naturwachstumes». Wir haben nun auf diese Weise im Beobachten dieser Entwicklung mit der anschauenden Urteilskraft die Möglichkeit, die im «Organismus des Naturwachstumes» wirkenden Impulse in ihrer Vielfalt zu erfassen: in ihrem zum Licht-Kosmos führenden, Erdenleben begründenden, Formen gestaltenden, Seelenhaftes abbildenden, Artgestalt einprägenden Wirken.

Nun entspricht der «Organismus des Naturwachstumes» dem «geozentrischen Kosmos», das heißt dem Bilde des Kosmos mit der Erde im Mittelpunkt, um den sich Mond, innere Planeten, Sonne und äußere Planeten bewegen. Es treten in diesem Bilde die Konstellationen von Sonne, Mond und Planeten in ihrer Beziehung zur Erde, welche Bedeutung für das Pflanzenleben haben, deutlicher in Erscheinung als im heliozentrischen Bilde. Wenn dagegen die physikalischen Kräfte untersucht werden sollen, die im Gang der Planeten auf ihren Bahnen wirksam sind, ergibt sich als einfachste Berechnungsgrundlage das Bild des «heliozentrischen Kosmos» mit den um die Sonne als Mittelpunkt kreisenden Planeten. Die Exaktheit der auf dieser Grundlage durchgeführten Rechnungen zeigte sich bei den so genau berechenbaren Flügen der Raumsonden zu den verschiedenen Planeten. Sucht man jedoch die im Pflanzenleben wirkenden Impulse und Kräfte zu erfassen, so ergibt sich der «geozentrische Kosmos» als maßgebliches, einfach überschaubares Bild, denn es zeigen sich in diesem nicht nur die Planeten-Konstellationen, so wie wir sie von der Erde aus beobachten, sondern es entspricht auch das Sonnen- beziehungsweise Monden-Wirken dem Bild, das wir von der Erde aus beobachten, zum Beispiel dem Aufsteigen der Sonnenbahn am Himmel im Jahreslauf zum Sommer hin und des Mondes entsprechend im monatlichen Rhythmus. So ist es auch verständlich, daß das Bild des «geozentrischen Kosmos» dem des «Organismus des Naturwachstumes» entspricht.

Daraus ergibt sich die wichtige Einsicht, daß durch das Bild des «Organismus des Naturwachstumes», das Rudolf Steiner im *Landwirtschaftlichen Kurs* entwickelte, unser Verständnis für das Wirken der die Lebenswelt auf der Erde konstituierenden Impulse und Kräfte aufgeschlossen wird, die sich im üblichen Bild des «heliozentrischen Kosmos» unserem Erfassen entziehen.

Man ertastet so, daß die urbildhafte Ganzheit, die sich in der Entwicklung der Pflanze im Jahreslauf, in der Evolution der Tiere und im dreigliederigen Wesen des Menschen offenbart, bereits im «Organismus des Naturwachstumes» in Erscheinung tritt, die stufenweise stoffliche Verwirklichung vom Mondenhaften, die Verbindung mit dem Kosmos vom

Sonnenhaften impulsiert, wie auch die Höherentwicklung, die jedoch jetzt vom Menschen-Ich ergriffen werden muß.

Was bedeutet es nun, wenn die im Vorangehenden geschilderten Beobachtungen dazu führen, im «geozentrischen Kosmos» die gleichen Bilde-Impulse zu ertasten, die heute verinnerlicht im Organismus des Ich-Menschen zu erleben sind? Es bestätigt sich das folgende, in freier Fassung zitierte Goethe-Wort über das Wirken der göttlichen Natur in der Evolution des Menschen:

Das hat sie nicht vom Zufall erbettelt,
Das hat sie vom Urbeginn angezettelt.

Zusammenfassender Rückblick

1) Carolus Linné, der berühmte schwedische Naturforscher, konnte vor 250 Jahren auf Grund sorgfältiger Beobachtungen und intuitiven Denkens die Vielzahl der den Menschen bekannten Pflanzen in eine verwandtschaftliche Ordnung von Pflanzenfamilien bringen. Er bezeichnete sich im Alter als den besten Dolmetscher der Schöpfungs-Ideen Gottes in der Pflanzenwelt.

   Goethe wollte das allen Pflanzen Gemeinsame erkennbar machen, jedoch nicht, indem einzelne Merkmale beschrieben wurden, wie dies Linné tat, sondern es sollte das Phänomen, das heißt die betrachtete Pflanze das Gesuchte selbst aussprechen. Er wählte hierzu die einjährige Blütenpflanze mit Blattmetamorphose, welche am deutlichsten die Geheimnisse in den Gestaltungen und deren Wandel offenbart. Da die Pflanze ein in der Zeit sich entwickelnder Organismus ist, der seine Organe nacheinander zur Erscheinung bringt, mußte die ganze Entwicklung im Jahreslauf betrachtet werden, damit alle Möglichkeiten des Typus Pflanze und die darin wirkenden Kräfte erkennbar werden.
2) Hier wurde nun versucht, das allem Leben auf der Erde Gemeinsame, das in Organismen in Erscheinung tritt, zu suchen, also die allgemeinste Form des Typus, die sowohl in den Pflanzen, den Tieren und dem Menschen sich offenbart. Hierzu mußte jeweils ein Prototyp gesucht werden, an dem alle verborgenen Möglichkeiten der betreffenden Entwicklung in Erscheinung treten. Als solche ergaben sich:

a) die Entwicklung einer Blütenpflanze als Zeitorganismus im Jahreslauf;
b) die Evolution der Tierreihe als einmaliges Geschehen im Laufe der Erdenentwicklung;
c) der menschliche Organismus mit dem Zusammenwirken in Gleichzeitigkeit von Leib, Seele und Geist.

3) So wie es bei den Blütenpflanzen notwendig war, die ganze Entwicklung zu betrachten, muß auch, um ein vollständiges Bild zu bekommen, die ganze Evolution der Tierreihe bis zum Menschen herangezogen werden, damit die diese Entwicklung bestimmenden Impulse erfaßt werden können. Wenn in dieser Weise der Mensch an das Ende der Evolution der Tierreihe gestellt wird, muß beachtet werden, daß die höheren Stufen einer solchen Reihe nicht durch die niederen bestimmt sind. So wie die Blütenentfaltung nicht durch die Blattbildungen ist auch die Menschwerdung nicht durch die vorangehenden Tierbildungen bestimmt. Vielmehr ist das geistige Urbild des Menschen, das den Impuls zur Freiheit in sich trägt, bestimmend.

4) Man kann aber auch die sich entwickelnde Blütenpflanze mit dem Menschenwesen allein in Vergleich setzen. Die Blütenpflanze als Zeitorganismus entwickelt ihre Organe nacheinander im sich wandelnden Kräftewirken des Jahreslaufes. Der Mensch ist jedoch ein Wesen, welches das polare Kräftewirken und das Gleichgewicht Schaffende jederzeit in sich trägt. Ein voll gültiger Vergleich des Menschen als «Ganzheit» mit der Pflanze ist aber erst möglich, wenn die Pflanze als Organ des Erde und Kosmos umfassenden «Organismus des Naturwachstumes» betrachtet wird. Wohl ist die Blütenpflanze ein repräsentatives Organ in demselben, das die darin wirkenden Impulse und Kräfte zur Erscheinung bringt. Voll vergleichbar sind jedoch nur die beiden «Ganzheiten» des Menschenwesens und des Organismus des Naturwachstumes.

5) In diesen beiden Ganzheiten wurden sich entsprechende Wirkens-Impulse gefunden. Ein polar gerichtetes, im zusammenwirkenden Gleichgewicht gehaltenes Streben zum Licht- beziehungsweise Geist-Kosmos einerseits und zum Emanzipieren vom Kosmos, zum Eigenwesen-Bilden andererseits. Und bei beiden eine Steigerung zum Aufnehmen des Seelisch-Geistigen aus der Umwelt nach Läuterung des erdgebundenen Stoffwechsels beziehungsweise des

Seelenlebens: in Blüten- und Samenbildung einerseits, im Aufschließen zum Erleben der Umwelt und des eigenen Geistwesens andererseits.

Die Berechtigung eines Vergleiches der Entwicklung der Pflanze, wo die Naturkräfte von außen gestaltend wirken, mit dem Kräftewirken im Seelenleben des Menschen ergab sich daraus, daß im Laufe der Evolution der Tierreihe Feuchte, Licht, Luft, Wärme und Vertikal-Impuls mit dem von ihnen vermittelten Kräftewirken verinnerlicht wurden und so im Seelenleben des Menschen zu beobachten sind.

Bei der Pflanze sind polares Gleichgewichthalten und Steigerung naturgesetzlich im Jahreslauf geregelt; beim Menschen ist nur die Möglichkeit veranlagt, diese muß von ihm selbst ergriffen werden.

6) Nun sind jedoch die Pflanzen Organe des Organismus des Naturwachstumes. Die von Goethe beschriebene einjährige Blütenpflanze mit Blatt-Metamorphose ist sogar ein repräsentatives Organ desselben; denn an ihr werden die in diesem Organismus wirkenden Kräfte belebender, gestaltender, Seelisches offenbarender und Geistiges einprägender Art offenbar. Es erweiterte sich so der Umfang der Erkenntnis, indem sich aus diesen Betrachtungen ergab, daß die die Pflanzen gestaltenden Impulse, die im Menschen verinnerlicht sich zeigen, auch Wirkens-Impulse – nun als wesenhaft wirkende Ideen erfaßt – im Organismus des Naturwachstumes sind.

7) Das Suchen nach dem Ursprung der Evolution führte also – vom heutigen Bewußtsein ausgehend – zu einem gegliederten Bild des Organismus des Naturwachstumes, aus und in dem die an der Entwicklung der Blütenpflanze und in der Konstitution des Menschen beobachteten Impulse in organismischer Ordnung wirken. Das vom physikalischen Gesichtspunkt aus als «geozentrischer Kosmos» bekannte Gebilde ergibt sich im Suchen nach Verständnis der belebten Natur und deren Entwicklung als «Organismus des Naturwachstumes». Er ist zugleich der Ur-Organismus, aus dem sich alle belebten Organismen auf der Erde herausdifferenziert haben.

Indem die im «Organismus des Naturwachstumes» wirkenden Impulse als «wesenhaft wirkende Ideen» im «geozentrischen Kosmos» erfaßt wurden, tastete sich das Erkenntnissuchen heran an ein Wirken, welches die okkult

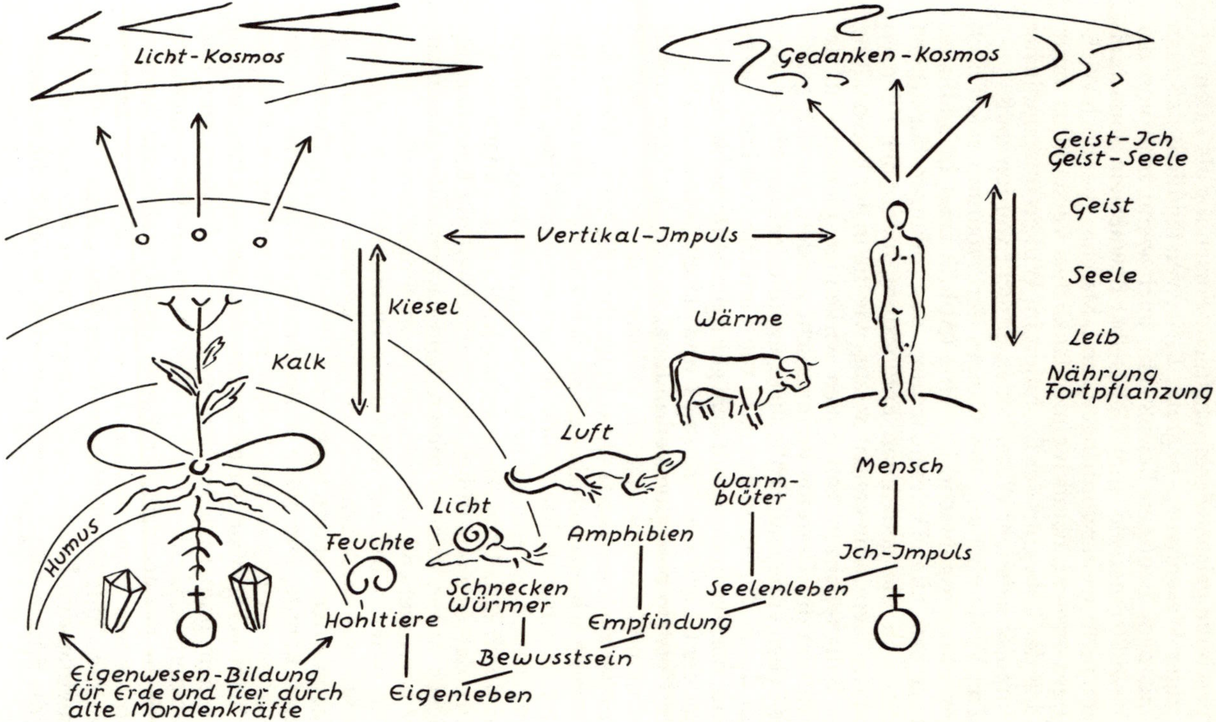
Licht-Kosmos
Gedanken-Kosmos
Geist-Jch
Geist-Seele
Geist
Seele
Leib
Nährung
Fortpflanzung
Vertikal-Jmpuls
Kiesel
Kalk
Wärme
Luft
Licht
Feuchte
Humus
Mensch
Warmblüter
Amphibien
Schnecken
Würmer
Hohltiere
Jch-Jmpuls
Seelenleben
Empfindung
Bewusstsein
Eigenleben
Eigenwesen-Bildung
für Erde und Tier durch
alte Mondenkräfte

Abbildung 8

geschulte geisteswissenschaftliche Forschung als Taten geistiger Wesenheiten begreift. Es ist verständlich, daß man mit dem heutigen Bewußtsein, auch wenn man von der Bewußtseinsseele zum Geistselbst-Bewußtsein fortschreitet, nicht weiter vordringen kann. Man hat aber doch Wichtiges erreicht, nämlich ein gedankliches Verständnis dafür, daß der Urbeginn der Evolution im Wirken übersinnlicher Impulse geistiger Wesenheiten gesucht werden muß.

Zur Verdeutlichung des Ganges der Evolution seien noch zwei Skizzen gebracht. Die eine (Abb. 8) zeigt in bildhafter Überschau die Differenzierung des pflanzen-tier-artigen Lebens in die getrennten Entwicklungslinien der Pflanzen und der Tiere. Man ersieht daraus, wie die in der Entwicklung der Blütenpflanzen von außen wirkenden Elemente in der Evolution der Tierreihe verinnerlicht werden, seelisch-geistiges Leben anregend. Schließlich gewinnt der Mensch, der sich nun durch die Aufrichtung in die Vertikale voll inkarnieren kann, die Verbindung mit dem geistigen Mittelpunkt der Erde und dem Licht-Geist-Kosmos und damit Selbstbewußtsein und Geiststreben, eine Verbindung, welche die Pflanzenwelt in ihrem Wirkensbereich nie verloren hat.

In der zweiten Skizze (Abb. 9) ist oben die Entwicklung der Tierreihe schematisch dargestellt, wie sie noch immer in den Schulen, aber vielfach auch im wissenschaftlichen Bereich lebt. Danach haben sich die höheren Formen aus den niederen nur durch Zufall und Auslese entwickelt, wobei angenommen wird, daß sich aus unbelebter Stofflichkeit die Einzeller entwickelt haben und aus diesen dann nacheinander, auseinander hervorgehend, die höheren Formen der Tierreihe.

Im unteren Teil der Abbildung ist bildhaft zu zeigen versucht, wie man schematisch das Evolutionsgeschehen als Ergebnis der hier durchgeführten Untersuchungen charakterisieren könnte. Die obere wellenförmige Linie weist auf den geistigen Ur-Impuls des Erden- und Menschenwerdens, der sich im «Organismus des Naturwachstumes» offenbart und von dem immer wieder Impulse für die Differenzierung und Höherentwicklung ausgehen. Die heutigen Tierformen wie auch die der geologischen Funde sind spezialisierte Formen, von denen keine weitere Entwicklung ausgehen kann. – Dahinter läuft eine Linie von Organismen, die noch die hereinwirkenden Impulse aufnehmen können, also nicht so weit in die Spezialisierung geführt werden, wo auch die mineralische Verhärtung noch geringer war. Es könnte dieses Geschehen jedoch auch so verstanden werden, daß die jeweiligen neuen Gestaltungsimpulse der Höherentwicklung in die Anfänge der Embryonal-Entwicklung der bestehenden Arten eingriffen, also zu einem Zeitpunkt, wo diese Entwicklung noch nicht fest determiniert ist.

Abschließend sei noch eine Skizze des «geozentrischen Kosmos» im Vergleich zum «heliozentrischen Kosmos» gezeigt (Abb. 10). Im heliozentrischen Weltbild laufen die Planeten in Bahnen um die Sonne als ihrem Mittelpunkt; im

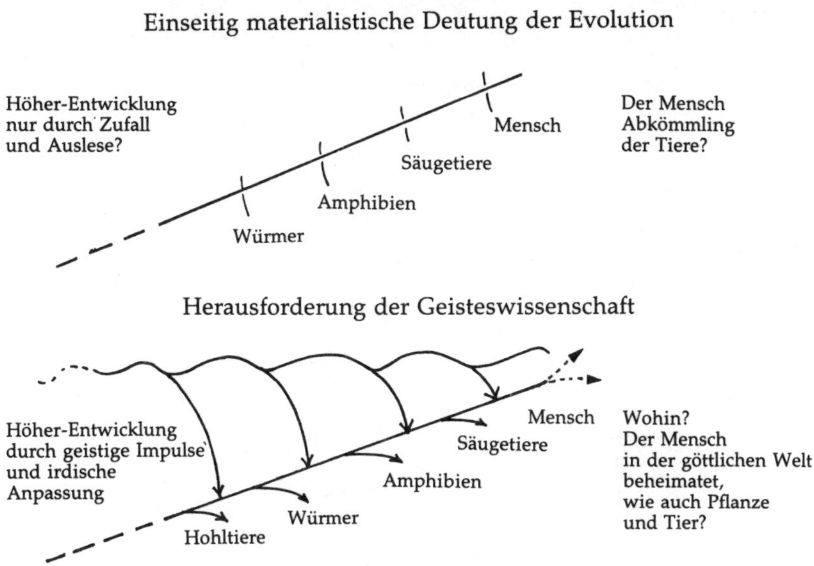

Abbildung 9

geozentrischen erscheinen die relativen Bewegungen der Planeten um die Erde als Mittelpunkt, also so, wie sie der Beobachter auf der Erde wahrnimmt. Man erkennt leicht, daß die Konstellationen zwischen der Erde und den Planeten, die für das Pflanzenwachstum von Bedeutung sind, im geozentrischen Bilde viel deutlicher und unmittelbar räumlich in Erscheinung treten. Im heliozentrischen Bilde jedoch muß die Zeit beachtet werden, das heißt, es müssen jeweils die Orte

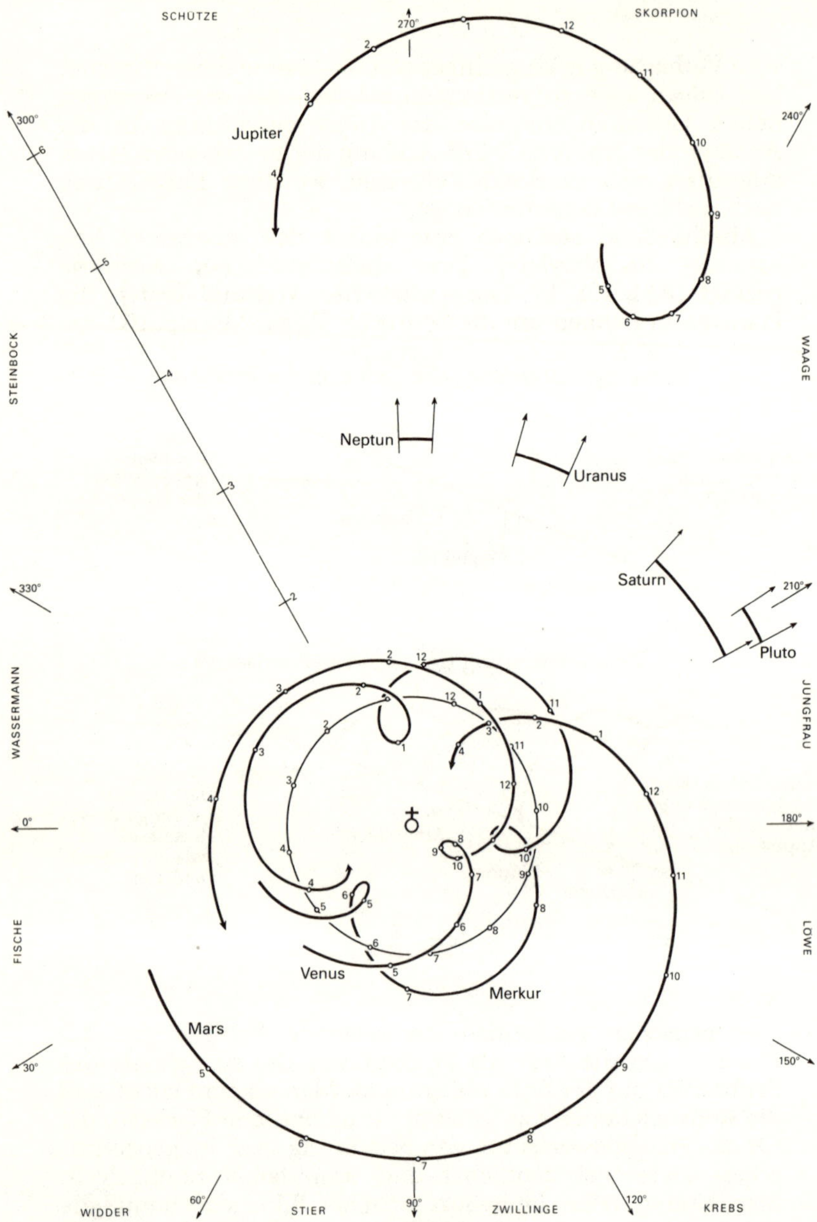

Abbildung 10

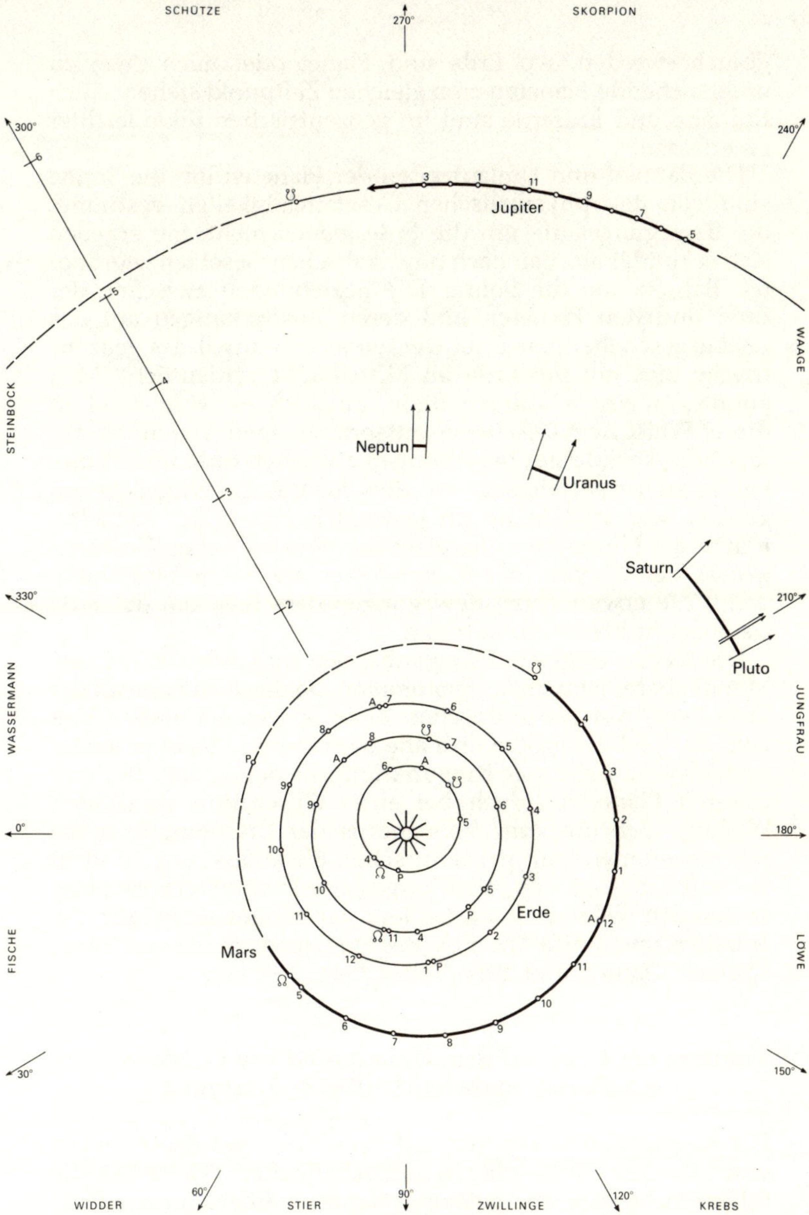

Abbildung 10a

gesucht werden, wo Erde und Planet oder auch zwei zu untersuchende Planeten zum gleichen Zeitpunkt stehen. Auch Erdnähe und Erdferne sind im geozentrischen Bilde leichter zu erfassen.

Die Bahnen und Umlaufzeiten der Planeten um die Sonne sind von den physikalischen Gesetzmäßigkeiten bestimmt, die Bewegungsläufe um die Erde jedoch nicht. Sie ergeben sich sekundär aus den nach physikalischen Gesetzen geordneten Bahnen um die Sonne. Die Beziehungen zwischen der Erde und den Planeten und deren Auswirkungen auf das Lebensgeschehen der Erde werden jedoch durch das geozentrische Bild mit der Erde im Mittelpunkt verdeutlicht. Man könnte in einem kühnen Bilde, obgleich es wohl nicht in dieser Weise dem Geschehen entspricht, sagen: Um die rhythmischen Abläufe der Beziehungen zwischen Erde und Planeten so zu verwirklichen, wie dies für das Lebensgeschehen geplant war und heute im geozentrischen Bilde erscheint, mußte der Himmelsmechaniker den physikalischen Gesetzen gemäß den Umlauf der Planeten um die Sonne einrichten, damit die erwünschten Bewegungen derselben um die Erde als Folge in Erscheinung traten.

Die Skizze zeigt die Planetenbahnen im Jahre 1983/84; die Mondenbahn ist nicht aufgenommen, da diese zu nahe an der Erde liegt. Am geozentrischen Bilde ist gut erkennbar, daß zum Beispiel die größte Erdnähe der inneren Planeten Venus und Merkur bei einer Konjunktion mit der Sonne, bei den äußeren Planeten jedoch bei einer Opposition stattfindet. Wichtige Schritte zum Verständnis der Erscheinungen am Sternenhimmel, vom geozentrischen Blickpunkt aus, sind in der anthroposophisch orientierten experimentellen Forschung gedanklich geklärt. Insbesondere sei hingewiesen auf die Arbeiten von Maria Thun, Agnes Fyfe, Joachim Schultz, Ernst Michael Kranich und Suso Vetter.[69]

Sichtung der Ernte auf dem Hintergrund von Geisteswissenschaft und landwirtschaftlicher Erfahrung

Der vorangehende Versuch, auf dem Wege von Beobachtung und Denken mit naturwissenschaftlicher Methode die Erkenntnisgrenze zur belebten Natur zu überschreiten, war angeregt durch die in den *Grundlinien einer Erkenntnistheorie der Goetheschen Weltanschauung* entwickelte Einsicht, daß der Weltengrund eine dem menschlichen Denken zugängliche Welt wesenhafter Ideen sei. Die auf diesem Wege mit der «anschauenden Urteilskraft», also intuitiv erfaßten Ergebnisse sind mit den heutigen naturwissenschaftlichen Methoden nicht beweisbar. Die Sicherheit der Ergebnisse kann nur mit der «vergleichenden Methode», wie dies versucht wurde, bestärkt werden.

Wenn daher auch die in den vorangehenden Untersuchungen erarbeiteten Ergebnisse in scheinbarem Widerspruch zum heutigen «anerkannten» Bild der Evolution stehen, so darf das Urteil nicht leichtfertig sein, daß nur das eine richtig und daher das andere falsch ist. Vielmehr muß die Folgerung für eine zusammenschauende naturwissenschaftliche Betrachtung sein:

> Auch in der Biologie muß man lernen, mit Widersprüchen zu leben, wie lange Zeit die Physik im Strahlenbereich – Korpuskulare oder Wellen-Grundlagen –, um möglichst im weiteren Verlauf des Erkenntnisstrebens ein sich Ergänzen oder Zusammenwirken zu erfassen.

Der Physiker stand vor diesem Problem bezüglich des Vorhandenseins und Wirkens von Korpuskeln und Wellen im Strahlungsfeld; der Biologe steht jetzt davor bezüglich des Gewahrwerdens von Wirkensimpulsen in der Evolution und andererseits des alleinigen Wirkens von Zufall und Auslese in derselben. Auf keinen Fall dürfte jedoch die verständliche Anerkennung der so umfassend und sorgfältig durchgeführten Untersuchungen der «Schulwissenschaft» über den Gang der Evolution dazu führen, den hier entwickelten polaren Aspekt eines Wirkens von wesenhaften Ideen in demselben unbearbeitet zu lassen. Vor allem gilt dies für den Beginn der Evolution der belebten organismischen Natur, zu dessen Hergang noch so viele ungelöste Fragen bestehen.

Betrachtet man nun vergleichend die Ergebnisse der geisteswissenschaftlichen Forschung in ihrem Verhältnis zu den behandelten Problemen, so ergeben sich wichtige, das Verständnis fördernde Ergänzungen.

In den vorangehenden Untersuchungen hatten wir als wichtige polare Wirkens-Impulse in der sich aus dem Keim entwickelnden Pflanze erkannt einerseits das Streben zum Licht und andererseits das Zurückgehaltenwerden im Blattleben mit seinem die Grundlagen des Eigenseins schaffenden vegetativen Geschehen. Eine verwandte Polarität wurde – nach Verinnerlichung der die Pflanze von außen gestaltenden Kräfte in der Evolution der Tierreihe – im menschlichen Seelenleben gefunden. Die geisteswissenschaftliche Forschung Rudolf Steiners bestätigt die Berechtigung einer solchen Zusammenschau; denn es ergab sich aus derselben, daß das beobachtete polare Wirken in der Entwicklung der Pflanzen und im Menschen bei beiden eine Funktion des Astralleibes ist. Des Astralleibes des Menschen wie auch desjenigen der Pflanzen, der im Planetensystem west, wobei die obersonnigen Planeten Mars, Jupiter und Saturn, das Sonnenlicht differenzierend, zum Licht-Kosmos, die untersonnigen Planeten und der Mond jedoch, das Sonnenwirken verinnerlichend, in irdische Gestaltungen führen.

Vereinfacht wurde dieses polare Wirken im Pflanzenwachstum von Rudolf Steiner in seinen wohl letzten Ausführungen über das Pflanzenleben wie folgt charakterisiert:

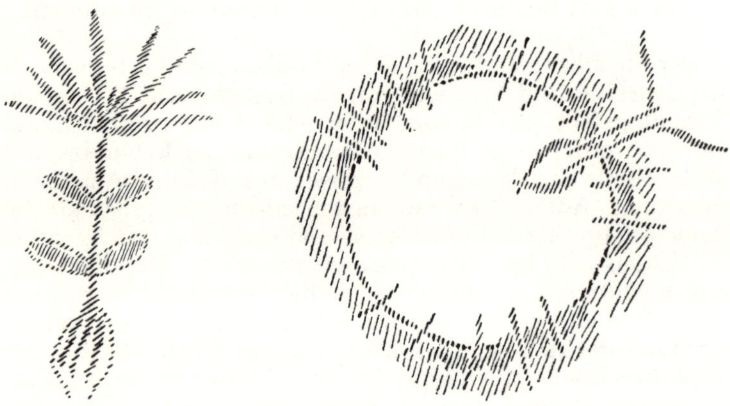

a b

Abbildung 11

Tafelskizzen Rudolf Steiners zu Vorträgen am 27.9. 1922 (a) und 2.7. 1922 (b) zur Charakterisierung des Pflanzenwachstumes. Man beachte die sich in den Boden rundende Wurzel, die betonte Vertikale des Stengels, das In-die-Weite-Streben der Blütenentfaltung von einem neuen Zentrum aus.

In allem, was stengelhaft nach oben strebt, wirken Sonnenkräfte;
in allem, was sich zur Erde rundet, wirken Mondenkräfte.[70] (Vgl. dazu Abb. 11a und b).

Unter Mondenwirken ist hier nicht ein Wirken des heutigen Mondes zu verstehen, sondern des nach der Monden-Trennung in der Erde verbliebenen Mondenhaften, dessen Leben allerdings mit den Phasen des äußeren Mondes mitschwingt. Es ist so verständlich, daß das stärkste vegetative Wirken des Mondenhaften der Erde in einer feuchten Vollmondzeit im Frühjahr zu erleben ist.

Aber auch für die weitere Entfaltung der Pflanze zur Seelenhaftes offenbarenden Blütenbildung und zur Geistgestalt einprägenden Samenbildung wird die Berechtigung einer Zusammenschau mit der menschlichen Entwicklung zum Geistselbst, das für das Seelenleben der Umwelt aufschließt und zum Geist-Ich führt, bestätigt. Bei der Pflanze und beim Menschen wird diese Entwicklung eingeleitet durch eine Zügelung der mit dem Stoffwechsel verbundenen Funktionen des Astralleibes, der bei der Pflanze als das Mondenhafte, beim Menschen als Empfindungsleib und Empfindungsseele sich äußert. Diese Zügelung führt bei der Pflanze bis zur Samenbildung, wo das Art-Ich von den Fixsternen aus die Geistgestalt der Art imprägniert, und beim Menschen zum Geist-Ich. Bei beiden ergibt sich die Aufgabe, das so Erworbene dem Erdenleben zukommen zu lassen, bei der Pflanze durch die Weltenopferkraft, beim Menschen durch die Opferbereitschaft des Menschen-Ich.

Ergänzt sei noch, daß nach den Ergebnissen der geisteswissenschaftlichen Forschung das allen Pflanzen gemeinsame Pflanzen-Ich als geistiger Sonnen-Impuls vom Erden-Mittelpunkt aus wirkt, die ganze Pflanzenentwicklung im Jahreskreislauf über die Blattentfaltung zur Blüten- und Samenbildung veranlagend.

In der folgenden Übersicht werden die Einzelheiten der geisteswissenschaftlichen Forschung zur Verdeutlichung zusammengestellt. Die Viergliedrigkeit, die allen Lebewesen auf der Erde zugrunde liegt, teils noch von außen wirkend, teils wie beim Menschen verinnerlicht, ergibt sich für die Pflanzen wie folgt:

Allgemeines Pflanzen-Ich wirkend vom	Erden-Mittelpunkt
Planzenarten-Ich wirkend von den	Fixsternen
Astralleib der Pflanzen wirkend vom	Planeten-Organismus
obersonnige Planeten führend zum	Licht-Kosmos
untersonnige Planeten und Mond	Sonnenwirken verinnerlichend, Eigenwesen bildend
Lebensleib der Pflanzen	herausdifferenziert aus dem Lebensleib der Erde
Gestaltleib (physischer Leib)	in der Vererbung das Erworbene bewahrend

Nun kann jedoch das Gleichgewicht zwischen den polaren Impulsen des Lichtstrebens und des Stoffwechsellebens im Pflanzen- wie im Menschenleben durch ein Triebhaftwerden gestört werden, das bei beiden zur Schädigung und schließlich Zerstörung der geistig veranlagten Gestalt führen kann. Bei beiden nehmen dann die dem Stoffwechsel verbundenen Funktionen des Astralleibes überhand, das Mondenwirken, durch triebige Düngung gefördert bei den Pflanzen, die unbeherrschte Entfaltung der Empfindungsleiblichkeit beim Menschen.

Auch was die Verinnerlichung von Feuchte, Luft, Wärme und Licht im Laufe der Evolution der Tiere betrifft, werden die auf dem hier beschriebenen Wege gemachten Beobachtungen durch die Geisteswissenschaft bestätigt. Die bei der Gastrulation verinnerlichte Feuchte ist Träger des Lebendigen, die eingeatmete Luft Vermittler der astralen Impulse, des Seelenhaften, und die Wärme ist Träger der Ich-Tätigkeit. Gerade die Wärme ermöglicht bei den Tieren ein stärkeres Eingreifen des Art-Ich in die äußere, mehr sonnenhafte Gestaltung und damit ein Selbständigerwerden des Seelenlebens. Beim Menschen vermittelt sie die Möglichkeit, daß der

Wille in die eigene Leiblichkeit eingreifen kann. Das Licht jedoch, das durch die Sinne aufgenommen wird, ist Offenbarer des Geistigen und Vermittler von gestaltenden Impulsen.

Für den Landwirt und Gärtner wird die Aufgabe immer dringlicher werden, in der Züchtung und Pflege der Pflanzen dafür zu sorgen, daß diese sich in Blüten- und Samenbildung, in der Aromatisierung und Sonnenreife voll zum Kosmos aufschließen und daß die Vielfalt der so aufgenommenen Impulse auch in dieser Vielfältigkeit im Erdenleben, im Leben der Muttererde zur Wirksamkeit gebracht wird; mit anderen Worten, daß zusätzlich in der Pflege der pflanzlichen Umwelt für das Erhalten der im Pflanzenleben veranlagten Vielfalt gesorgt wird.

Es führt eine solche Betrachtung auch zu einem eigenständigen Verstehen dessen, was Rudolf Steiner in seinem so bedeutsamen Vortrag über *Die Pflanzenwelt und die Naturelementargeister* ausführt. Er sagt da: «Wenn die Erde dicht ist, so ist die Dichtigkeit diese Antipathie, durch welche Gnomen und Undinen ihre Gestalt aufrecht erhalten. Wenn sich Licht und Wärme heruntersenkt auf die Erde, so ist das zu gleicher Zeit der Ausdruck jener Sympathiekraft, der tragenden Sylphen-Liebekraft, die durch den Luftraum getragen wird, und der tragenden Feuergeist-Opferkraft, welche das Sich-Herunterneigende bringt. So daß man sagen kann: Es wächst über der Erde zusammen dasjenige, was Erdendichte, Erdenmagnetismus, Erdenschwere ist, indem es nach aufwärts strebt, zusammen mit der abwärts strebenden Liebe- und Opferkraft. Und in diesem Ineinanderwirken der abwärtsströmenden Liebe-Opferkraft und der aufwärtsströmenden Dichtigkeit, Schwerekraft und magnetischen Kraft, in diesem Zusammenwirken entwickelt sich über dem Erdenboden, wo die beiden sich begegnen, das Pflanzenwesen, das ein äußerer Ausdruck des Zusammenwirkens von Weltenliebe, Weltenopfer, Weltenschwere und Weltenmagnetismus ist.»[71]

Die Aufgaben im landwirtschaftlich-gärtnerischen Tun werden im Vergleich von Pflanze und Mensch deutlich erfaßbar. Um die Vielfalt astraler Impulse, wie sie sich beispielswiese in der Blütenwelt offenbart, in der Nahrungsqualität auszuprägen, müssen die vegetativen Prozesse zum Abklingen gebracht, die Pflanzen zur Sonnenreife geführt werden. Auch der Mensch bedarf des Abklingens eigenen Seelenlebens, um im sich entwickelnden Geistselbst-Bewußtsein fremdes Seelenleben wahrnehmen zu können. Zur Einprägung der Geistgestalt in der Samenreife muß das Eigenleben der Pflanze zum Absterben kommen wie in verwandter Weise das Eigenleben des Menschen bei der Berührung mit dem Geist-Ich. Doch sowohl beim Menschen wie auch bei der Pflanze muß der Vertikal-Impuls, das Streben zur Geist-Umwelt zuvor angeregt werden.

Wie geschieht nun diese Anregung im Landbau? Vor allem der Rinderdünger, in rechter Weise zubereitet, und der Ton sind da wichtige Helfer, wenn sie in der Kompost-Bildung zum Zusammenwirken gebracht werden. Dieser Prozeß ist deshalb von so großer Bedeutung, weil er hilft, der Mutterbodenhülle die kosmische Vielfalt, welche die Pflanze in den durchsonnten Reifeprozessen aufgenommen hat, dem Bodenleben so einzuverleiben, daß sie erhalten bleibt. Eine wichtige Rolle spielt dabei der Regenwurm, der kosmische Kräfte, vom Urgestein vermittelt, mit den irdischen Impulsen organischer Stoffe verbinden hilft. Im *Landwirtschaftlichen Kurs* werden deshalb die Regenwürmer «goldige Tierchen» genannt; sie verbinden Sonnen-Impulse, vermittelt durch die obersonnigen Planeten, mit Sonnen-Impulsen, verinnerlicht durch die untersonnigen Planeten. In der Heilkunde kann zum Beispiel das Gold als Herzheilmittel ersetzt werden durch abwechselnde Anwendung von Eisen- und Kupferpotenzen, indem durch dieses Pendeln um die Mitte ebenfalls eine Goldwirkung erreicht wird. Und verständlich wird so auch, daß Rudolf Steiner den Boden als Sonnen-Sphäre bezeichnet, da dort ober- und untersonnige Planeten-Impulse zusammenwirken.

Doch nicht nur für Früchte und Samennahrung wie das Getreide ist es notwendig, die Pflanzen wirklich zur Reife zu führen, sondern auch für die Nahrung, die aus dem Blatt- oder Wurzelbereich genommen wird. Auch da gibt es gewisse Reifestadien; sie können beispielsweise an der Haltbarkeit, der Aromabildung und der Zuckerbildung erkannt werden. Gerade diese Qualitäten werden im üblichen Anbau durch die zunehmende, auf maximalen Ertrag gerichtete Düngung immer mehr vernachlässigt. Das hat unter anderem zur Folge, daß die Getreide heute in immer zunehmendem Maße von Pilzen und tierischen Schädlingen befallen werden, so daß es in den Intensiv-Anbaugebieten zur notwendigen Praxis gehört, mindestens je zwei Insektizid- und Fungizid-Anwendungen durchzuführen. Anfang der 70er Jahre war das nur in Ausnahmefällen nötig. Die Haltbarkeit als Maßstab für die Sonnenreife ist daher auch ein wichtiges Kriterium für die Qualität.

Auch der Mutterboden muß zur Reife gebracht werden. Und so war es das Ziel der Landwirte vergangener Zeiten, die notwendige Gare des Bodens zu erreichen, erkennbar an Struktur und Duft. Deutlich spricht auch, daß die qualitativ hochwertigste humusreiche Bodenbildung der Schwarzerden dort entsteht, wo im Sommer das Steppengras durch die Sonnenwärme gänzlich zum Ersterben kommt. Langjährige Haltbarkeit des gebildeten Humus, eine sich selbst erhaltende Struktur und ein aromatischer Duft sind das Ergebnis, das auch im Kompostbildungs-Prozeß zumindest in den Vorstufen angestrebt wird. Wenn pflanzliche oder tierische Substanz nicht durch diesen Prozeß geführt, sondern auf andere Weise in ungarem Zustand in den Boden gebracht wird, so geht die Vielfalt der Sonnen-Impulse verloren, und es wird nur die gewissermaßen energetische Wirksamkeit dem Pflanzenleben vermittelt.

Man versteht aus diesen Zusammenhängen auch, daß aus der geisteswissenschaftlichen Forschung heraus immer wieder auf die notwendige Vielfalt pflanzlichen Lebens auch im landwirtschaftlich gärtnerischen Bereich gewiesen wird, zum Beispiel auf die Verwendung von Randpflanzen und das Erhalten von Hecken und Ackerrainen mit ihrer Vielfalt pflanzlichen und tierischen Lebens. Ist doch der Mutterboden die Lebensgrundlage für alle Kulturpflanzen, die beim Keimen ihren Lebensleib aus der Erde herausindividualisieren und dabei der Vielseitigkeit bedürfen. Hieraus kann der verstärkte Impuls erwachsen, für diese Vielseitigkeit zu sorgen, die heute durch die großflächige Bearbeitung, durch einseitigen Fruchtwechsel, durch Ausräumen der Landschaft und Anwendung abtötender Pflanzenschutz- und Unkrautmittel immer mehr verloren geht.

Auch die von Rudolf Steiner entwickelten Kompost-Präparate aus besonders behandelten Heilkräutern sind in diesem Sinne zu verstehen. Blüten-Impulse von prozeß-spezifischen Heilpflanzen werden über den Kompostbildungs-Prozeß dem Bodenleben zugeführt. Hierbei werden die Pflanzensubstanzen in jeweils spezifischer Weise in der Bereitung dem Erdenleben eingeordnet, wo im Winter Kristallisationskräfte der Weltenferne wirken und im Sommer die Sehnsucht nach den oben im Pflanzenleben wirkenden elementarischen Erdenkräften lebt und in der durchsonnten sommerlichen Luft Fruchtbildungs-Prozesse sich entfalten. In völlig neuer Weise wird der Bildeprozeß der Präparate differenziert und gesteigert durch zusätzliche Hüllenbildungen aus den Häuten tierischer Organe, entsprechend den jeweiligen Blütenarten. – Die Feld-Präparate Hornkiesel und Horndung wiederum wirken im Aufschließen zum Erdenmittelpunkt und zum Kosmos.

Es wird den mit dem *Landwirtschaftlichen Kurs* vertrauten Lesern auffallen, daß in den Ausführungen dieses Kapitels Mensch und Pflanze in anderer Weise vergleichend betrachtet werden, als dies im *Landwirtschaftlichen Kurs* geschieht. Wird doch in diesem die Pflanze mit einer auf dem Kopf stehenden Individualität verglichen, während hier beide so betrachtet werden, wie sie auf der Erde erlebt werden: nämlich Pflanze und Mensch sich von der Erde zum Lichtkosmos aufrichtend. Diese beiden Betrachtungsweisen widersprechen sich jedoch nicht, sondern es wird der Blick auf unterschiedliche Prozesse gerichtet.

Im *Landwirtschaftlichen Kurs* wird die Wurzel als Sinnesorgan betrachtet, das kosmische Gestaltungsimpulse, durch den Kiesel vermittelt, aufnimmt, und bei der Blüten- und Fruchtbildung ist der Blick auf das Stoffwechselgeschehen, die Substanzbildung gerichtet. Diese Betrachtungsweise führt zum Vergleich mit einer auf dem Kopfe stehenden Individualität. – Im vorangehenden Kapitel wurden jedoch die bei der gärtnerischen Pflege der Pflanzen zugänglichen Prozesse betrachtet. Das heißt, im Boden die dem tierischen Stoffwechsel im Mutterboden sich nähernden Prozesse – und oben das zum Lichtkosmos Streben, das in der Gestalt der Blüten seinen Ausdruck findet wie auch in der Einprägung der Art-Gestalt in den Samen.

Abschließende Exkursion zu Problemen der Pflanzenbildung

Die vorangegangenen Betrachtungen nach der in den *Grundlinien* angeregten Methode sowie die aus dem gärtnerisch-landwirtschaftlichen Tun gewonnenen Erfahrungen können zu weiteren Untersuchungen führen. So stellt sich beispielsweise die Frage, welche Impulse bei der Blütenpflanze mit Blatt-Metamorphose zu dieser Metamorphose führen und wie die Stauwirkung des Stengel-Impulses, woraus ja die Blütenbildung hervorgeht, zu verstehen ist.

Man kann hier vieles von der Kiefer lernen. Während die Fichte stets ihre Gestalt behält, läßt sich die Kiefer von den verschiedenen Klimazonen umbilden (Abb. 12a und b). In der

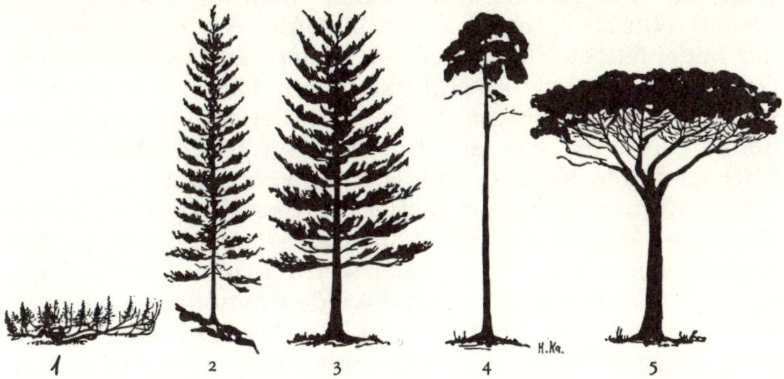

Abbildung 12a

Wandel der Gestalt der Kiefer (Pinus) von Nord nach Süd in Europa: 1 jenseits der Baumgrenze, 2 kurz vor der Baumgrenze in Schweden, 3 in der Nähe der Meeresküste West-Schwedens und Norddeutschlands, 4 in Wärmebereichen Süddeutschlands (Darmstadt), 5 Pinie in Italien.

Abbildung 12b

Schirm-Akazien
aus der Buschsteppe Afrikas

durchlichteten, kristallklaren Luft Nord-Skandinaviens wird die Vertikale des Stammes betont; die Gestalt der Kiefer gleicht der der Fichte. Man sieht, das Licht staut nicht. Doch die Äste werden kürzer und kürzer, da in der klaren Luft die vermittelnde Feuchtehülle fehlt, so daß schließlich, wenn auch sekundär, der Stamm durch Unterernährung zum Erliegen kommt. Nur als Krummholz am Boden kriechend, im Bereich der Bodenfeuchte, kann sich die Kiefer dann noch entfalten. Dasselbe gilt für die Zwergbirke (Betula Lana) oder die dickstämmig wurmartig am Boden kriechende Moorbirke des hohen Nordens, die, auf isolierendem tiefem Moorboden wachsend, den Vertikal-Impuls völlig verloren hat.

Kommt man jedoch im Südwesten Skandinaviens oder im Nordosten der USA in die Nähe der Atlantik-Küste, so entwickeln sich die Äste der Kiefer weit hinaus in die Horizontale der Triebentfaltung. – Und wiederum anders wächst die Kiefer im warmen Kontinental-Klima Mitteleuropas, wo sie besonders auf Sandboden vorkommt. Keine schlanke Fichtengestalt bildet sich, keine weitausladenden Äste breiten sich; das Höhenwachstum wird gestaut in der trockenen Wärme, und es bildet sich die Kugelform. – Noch deutlicher tritt der Wärmestau bei der verwandten Pinie im Mittelmeer-Klima zutage. Dort bildet sich eine Kronenform wie der Blütenstand der Schafgarbe. Der gleiche Impuls formt auch die Schirmakazien in den Buschsteppen Afrikas.

Aus diesen Beobachtungen ist abzulesen, daß das Licht nicht staut. Und so erhebt sich die Frage, wie es die Metamorphose der Blätter zur Blütenbildung hin bewirkt. Noch einmal lassen wir uns von der Kiefer belehren. Bei den Kiefern im Norden wie bei der Metamorphose der Blätter bewirkt das Licht ein Zurückdrängen des Vegetativen, so daß das Zurückgehaltenwerden des Stammes beziehungsweise der Hauptrippe der Blätter nur eine sekundäre Erscheinung ist. Das ist bei der Blattmetamorphose ganz deutlich zu beobachten. Die Blätter in Bodennähe sind langstenglig, und die Blattbildung drängt am äußeren Blattkopf in die Rundung. Bei den letzten oberen Blättern ist die Blattfläche ganz zurückgedrängt; der Schwerpunkt liegt nah dem Stengel, die Mittelrippe bleibt gespitzt stehen, bis auch sie, unterernährt, sich zurückbilden muß. Wie bei der Kiefer wird auch hier das Vegetative vom zunehmenden Licht zurückgedrängt. Mit anderen Worten: Das Gleichgewicht zwischen dem gestaltenden Lichtwirken und dem ins Vegetative führenden Wirken der durchsonnten Feuchtehülle wird vom Lichtwirken überwunden.

Eine entsprechende Erfahrung im Pflanzenbau kann im lichtreichen Frühsommer-Klima Dänemarks gemacht werden. Wird unter solchen Verhältnissen das die Lichtaufnahme fördernde Kieselpräparat 501 zum Beispiel auf Sommergetreide oder Möhren angewandt, so treten Stauung und, im Vegetativen, Verhärtungserscheinungen auf. Im feuchten Klima der holländischen Lehm-Polder dagegen, die auf oder sogar unter Meeresspiegelhöhe gelegen sind, fördert die vermehrte Lichtaufnahme durch Anwendung des Kieselpräparates das Blattwachstum, da der vegetative Prozeß dominant bleibt.

Doch zum Stau des Stengels vor der Blütenbildung gehört noch ein anderes, nämlich die Wärme der Sonnenstrahlung in der Sommerluft, wo diese nicht mehr von der Feuchtehülle zur vegetativen Entfaltung gewandelt ist, wo noch das spezifisch Astrale des Sonnenhaften erhalten ist. Auch das ist wieder am Wärmestau der Kiefer abzulesen, die deshalb ein so eindrucksvolles Beispiel ist, weil ihre Gestalt noch bildefähig, genetisch nicht völlig festgelegt ist, sondern von Licht, Feuchte und Wärme jeweils gewandelt werden kann.

Bei den einjährigen Pflanzen ist besonders deutlich erkennbar, wie die Blütenbildung in die sommerlich werdende Witterung innerhalb des Jahreslaufes eingeordnet ist – wenn auch viele Pflanzen sich vom Ursprungsmoment getrennt haben. Wie bei den Vögeln die Pinguine, die heute bei 40 Grad Kälte ihr Ei auf dem Eis stehend ausbrüten, so gibt es auch bei den Pflanzen Frühblüher, ja sogar Winterblüher, die aber als mehrjährige Pflanzen die Blütenbildung oftmals im Sommer des Vorjahres veranlagt haben. Durch Festlegung in der Vererbung sind im Zeitorganismus vielfache Variationen möglich.

Zwei Bildungen gehören noch in diesen Problembereich: die Knotenbildung und die der Blatt-Rosetten am Boden. – Wer, dem Weg Goethes folgend, mit Begeisterung miterlebt hat, wie bei den Pflanzen mit Blattmetamorphose sich von unten nach oben aufsteigend die Blattgestalten wandeln und die vegetative Entfaltung zurückgedrängt wird als Voraussetzung für die kommende Blütenbildung, dem kann es ein rechtes Ärgernis sein, wenn er sieht, daß bei vielen anderen Pflanzen mitten im ungewandelten Blattbereich an den Knoten sich Blüten bilden können. Doch Erleichterung bringt die Erkenntnis, daß in den Knoten, zeitlich und räumlich zusammengedrängt, eben das geschieht, was uns die Pflanzen mit Blattmetamorphose verraten. Sind doch die Knoten ein in rhythmischer Folge sich wiederholender, örtlich und zeitlich konzentrierter Rückstau in der Vertikal-Stengelachse. Was bei der Blattmetamorphose sich über längere Zeit hin, das Geheimnis verratend, abspielt, ereignet sich hier in rhythmischer Wiederholung, eine Fähigkeit des Ätherischen nutzend, nämlich das Gleiche immer und immer wieder hervorzubringen. Bedeutsam ist hierbei wohl, daß die Blütenbildung an einem Knoten in einer Blattachsel stattfindet, so daß das Blatt den vegetativen Impuls aufnehmen und ableiten kann. Auch zeigen diese Blüten meist ihre Beziehung zu den Erdenkräften dadurch, daß sie eine Ober- und Unterlippe bilden und sich so in die Schwerkraft einordnen.

Dadurch daß an jedem Knoten das Wachstum angehalten wird, besteht die Möglichkeit zu Neubildungen aller Art. Blätter, Blüten, ja selbst Wurzeln können entstehen, je nach der Lage des Knotens in der Umwelt und in der zeitlichen Entfaltung der Pflanze.

Auch die Blatt-Rosette kann als ein solches Gebilde verstanden werden. Um sie zu verstehen, sei der Blick nochmals auf die Kiefer im Norden Skandinaviens oder Kanadas gerichtet. Je weiter wir nach dem Norden kommen, desto spitzer wird ihre Gestalt, desto kürzer die Äste, desto schwächer in der durchsonnten kristallklaren Luft die vegetative Entfaltung, bis der Stamm erstirbt und die Kiefer sich nur noch in Bodennähe kriechend entfalten kann. Denn dort ist noch vegetatives Leben möglich. Dort entfalten sich nun auch die Blattrosetten, die so vielfach im Frühling auftreten. Im bodennahen Wachstum schaffen sich die Pflanzen die Möglichkeit, zu gegebener Zeit im Stengel nach oben zu schießen hin zur Blüten- und Samenbildung. Auch in der Rosette also haben wir einen Stauvorgang im Vertikal-Wachstum, ja geradezu eine Art Blütenbildung, wo viele Organe einer umfassenden Gestalt eingeordnet sind. Doch ist es eine Blütenbildung im Blattbereich, denn sie erfolgt in unmittelbarer Bodennähe, wo die Mutterboden-Feuchtehülle das vegetative Leben zur Entfaltung bringt.

Beim Übergang von der Blattbildung in Bodennähe zum Schossen bis hin zur Blüten- und Samenbildung ist dem Landwirt und Gärtner deutlich erlebbar, wie unterschiedlich der Zeitverlauf dieses Übergangs erblich im Zeitorganismus festgelegt oder auch durch Umwelteinflüsse variabel ist. Bei vielen Pflanzen, zum Beispiel dem Wegerich, ist die Rosettenbildung genetisch festgelegt; bei den Getreiden jedoch ist das Sich-Ausbreiten in Bodennähe bei der Bestockung stark vom Fruchtbarkeitszustand des Bodens und vom Klima abhängig – soweit es bei den neuen Züchtungen überhaupt noch vorhanden ist. Beim Raps stellt der Übergang für den biologisch-dynamischen Landwirt ein großes Problem dar, weil bei spät einsetzender Frühjahrs-Bodenwärme die Pflanze bereits zu schossen beginnt, bevor sich in der Blattbildungszeit in Bodennähe genügend Seitentriebe bilden konnten. Beim Salat und Spinat weiß jeder Gärtner, wie er durch Bodenfruchtbarkeit und Feuchteklima dafür sorgen muß, die Pflanze zur erwünschten Kopf- oder Blattbildung lange genug in Bodennähe zu halten, damit nicht durch Licht und trockene Wärme das Schossen zu früh eintritt. Gerade an solchen Pflanzen ist immer wieder erlebbar, wie die Entwicklungsphasen einerseits im Zeitorganismus durch die Vererbung determiniert, andererseits aber auch durch Umweltwirkungen beeinflußbar sind. Landwirte und Gärtner haben bekanntlich vielfach die Kulturpflanzen aus den jahreszeitlichen und klimatischen Gegebenheiten des Entstehens der mütterlichen Wildpflanzen entfernt, wo Umweltrhythmus und Eigenrhythmus in Einklang und dem Zeitenleib der Art einverwoben waren. Daraus ergeben sich dann die oben angeführten Schwierigkeiten, mit denen vor allem die biologischen Pflanzenbauer zu kämpfen haben, die ja mit den Naturprozessen arbeiten wollen und nicht gegen sie. – Wie im Naturprozeß Pflanzen aus ihrem ursprünglichen Bildungsklima herausgeführt wurden, tritt besonders gut bei Pflanzen in Erscheinung, die zu ungewohnter Zeit ihre Blüten entfalten, zum Beispiel bei der Christrose. Doch sorgt hier der Lebensleib, in welchem die Rhythmen festgehalten sind, für den rechten Ablauf der Entwicklung, auch ohne die gleichzeitige Hilfe durch die elementarische Kräftewelt. Der Wärme-Äther kann dann auch ohne die äußere Wärme wirken, wie die Geisteswissenschaft bestätigt, und zum Beispiel den für die Blütenbildung notwendigen Stau bewirken. Der Pflanzenbauer wird immer mehr lernen müssen, diese Schwierigkeiten in gleicher Art wie im Naturprozeß selbst zu überwinden, das heißt vor allem durch ein besseres vorsorgliches Zusammenspiel des Bodenlebens mit der Pflanzenentwicklung.

Es sei nun noch ein Bildeprozeß im Organismus des Naturwachstums betrachtet, der nicht nur für die Landwirtschaft von größter Bedeutung ist, sondern überhaupt für das ganze Pflanzenleben auf der Erde, das sich ohne diesen Prozeß gar nicht in der heutigen Form hätte entwickeln können. Der Stickstoff in der Atmosphäre ist träge, ja tot; er nimmt an den vegetativen Lebensprozessen nicht teil und muß daher erst durch einen Einatmungsprozeß dem Bodenleben zugeführt werden, wo er dann zum wichtigsten Anreger des pflanzlichen und damit des ganzen Lebens überhaupt wird. In seinem entvitalisierten Zustand in der Atmosphäre ist er jedoch, wie die geisteswissenschaftliche Forschung berichtet, Vermittler wichtiger astraler Impulse, die dann in der Blütenbildung der Pflanzen zur Erscheinung kommen, aber auch für das menschliche Leben von Wichtigkeit sind.

Am Verinnerlichungsprozeß des Stickstoffs, von dem 8000 kg über jedem Quadratmeter des Bodens in der Luft lagern, jedoch nur 10–20 Gramm pro Quadratmeter und Jahr in der Landwirtschaft benötigt werden, kann die qualitativ unterschiedliche Art dieses Bindungsprozesses über die Erde hin verfolgt werden. In den polnahen Gebieten Skandinaviens und Kanadas erstirbt dieser Naturprozeß des Bodens, selbst die Sonnenstrahlung wird dort, in vermehrtem Maße im Winter, von Wasser, Fels und Schnee zurückgeworfen. Für den Pflanzenbau muß der Stickstoff durch die Leguminosen verinnerlicht werden, die in ihrem Innern die Bedingungen aufrechterhalten können, deren der Bindungsprozeß bedarf. Sie konzentrieren in sich Kalk, obwohl die Böden zunehmend eine saure Reaktion zeigen. – In den Regentropen finden wir entgegengesetzte Verhältnisse. Trotz einer starken natürlichen Stickstoffbindung durch Bakterien und Algen kommt es nicht zum Aufbau eines fruchtbaren stickstoffreichen Bodens, da alles sofort vom vegetativen Prozeß der Blattbildung ergriffen wird. Die Bodenfeuchtigkeit gleicht destilliertem Wasser, die den Stickstoff sammelnden Mikrowesen siedeln sich in den Blättern an. Es herrscht eine überwältigende vegetative Entfaltung. – In den gemäßigten Zonen zum Beispiel Europas herrscht ein Gleichgewicht zwischen diesen beiden Extremen. Im Zusammenspiel von Bodenbakterien und Leguminosen ist eine ausreichende Verinnerlichung des Stickstoffs möglich, wobei interessanterweise die im Boden veranlagten Naturprozesse dafür sorgen, daß von dem verfügbaren Stickstoff bei noch nicht voll entwickelter Fruchtbarkeit eine größere Menge dem Bodenaufbau zugeführt wird, als dies bei einer gleich hohen mineralischen Stickstoff-Versorgung geschieht, wo mehr in die Pflanzenproduktion geht.

Ein gewisser Idealzustand wird nun in der Zone der Schwarzerdebildung beobachtet, die, in Sachsen und der Tschechoslowakei beginnend, sich über die Ukraine und eine mittlere Zone Asiens bis zur Grassteppenzone Nordamerikas hinzieht. Zum Verständnis dieser Bildung kann folgende Beobachtung führen. In Nordeuropa herrscht der Vetikalprozeß, der zur Entvitalisierung führt; den Menschen und der Natur wird es schwer, sich voll zu inkarnieren; und der Stickstoff, der Vermittler der Welten-Astralität, kann noch nicht verinnerlicht werden; das beginnt erst mit dem wärmeren Klima weiter südlich. Das beste Leguminosen-Saatgut stammt aus dem Mittelmeerbereich und dem Nahen Osten. Ausgezeichnetes Getreide-Saatgut mit dem vorherrschenden Vertikal-Prozeß wird in Skandinavien herangezogen. Zur typischen Mittelmeerflora gehört die Macchia, eine vielseitige Entfaltung von Würzpflanzen, wo die Aromatisierung von der Blüte niedersteigend die ganze Pflanze erfaßt. Auch der Eukalyptus, ein typischer Baum dieser Zone, ist aromatisiert, die Blätter sind ölhaltig und verbrennen leicht. Geht man von dort auf gleicher Breite nach Osten weiter in das Kontinentalklima hinein, so kommt man nördlich des Schwarzen Meeres in zentrale Gebiete der Schwarzerde-Bildung. Dort ergreift im sommerlichen Absterben der Gras- und Kräutervegetation der Aromatisierungs- und darüber hinaus auch der Fruchtbilde-Prozeß den ganzen Boden. Dieser wird aromatisch duftend, er erhält Struktur wie ein garer Boden und weist Haltbarkeit auf durch Jahre, ja durch Jahrhunderte, also eine Qualität, welche sonnenreife Früchte auszeichnet. Man muß sogar diese Böden, wenn man sie landwirtschaftlich nutzen will, künstlich anregen, damit sie den Reichtum, den sie in der Fruchtbildung verinnerlicht haben, wieder freigeben. Bei den Leguminosen ist artgemäß veranlagt, daß dieser Prozeß über die Blätter bis in den Bodenbereich heruntergeholt wird; in den Schwarzerde-Steppen erfolgt dies im Naturprozeß des dortigen Klimas mit Winterfrost, vegetativer Frühjahrs-Entfaltung, sommerlicher Entvitalisierung und Hereinführen der Fruchtbildung in die Bodenprozesse.

Im mitteleuropäischen Klima haben wir die stärkste vegetative Entfaltung im Frühjahr, die Bodenprozesse sind orientiert auf die Förderung dieser Entfaltung; im Frühsommer kommt es zur Blütenentfaltung und Aromatisierung der Pflanzen, im Sommer zum Absterben in der Sommerreife und anschließend ebenfalls zu Aufbauprozessen im Boden. In Holland heißt bei den Bauern der August der Sterbemonat. Erst im September setzt dann eine neue vegetative Phase des Wachstums ein.

Erstaunlich ist auch immer wieder die gesundende Auswirkung eines gut gepflegten humusreichen Bodens auf die Erhaltung des Pflanzenwachstums überhaupt. Wissenschaftlich nennt man dies heute das «antiphytopathogene Potential», das auch im Hochschulbereich experimentell nachgewiesen wurde. Umfassender müßte man eigentlich sprechen vom Gesundungs-Potential einer ganzen Obstanlage oder eines ganzen Hofes; denn nicht nur die Böden, sondern auch das Pflanzenwachstum der näheren Umwelt und die dort lebende Insektenwelt sind dabei von entscheidender Bedeutung.

So war es eindrucksvoll, durch Jahre hindurch diese Auswirkungen in einer zu Versuchszwecken geführten kleinen Obstanlage des bekannten Obstbau-Fachmannes Leo Fürst in Paderborn zu beobachten. Diese Parzelle von etwa 0,3 ha lag mitten zwischen üblich behandelten Obstanlagen eingestreut und war mit den verschiedensten Obstsorten bepflanzt. In diesen Anlagen wurden im Februar von den verschiedenen Bäumen Probestücke von zweijährigem Holz geschnitten, und es wurde dann der Befall mit Eiern der Blattlaus und der Roten Spinne pro Meter Zweig ausgezählt. Dabei ergaben sich auf der biologisch-dynamisch behandelten Fläche 500–700 Eier, manchmal etwas weniger, manchmal etwas mehr, von Blattläusen und auch von der Roten Spinne. Im Mai zeigte sich dann in normalen Jahren ein leichter Befall mit Blattläusen und dann auch mit der Roten Spinne, aber er war in kurzer Zeit völlig verschwunden, ohne Schäden zu hinterlassen. In den konventionell behandelten Anlagen, wo der Befall bei der Auszählung in etwa der gleichen Höhe lag, mußte jedoch intensiv mit chemischen Pflanzenschutzmitteln gearbeitet werden, um den Befall zum Verschwinden zu bringen, was bei der Roten Spinne nicht immer gelang. Es war ein immer wieder überraschendes Ergebnis, daß trotz der großen Zahl der Eier im Februar es zu keinen Schädigungen kam. Vielmehr wurden immer wieder hohe Erträge mit etwa 85 Prozent

A-Qualität erzeugt. – Es ergibt sich so auch aus diesen Beobachtungen, daß man besser von einer «Resistenz der Anlage» spricht und nicht nur von der Resistenz der einzelnen Sorten. Das sollte man auch im Gemüsebau tun, damit der Blick nicht einseitig auf die eine oder andere resistente Züchtung, sondern immer auf die ganze Anlage, beziehungsweise die ganze Landschaft gelenkt wird.

«Prima Essentia»

Nachdem im ersten Teil dieses Buches Grundfragen der Verwirklichung eines menschengemäßen Landwirtschaftens und eines sich aus dem landwirtschaftlichen Tun ergebenden vertieften Erkenntnismühens behandelt wurden, konnte in den hier vorangehenden Untersuchungen gezeigt werden, daß es möglich ist, auf den Wegen Goethes, von der Urpflanze ausgehend, zu einem Ur-Organismus alles Lebens auf der Erde zu schreiten. Voraussetzung war das Nutzen der Möglichkeit, welche durch die in den *Grundlinien einer Erkenntnistheorie der Goetheschen Weltanschauung* erarbeitete Einsicht gegeben ist, daß die die Natur aufbauenden wesenhaften Ideen vom heutigen Bewußtsein intuitiv erfaßt und mit der vergleichenden Methode gesichert werden können. Das Ergebnis der Untersuchung war, daß der «Organismus des Naturwachstumes», der im äußeren Bild dem des «geozentrischen Kosmos» entspricht, dieser Ur-Organismus alles organismischen Lebens ist. Die darin wirkenden, das Naturleben auf der Erde konstituierenden Kräfte können an der Entwicklung der von Goethe seinen Studien zugrunde gelegten einjährigen Blütenpflanze mit Blattmetamorphose erfaßt werden. Es sind dies die zum Licht-Kosmos führenden, im Blattleben zurückhaltenden und im Verinnerlichen des Sonnenwirkens belebenden Impulse, wie auch die gestaltenden, in den Blütenbildungen Seelenhaftes offenbarenden und die Geistgestalt im Samen einprägenden Kräfte.

Schaut man mit der vergleichenden Methode die Entwicklung der Pflanze im Jahreslauf zusammen mit der Evolution der Tierreihe zum Menschen hin und mit der dreigliedrigen Wesenheit des Menschen, so ergibt sich, daß die gleichen Impulse, teils von außen wirkend, teils auf dem Wege der Verinnerlichung oder bereits verinnerlicht, in diesen drei Ganzheiten als wirksam erfaßt werden können. Dieses Ergebnis fand seine Bestätigung ebenfalls durch Vergleich mit den

Mitteilungen aus der geisteswissenschaftlichen Forschung. Es zeigte sich hierbei auch, daß es ein Sonnen-Impuls ist, der die Pflanzen in ihrer Entwicklung zu Blüten- und Samenbildung führt, der die Höherentwicklung in der Evolution der Tierreihe impulsiert und sich in der Bewußtseinsentfaltung beim Menschen offenbart. Er steht im polaren Zusammenwirken mit dem Eigenwesens Grundlage schaffenden, Kosmisches verinnerlichendem Impuls, der im Pflanzenleben, über die durchsonnte Feuchtehülle der Erde wirkend, als mondenhafter Impuls erfaßt werden konnte.

Es konnte so – immer vom heutigen wissenschaftlich zum objektiven Erfassen geschulten Bewußtsein ausgehend – ein Weg erkundet werden, auf der Basis der Erkenntnistheorie der *Grundlinien* die die Natur konstituierenden Impulse als wesenhafte Ideen zu erfassen. Zugleich wurde damit ein Beitrag geleistet zu der von Rudolf Steiner als «Heiliges Gebot», als «Goldene Regel» in der Geistwelt bezeichneten Aufgabe, die Naturwissenschaft mit dem Kosmos und dem Menschen zusammenzuführen und so zu zeigen, wie der Mensch aus dem Geiste gestaltet ist und die Natur mit dem Kosmos zusammenhängt. Denn erst dann kann der Mensch sich als Geist im Geist des Weltalls erleben.

III.
Ergänzende Mitteilungen Rudolf Steiners zum Verständnis des Pflanzenlebens und zu dessen Pflege

Im ersten Beitrag dieses Kapitels wird in intimer Weise über die Beziehungen der Pflanzenwelt zum Sonnenwesen gesprochen und darüber, wie dessen ätherische Wesenheit am Pflanzenleben sich offenbart. Da von diesem Vortrag Rudolf Steiners am 14. Februar 1910 in Wiesbaden nur eine kurze Nachschrift vorhanden ist, sind diese wichtigen Mitteilungen bisher noch unveröffentlicht. – Der zweite Beitrag ist hier eingefügt, weil in ihm über wachsende Möglichkeiten des Menschen gesprochen wird, in das Pflanzenleben einzuwirken. – Im dritten Beitrag, der aus einem Vortrag vom 15. September 1924 stammt, wohl der letzten zusammenhängenden Mitteilung Rudolf Steiners über das Pflanzenleben, wird in prägnanter Kürze das Zusammenspiel der Sonnen-Impulse mit dem Mondenwirken charakterisiert, ferner, wie deren Wirken von den obersonnigen, beziehungsweise untersonnigen Planeten differenziert wird. So manche Rätsel im Verständnis des Pflanzenlebens zu Beginn der biologisch-dynamischen Arbeit wurden erhellt, als diese Ausführungen wieder entdeckt wurden. – Der nächste Beitrag berichtet von einem Besuch Rudolf Steiners auf der Guldesmühle, einem dem «Kommenden Tag» gehörenden landwirtschatlichen Gut auf der Schwäbischen Alb, im Jahre 1920. Der damalige Betriebsleiter Imanuel Voegele war ausgerechnet in diesen Stunden nicht anwesend, so daß das Gespräch mit Postrat Walter aus Berlin geführt wurde, der auch die Fragen stellte. Imanuel Veogele hat dann unmittelbar nach seiner Rückkehr, nach den Angaben von Herrn Walter, sich Notizen von diesem Gespräch gemacht; diese sind hier wiedergegeben.

Der sich anschließende Beitrag stammt von J. S. Streicher. Streicher war damals, in Zusammenarbeit mit Haber und Bosch, welche die mineralische Bindung des Stickstoffs aus der Luft entwickelten, Abteilungsleiter in der BASF und langjähriges Mitglied der Anthroposophischen Gesellschaft. Seine Aufzeichnungen über Gespräche mit Rudolf Steiner sind deshalb so wichtig, weil dieser hier einen markanten Unterschied macht zwischen der Verwendung mineralischer Stickstoffdünger, die so bald wie möglich aufhören müsse, und der Verwendung von Mineraldüngern aus den Bodenmineralien, die auf den oftmals so verarmten Böden notwendig sein könnte; nur müsse man sie besser zusammensetzen. Wenn diese Ausführungen schon in den dreißiger Jahren allgemein in der biologisch-dynamischen Landwirtschaft bekannt gewesen wären – leider wurden sie erst in den sechziger Jahren bekannt –, wäre wohl die Entwicklung viel zügiger verlaufen. Denn damals waren noch fast alle Höfe und Güter harmonisch aufgebaute Ganzheiten mit ausreichendem und vielseitigem Viehbesatz und aufbauender Fruchtfolge. Eine Überführung in die biologisch-dynamische Arbeit hätte unter diesen Gegebenheiten bei Vertrautsein mit dem Inhalt dieser Gespräche weit weniger Schwierigkeiten bereitet.

Über das Wesen der Pflanzen und die Beziehung des Menschen zum Pflanzenreich

Nachschrift von A. Kinkel zum Zweigvortrag Rudolf Steiners, Wiesbaden am 14. Februar 1910[72]

Der Mensch steht in einer ganz besonders intimen Beziehung zum Pflanzenreich. Das Pflanzenreich ist jetzt das wichtigste der Naturreiche für den Menschen.

Was für den Menschen der Tag ist, Einschlafen und Aufwachen, das ist für den Geist der Erde das Jahr – Aufwachen und Einschlafen. Der Geist der Erde geht tatsächlich da, wo Winter ist, wo Winter die Erde deckt, an den Stellen heraus aus der Erde mit seiner Astralität und seinem Ich und läßt an anderen Stellen der Erde hervorsprießen das Grün.

Die Samenkörner, die in die Erde gelegt werden, das sind die verdichteten Erinnerungen der Taten des Geistes der Erde vom vorigen Jahr, und diese Taten findet er dann wieder vor, wenn er an diese Stelle der Erde zum Frühling zurückgeht mit seinem Astralleib und mit seinem Ich in die Erde hinein. Es ist ebenso, wie wenn der Mensch am Morgen mit seinem Astralleib und mit seinem Ich in seinen Ätherleib zurückkehrt. Er findet dort die Erinnerungen, die Empfindungen und Gefühle und die Erlebnisse des vergangenen Tages vor, wenn er am

Morgen wieder untertaucht mit seinem Astralleib und mit seinem Ich in den Ätherleib. Der Mensch spiegelt im Einschlafen und Aufwachen des Tages wider das Leben des Erdgeistes im Jahr, nur daß der Mensch individuell es tut, der Erdgeist aber immer gleich durch die Jahrtausende hindurch.

Der Mensch hat in seinem Leben ein Aufsteigendes und ein Absteigendes, durch sein ganzes Leben geht das Prinzip des Pflanzenreiches.

All das, was heute hier gesagt wird, möchte ich Sie bitten, mehr mit der Seele zu empfinden und zu fühlen, als es mit dem Verstande zu erfassen. Das Prinzip des Ätherleibes ist das Christus-Prinzip. Es umfaßt Wachstum, Leben, Sonnenkraft.

Seine aufsteigende Linie (zum Menschen) zeigt das Tierreich in mißratener Form, das heißt die Eigenschaften, die in der ersten Lebenshälfte sich entwickeln sollen, die können auch mißraten, und das ist festgehalten in dem Tierreich. In allen seinen Formen zeigen sich menschlich mißratene Eigenschaften. Beispiel: der Affe, sein aufrechter Gang, er ist verpfuscht.

In absteigender Linie zeigt das Mineralreich, wie der Mensch werden würde, wenn er nicht vom Lebensprinzip, vom Ätherleib durchzogen wäre. Der Mensch muß physisch absterben, damit er geistig sich entwickeln kann.

Der Mensch muß wieder ein intimes Verhältnis zur Pflanzenwelt bekommen in seinen äußeren Einrichtungen. Diese werden dazu helfen, sowie er selbst es so will.

Die Erde war ein Wesen, das in tiefster Sehnsucht lebte seit der Zeit, da etwas von ihm gegangen war bei der Sonnentrennung, was zur Erde gehörte und verwandt war mit ihr und was der Erde so lieb ist wie einer Mutter ihr Sohn. Das mußte von der Erde gehen und sich eine Zeitlang auf der Sonne entwickeln. Aber das gehört zur Erde, und darum ist nichts dem Christus so verwandt wie das Pflanzenreich der Erde und das, was als Ätherisches oder pflanzliches Prinzip im Menschen lebt. Die Wiederkunft des Christus im Ätherleib, die muß der Mensch verstehen auf der Erde.

Das Mysterium von Golgatha gipfelt in dem, daß wir sagen können: Mit der Erde verbindet sich wieder das, was so lange von ihr getrennt war. Im Pflanzenreich lebt Sonnenprinzip, Christusgeist.

Wenn die Menschheit erst einmal verstanden hat den

stusgeist, dann findet sie auch wieder das rechte Verhältnis zur Pflanzenwelt.

Das Verhältnis zur Pflanze ist der Menschheit immer wieder abhanden gekommen im finsteren Zeitalter, im Kali Yuga. Das, was die Geister der Natur am Menschen Gutes wirken, das läßt sich nicht so schnell zerstören. Erst an den Enkeln zeigt sich dann, bei vom Lande in die Stadt Gezogenen, die schädliche Wirkung der Stadt.

Die Pfalnzenwelt ist der Ausdruck des Christusgeistes.

Die ganze Pflanzenwelt gehört zum Erdenorganismus so, wie das menschliche Haar und die Nägel zum menschlichen Leibe gehören. Es ist auch nicht eine Pflanze einzeln zu nehmen, sondern so, daß wir uns sagen: Es ist nicht denkbar, daß es Lilien gäbe ohne zugleich, das heißt auch, Herbstzeitlose, daß es Lindenbäume gäbe ohne Eschen und so weiter.

Das Symbolum des Rosenkreuzes.

Es bedeutet für uns: Wir müssen hinauskommen über das, was absterbendes Mineralisches wird in der Pflanze, und ein Gefühl und ein Bewußtsein für das Leben bekommen, für die Blüte; Verständnis für unseren Ätherleib und für den Christusgeist wird uns daraus fließen. –

Es wurde noch wunderbar Schönes über die Blätter der Pflanzen, über ihre Farben im Herbste gesagt. Rudolf Steiner führte aus, wie ein zurückgehaltenes Astralisches sich in dem feurigen Rot der Herbstesblätter ausdrückt, das eingesogene Sonnenlicht in dem leuchtenden Gold derselben und so weiter.

Von den Zukunftsaufgaben des Menschen an der Pflanzenwelt

Aus dem Vortrag Rudolf Steiners vom 27. Februar 1910 in Köln[73]

Es wurde immer gesagt, daß der Christus stets in unserer Umgebung ist. «Ich bin mit euch alle Tage bis an das Ende der Welt.» Jetzt aber soll der Mensch lernen, den Christus zu schauen und zu glauben, daß dasjenige, was wir sehen, dennoch das Wahre ist. Das wird schon in der nächsten Zukunft eintreten, schon in diesem Jahrhundert und dann in den folgenden zwei Jahrtausenden bei immer mehr Menschen.

Wie wird das im einzelnen sein? Fragen wir: Wie sehen wir jetzt zum Beispiel unseren Planeten? Die Erde wird von der Wissenschaft mechanisch, physisch, chemisch beschrieben, nach der Kant-Laplaceschen Theorie und dergleichen. Doch jetzt stehen wir vor einer Umkehrung auf diesem Gebiete. Eine Anschauung wird heraufkommen, die die Erde nicht mehr aus lauter mineralischen Kräften, sondern aus Pflanzen-, das heißt ätherischen Kräften ableiten wird. Die Pflanze hat ihre Wurzeln nach dem Mittelpunkt der Erde gerichtet, ihr oberer Teil steht in einem Verhältnis zur Sonne. Das sind die Kräfte, die die Erde machen zu dem, was sie ist. Die Schwerkraft ist nur sekundär. Die Pflanzen sind vor den Mineralien da, ebenso wie die Steinkohle früher Pflanze war. Das wird man in kurzem entdecken. Die Pflanzen geben dem Erdplaneten die Gestalt und geben dann noch die Substanz ab, aus der der mineralische Boden entsteht. Ein Anfang dieser Lehre wurde durch Goethe gegeben in seiner Pflanzenmorphologie. Aber er ist nicht verstanden worden. Dann wird man allmählich anfangen, das Ätherische zu schauen, weil es dasjenige ist, was charakteristisch für die Pflanzen ist. Die Wachstumskraft des Pflanzenreichs wird der Mensch in sich aufnehmen, dann befreit er sich von den Kräften, die ihn jetzt daran hindern, den Christus zu schauen. Geisteswissenschaft soll dazu mitarbeiten. Das ist aber unmöglich, solange die Menschen meinen, daß das Aufsteigen des Physischen zum Ätherischen nichts mit dem Innern des Menschen zu tun hat. Im Laboratorium ist es gleichgültig, ob man ein moralisch hochstehender oder tiefstehender Mensch ist. Nicht aber ist das der Fall, wenn man es mit Ätherkräften zu tun hat. Die moralische Veranlagung geht dann in das Produkt über. Daher wäre es für den heutigen Menschen noch nicht möglich, diese Fähigkeit zu entwickeln, wenn er so bleibt, wie er ist. Der Laboratoriumstisch muß erst zum Altar werden, so wie es für Goethe war, der als Kind seinen kleinen Altar aus Naturprodukten an den Strahlen der aufgehenden Sonne entzündete.

Das wird schon bald kommen. Diejenigen, die werden sagen können: «Nicht ich, sondern der Christus in mir», werden die Pflanzenkräfte kombinieren können, so wie man es jetzt mit den mineralischen Kräften versteht. Was der Mensch innerlich ist, steht in Wechselwirkung mit dem, was draußen ist, und das Äußere verwandelt sich für uns, je nachdem wir klar oder trübe sehen. Noch in diesem Jahrhundert – und immer mehr Menschen in den nächsten zweieinhalb Jahrtausenden – werden Menschen dazu kommen, den Christus zu schauen in seiner Äthergestalt. Sie werden die ätherische Erde schauen, aus der die Pflanzenwelt entsprossen ist. Aber dadurch werden sie auch erkennen, daß ein gutes Inneres des Menschen andere Einflüsse auf die Umgebung ausüben wird als ein böses.

Vom Sonnen- und Mondenwirken im Pflanzenleben

Aus dem Vortrag Rudolf Steiners vom 15. September 1924 in Dornach (Pastoral-Medizinischer Kurs)[74]

Wir sehen, sagen wir, eine Pflanze aus dem Boden der Erde herauswachsen. Wir verfolgen das Herauswachsen der Pflanze aus dem Erdboden in der Richtung: Stengel nach oben und Wurzelbildung nach unten. Wir haben damit zwei Tendenzen innerhalb der Pflanze gegeben. Das Streben nach oben, das Streben nach unten. Und wenn wir heute schon in der physischen Erforschung der Natur wirklich so weit wären, daß wir die manchmal für weniger Wesentliches angewendeten Untersuchungsmethoden auf so etwas anwenden würden, wie das Stengelwachstum der Pflanze nach oben, das Wurzelwachstum der Pflanze nach unten, würden wir die Zusammenhänge finden im Weltenall, die wiederum, indem sie in Verhältnis treten zum Menschen, eigentlich erst diese Totalität: Mensch und Welt, Makrokosmos und Mikrokosmos begreiflich machen. Denn wir würden sehen, daß alles, was mit dem Stengelwachstum nach oben zusammenhängt, daß das in einer gewissen Beziehung steht zur Entfaltung der Sonnenkräfte während des Jahres, während des Tages und sogar über das Jahr hinaus. Daß alles, was mit der Entfaltung der Wurzelkräfte zusammenhängt, in Beziehung steht zu der Mondenentwickelung, zu den Mondenkräften, so daß wir, wenn wir eine Pflanze in der richtigen Weise ansehen, schon in die Bildung der Pflanze hineinbekommen müssen die Beziehung zwischen Sonne und Mond. Wir müssen sozusagen herausschauen aus dem Weltenall und seinen Kräften das einfachste, primitivste Bild der Pflanze. Derjenige, der schauen kann, wird die Wurzel nie anders sehen, als indem sie im Hinunterstreben nach der Erde in den Erdboden hinein zu gleicher Zeit sich rundet. Die sich in den Erdboden hineinrundende Wurzel, das ist Bild, in dem man die Wurzel sehen muß. Das in den Erdboden hinein sich rundende Bild.

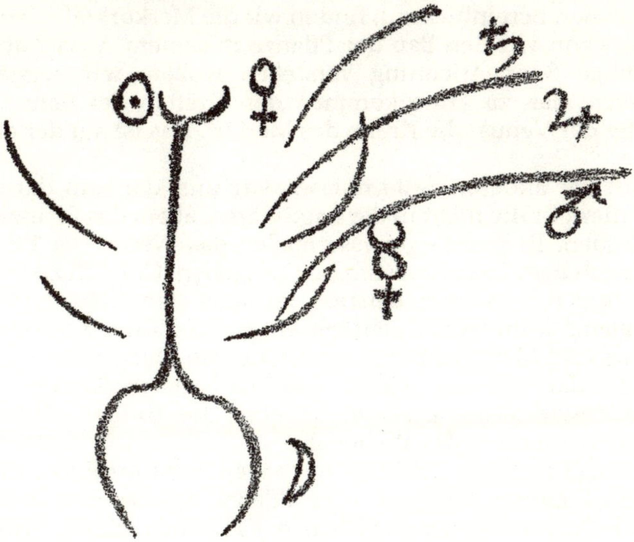

Abbildung 13

Anders muß man den Stengel sehen, das Sich-nach-oben-Entfalten. Beim Stengel muß man, wenn man Gefühl und Empfindung mit der Anschauung verbindet, unbedingt das Gefühl haben: der Stengel strebt strahlend, der Stengel will seine Linienrichtung entfalten. Die Wurzel will die Rundung der Kreisrichtung entfalten, der Stengel will seine Linienrichtung entfalten. Das ist das ursprüngliche Bild des Pflanzenwesens. Und in der nach oben strebenden Linienrichtung müssen wir sehen die Anwesenheit der Sonnenkräfte auf der Erde. In dem nach dem Runden strebenden der Wurzel müssen wir sehen die Anwesenheit der Mondenkräfte auf der Erde.

Nun sehen wir weiter. Wir sagen uns: Sonne ist überall da, wo die Pflanze strahlig in die Höhe strebt. Nun weitet sie sich wieder nach oben, sie setzt Weite ab, Peripherie. Da finden wir in dem, was da aus der nach oben strahlenden Strebung herauskommt, da finden wir wirksam, zunächst unmittelbar oben in der Blüte, dasjenige, wo mit den Sonnenkräften zusammenwirken die Kräfte der Venus, und indem sich die Blüten weiter nach unten entfalten, zu den Blättern werden, von außen hereinbildend, finden wir die Merkurkräfte. So daß also, wenn wir den Bau der Pflanze in seinem Ansatz an die strahlige Sonnenrichtung verstehen wollen, wir verstehen müssen, daß zu Hilfe kommen den Kräften der Sonne die Kräfte der Venus, die Kräfte des Merkur. Das ist auf der einen Seite.

Auf der anderen Seite müssen wir uns klar sein darüber, daß diese Kräfte nicht in der Lage wären, allein das Pflanzliche zu bilden. Es würde gewissermaßen das Wesen der Pflanze nur nach dem Zusammenstreben hingehen. Um sich zu entfalten, wie wir es zum Beispiel im äußersten Extrem in der Baumentfaltung sehen, wirken entgegen diesen Kräften von Venus und Merkur überall die Kräfte von Mars, Saturn, Jupiter. So daß mit den beiden Grundpolaritäten Sonnen- und Mondenwirkungen zusammenstreben die übrigen planetarischen Wirkungen des Weltenalls.

Ich will mit dem zunächst nur sagen: Seht Ihr Euch, meine lieben Freunde, zunächst eine Pflanze an. Da habt Ihr das ganze Planetensystem der Pflanze. Es liegt da auf der Erde, es ist da, und es erscheint nicht mehr so unsinnig, wenn ein halb oder drei Viertel Wissender, wie es der *Paracelsus* war, etwa den Ausspruch tut: Wer eine Pflanze ißt, der ißt das ganze Planetensystem mit, denn die Kräfte liegen da. – Paracelsus spricht das mit seiner groben Ausdrucksweise so aus und empfindet eben, daß man mit der Pflanze den ganzen Himmel ißt. Nun, so mannigfaltig gestaltet ist die Welt, daß man überall eigentlich in der unmittelbaren Umgebung die Kräfte des Makrokosmos im Wachstum, in der Anordnung, in allem drinnen hat.

Notizen von K. Walther bei einem Besuch Rudolf Steiners am 12. August 1920 auf der Guldesmühle. Niederschrift von Imanuel Voegele[75]

Die Wesenheiten des Elementarreiches, Gnomen, Undinen, Sylphen, Salamander, wirken mit an der Pflanzenbildung.

Diese Wesenheiten wurden geführt und beeinflußt von gewissen höheren Wesen, die sich jetzt von dieser Tätigkeit zurückziehen, ebenso wie sie sich von dem Einwirken in den Menschen zu gewissen Zeiten zurückziehen und sich höheren Aufgaben zuwenden. Dadurch bleiben die Elementargeister sich selbst überlassen, und es bemächtigen sich ihrer andere Geister (Luzifer, Ahriman), die sie von ihrer Mitarbeit an der Pflanzenbildung abziehen. Die Folge wird sein ein Zurückgehen der geistigen Kräfte der Pflanzen, weiterhin ein allmähliches vollständiges Verkümmern, gegen welches auch künstlicher Dünger nichts hilft.

Nun muß angestrebt werden, daß der Mensch sich einlebt in das Elementarreich, daß er versucht, in Verbindung zu treten mit diesen Elementargeistern. Er muß sich gewissermaßen des Elementarreiches bemächtigen und verhindern, daß andere Mächte sich desselben bedienen, und muß dahin streben, so auf diese Geister einzuwirken, daß sie fernerhin dem Pflanzenwachstum dienen.

Ist es Menschen möglich, Kräfte dieser Art in sich auszubilden, werden sie Priester sein als Landwirte.

Gelingt es nicht, eine solche Verbindung herzustellen, so werden die Menschen in einigen Jahrzehnten erleben müssen, daß der Ertrag und die Qualität von Erzeugnissen der Felder zurückgeht, ohne daß eine Hilfe dagegen gefunden werden kann.

An der Taubildung wirken Undinen mit. Auch diese Geister sind auf dem Punkte, von anderen Wesenheiten von ihrer bisherigen Tätigkeit weggezogen zu werden. Es hätte dies zur Folge, daß die Taubildung mit der Zeit aufhören würde.

Auch hier muß eine Einwirkung des Menschen angestrebt werden.

Eine weitere Aufgabe für den Menschen ist ein bewußtes Einleben in den Rhythmus der Jahreszeiten. (Ein Miterleben der Natur im Frühling durch physischen Leib, im Sommer durch Bildekräfteleib, im Herbst durch den Empfindungsleib und im Winter durch das Ich.) Bei solcher Einstellung wird beispielsweise die Grundstimmung bei der Frühjahrssaat eine andere sein als bei Herbstsaat.

Um im geistigen Sinne ein Verhältnis zum Tierreich zu gewinnen, muß der Mensch vordringen zu den Gruppenseelen der Tiergattungen. Es ist bereits jetzt wahrzunehmen – und wird sich bedeutend verstärken – ein Nachlassen der tierischen Instinkte. Beispielsweise werden die Tiere giftige Pflanzen im Futter nicht mehr wie bisher unberührt lassen, sondern mitfressen.

Wenn der Mensch nun zu den Gruppenseelen vordringt, kann er zum Beispiel das Nachlassen der Instinkte der Tiere wieder ausgleichen; er kann den Tieren dadurch Helfer sein.

Zur Frage der Mineraldüngung

Anregungen Rudolf Steiners über die Verwendung mineralischer Dünger in der Landwirtschaft, insbesondere über die Notwendigkeit einer Magnesia-Düngung, in Gesprächen mit J. S. Streicher 1920–1922, dazu ergänzende Bemerkungen Streichers aus dem Jahre 1941[76].

(Das erste Gespräch fand statt, nachdem Rudolf Steiner am Vormittag einen medizinischen Vortrag gehalten hatte, in welchem er die komplizierten Vorgänge bei der Verarbeitung des aus dem Boden aufgenommenen Kali durch die Birke schilderte. – So wandte sich das Gespräch auch bald wieder dem Kali zu.)

A. Die Angaben Rudolf Steiners im Zeitraum Herbst 1920–1922:

1) Während des Ersten Dornacher Hochschulkurses fragte J. S. Streicher:
Kunstdünger (Mischungen von Kalisalzen, chemisch aufgeschlossene Phosphate, Stickstoffsalze aller Art, Kalkstickstoff etc.) werden heute in Mitteleuropa allgemein gebraucht. Den Stickstoffsalzen, insbesondere dem Ammoniumsulfat, spricht man die Funktion von Ernteregulatoren zu. Die Getreidepflanzen und der Boden sind an Kunstdünger gewohnt. Sie sind mehr daran gewohnt, als es den Bauern lieb ist ... Muß man, vom Standpunkte der Geisteswissenschaft, den Bauern vom Gebrauch jeglichen Kunstdüngers abraten?

2) Die Antwort Rudolf Steiners[77]:
Kunstdünger kann schon gebraucht werden. Es ist heute (1920) sogar notwendig, Kunstdünger zu gebrauchen. Nur müssen die dem Boden zugesetzten Salze besser ausgewählt werden, als dies heute allgemein der Fall ist. Vor allem dürfen keine Stickstoffsalze verwendet werden. Für den heute so *allgemein verarmten und verdorbenen Ackerboden* wäre ein Düngersalzgemisch sehr geeignet, das ent-

hielte Kalium, Schwefel, Magnesium, vor allem Schwefel und Magnesium ... und damit die Pflanzen diese Salze aufnehmen können, müssen den Salzen *Gifte* zugesetzt werden ... (Rudolf Steiner empfahl dem Fragesteller Verbindung mit Herrn Stegemann aufzunehmen. Dieses Gespräch fand in Dornach statt auf dem Wege von der Villa Hansi zur Schreinerei).

3) In einer folgenden Unterredung (Herbst 1921, in Stuttgart) wurde Rudolf Steiner gefragt, ob er die Verwendung des bekannten Staßfurter Doppelsalzes *Kali-Magnesia,* K_2So_4. $MgSO_4$. $6H_2O$ gutheißen könne, vom Gesichtspunkt seines früheren Vorschlages. – Dieses Salz wird aus den Staßfurter Abraumsalzen im großtechnischen Verfahren hergestellt; es enthält niemals mehr als 2% Chlor ... es hat also einen geringsten Chlorid-Gehalt.

4) Rudolf Steiner bezeichnete diesen Vorschlag als gut; es sei dieses Salz sehr geeignet, jene gute Wirkung zu erzielen, die *den gegenwärtig so verarmten Ackerboden* auch wirklich verbessern würde. Dieses Salz werde jedoch nur dann seinen Zweck voll erfüllen können, wenn darauf gesehen wird, daß ein chlorarmes Salz zur Anwendung kommt, und wenn ferner dafür gesorgt wird, daß dieses Salz in solcher Form ausgestreut wird – am besten im Frühjahr –, daß die Pflanzen es auch aufnehmen können. Dies sei zu ermöglichen, wenn man dem Salze ein sehr starkes Gift zusetze.

5) In einer folgenden Unterredung (nach mehreren Wochen) wurde mit Rudolf Steiner über den «Giftzusatz» gesprochen. Er wies darauf hin, daß es ein aus Giftpflanzen gewonnener Extrakt sein müsse. Er bezeichnete den Extrakt aus dem Roten Fingerhut (Digitalis purpurea) als am besten geeignet, vorausgesetzt, daß ein sehr starker Extrakt (10%) angewendet werde.

6) In einer noch späteren Unterredung wies Rudolf Steiner auf die gleichzeitige Verwendung der Nachbarpflanzen (Randpflanzen) hin, «auch wenn es dem heutigen Menschen noch schwer falle, die Wirksamkeit solcher Maßnahmen einzusehen». Jedoch dürfe man zum Beispiel den Vorschlag, die Esparsette als Randpflanze zu verwenden, nicht so töricht auffassen, daß man hingehe und den ganzen Bauernhof damit ansäe und zuwarte, was nun geschehe – wie er es in einem Falle erlebt habe.

B. Die Versuche zur Klärung dieser Angaben.

Bei diesen Angaben Rudolf Steiners war besonders auffallend die so außerordentliche und eindringliche Betonung der Verwendung von Magnesium zusammen mit Schwefel. Über die Rolle des Magnesium im Ackerboden wie in der Pflanze wußten die Vertreter der Agrikulturchemie und auch die Vertreter der Pflanzenphysiologie damals (1922) so wenig wie heute (1938). Obwohl man weiß, daß Magnesium in den Pflanzensamen und im Pflanzenkörper in größeren Mengen als nur in Spuren vorhanden ist, wird trotzdem Magnesium auch heute noch nur als ein Spurenelement im Haushalte der Natur bezeichnet. Und gar oft wird auch heute wie damals Magnesium in einem Atemzuge mit den sogenannten Reizelementen, dem Bor, dem Kupfer, dem Mangan und so weiter genannt. In England schreibt man dem Magnesium sogar schädigende Einflüsse zu.[78]

Das erste Gespräch mit Rudolf Steiner hatte stattgefunden am 9. Oktober 1920 in Dornach, auf dem Wege von der Villa Hansi zur Schreinerei, nach dem Mittagessen. Es war nach dem dritten medizinischen Vortrag, als Rudolf Steiner zur Mineraldüngerfrage mit J. S. Streicher sprach.

Sogleich nach Beantwortung der Frage Streichers lenkte Rudolf Steiner den Fragenden auf die Lebensprozesse der Birke hin (siehe diesen dritten medizinischen Vortrag), auf das Aufwärts- und Abwärtsweben des Bildekräfteleibes der Pflanze ... Der Bildekräfteleib der heutigen Kulturpflanzen sei schwach geworden ... Es müsse Mineraldünger zugeführt werden ... aber der richtige Mineraldünger ... nur *kein* Stickstoffdünger, keinerlei Stickstoffsalze ... der Bildekräfteleib der Getreidepflanzen könne aber nur schwer die mineralischen Stofflichkeiten (selbst wenn es die richtigen sind) ergreifen und «auffädeln» ... daher müssen dem Mineraldünger «Gifte» hinzugefügt werden ... diese werden dann bewirken, daß die mineralischen Stofflichkeiten vom Bildekräfteleib der Getreidepflanze ergriffen und aufgefädelt werden, wie an einer Perlenschnur emporgetragen werden ...

Damit war dieses erste Gespräch beendet; denn nun standen wir vor der Türe zur Schreinerei ... es wurde beendet mit einem herzlichen Händedruck. «Auf Wiedersehen» ...

Oktober 1920 war ich noch Neuling in Anthroposophie. Mit dem Gift-Zusatz konnte ich nichts anfangen. Im Jahre 1923 schreibt dann Rudolf Steiner in einem seiner Notizbücher besonders über diese Pflanzengifte: «Sie ziehen das Astralische an sich und zusammen. In ihnen liegt die Kraft, dem Chaotisch-Geistigen bestimmte geistige Formen zu geben (siehe oben, wie Rudolf Steiner ihre Wirksamkeit mit Mineraldüngern und dem Bildekräfteleib der degenerierten Pflanzen schildert). Sie wirken unmittelbar auf den unteren Menschen so, daß sie dort Weltformen erzeugen, die im Negativ im obern Menschen bewußt werden. Die Verdauung ist schon Durchgiftung, aber noch nicht in bestimmten Formen. Die Formen werden bestimmt vom obern Menschen aus».[79]

Rudolf Steiners Angabe vom Jahre 1922, welche Magnesiumsalze (neben Kali und Schwefel) als Kunstdünger für Böden forderte, die «gedüngt werden müssen», die *«durch fortgesetztes Wirtschaften verarmt sind»*, und weil bei ihnen «der Himmel nicht mehr freiwillig hergibt», was die Pflanze braucht, auch nicht hergibt «durch Bearbeiten der Erde», (siehe insbesondere auch Koberwitzer Kursus), erweist sich also als eine Angabe, die in dem Zeitpunkt, als sie gegeben wurde, der Kenntnis der Zeit weit vorauseilte. Betrachtet man jedoch die vorliegende amerikanische Veröffentlichung im Lichte dieser Angabe Rudolf Steiners, so wird ersichtlich, daß sein Rat vom Jahre 1922 nicht nur die Diagnose für eine bestimmte Krankheit der gegenwärtigen Landwirtschaft enthielt, sondern auch ein wichtiges Heilmittel für diese Krankheit.

31. Januar 1941 Dr. J. S. Streicher

Wiedergabe einer weiteren Unterredung zwischen Rudolf Steiner und J. S. Streicher:

J. S. Streicher: Ein anderes Gebiet, das uns hier beschäftigt, ist ein Gebiet, dem ich nahe geführt worden bin durch meine Jugend. Ich bin auf dem Lande aufgewachsen und habe mich mit dem Düngemittelproblem der Pflanze beschäftigt, und in dieser Beziehung sehe ich heute die Lage und die Ansicht, die man über diese Dinge hat, als außerordentlich verhängnisvoll an. In den Ansichten über Düngemittel ist man nicht weit hinausgekommen über dasjenige, was Liebig inauguriert hat, indem er das Mineralische in den Boden einfügte, den Stickstoff, die Phosphorsäure und das Kali.

Rudolf Steiner: Nun ist es so, daß eigentlich das wirklich einzig gesunde Düngemittel der Rindviehdünger ist, und davon muß man ausgehen bei allen Prinzipien, also das als eine Voraussetzung haben, daß dies das einzig gesunde Düngemittel ist, daß man aber in einer richtigen Weise den gesunden Stickstoffgehalt des Bodens dadurch herbeiführen muß, daß man ein Prinzip findet – es ist das noch nicht so weit, daß man es, glaube ich, heute schon restlos sagen kann –, daß man ein Prinzip findet, wie man den Boden durcharbeiten läßt von Regenwürmern und ähnlichen Tieren.

Und dann handelt es sich darum, daß man die nötigen Unkräuter findet, überhaupt die nötigen Nachbarpflanzen. Ich sagte gestern zu Herrn St., der sich jetzt der Landwirtschaft widmet, daß es zum Beispiel wichtig ist, auf Korn- und Weizenfeldern wenigstens am Rande Esparsetten zu pflanzen. Diese Wirkung gibt es eben durchaus. Sie müßten rationell untersuchen, daß es am Rande von Kartoffelfeldern wichtig ist, Meerrettich zu pflanzen, und Kornfelder von Kornblumen durchsetzt zu haben und den Mohn auszurotten. Diese Dinge sind mit der ganzen Düngefrage im Zusammenhang zu betrachten, sonst kommen Sie zu den ganz abstrakten Prinzipien, daß Sie Säurebildungen im Boden haben und einfach dann fragen: Wie kann ich diese paralysieren? wobei der Boden taub wird ...

Man darf nicht in das Extrem verfallen, Pflanzendünger zu verwenden, Pflanzendünger, von dem muß doch die Ansicht gelten, daß er für das Pflanzenwachstum nicht günstig ist. Der wirklich einzige ideale Dünger ist der Rindviehdünger, nicht der Pflanzendünger. Danach muß man alles richten und sich klar sein darüber, daß von Nachbarpflanzen, namentlich Schmetterlingsblütlern, Esparsetten im besonderen, daß davon sehr viel abhängt, und bei Krautpflanzen, wo man auch acht geben muß, daß man sie womöglich in trockenen Boden einpflanzt, währenddem bei Kornpflanzen feuchter Boden dazu gehört. Aber es ist auch zweifellos hier – so paradox das dem heutigen Chemiker und Biologen klingt – von einer gewissen Bedeutung die ganz menschliche persönliche Beziehung zum Saatkorn. Sie werden, wenn Sie wirklich rationell prüfen einen Unterschied finden im Gedeihen, ob der Betreffende einfach Saatkorn aus dem Sack nimmt und hinstößt oder ob er die Gewohnheit hat, es etwas zu schütteln in der Hand und es schwach hinzustoßen (hinzustreuen). Und da werden sich Unterschiede ergeben, die im Zusammenhang mit der Düngemittelfrage von Bedeutung sind.

Zusätzliche Bemerkungen auf der Grundlage der Erfahrungen bis 1980

Die Ausführungen Rudolf Steiners im Gespräch mit J. S. Streicher (1920) und im *Landwirtschaftlichen Kurs* haben anfänglich zu manchen Diskussionen bei den biologisch-dynamischen Landwirten geführt, da sie scheinbar im Widerspruch miteinander stehen. Wird doch im Gespräch mit Streicher ein markanter Unterschied gemacht zwischen einer mineralischen Düngung mit Stickstoff (N), die möglichst bald verschwinden muß, und einer solchen mit den Bodenmineralien (K, Mg, S und anderen), die gute Wirkungen für Boden und Pflanzen haben könnten – während im *Landwirtschaftlichen Kurs* nur allgemein von den ungünstigen Auswirkungen jeder mineralischen Düngung (Dünger) die Rede ist.

Die Aussagen von 1920 und 1924 sind jedoch in voller Übereinstimmung untereinander und mit den Erfahrungen der biologisch-dynamischen Praxis und Forschung, wenn man beachtet, daß sie sich jeweils auf die Behandlung verarmter Böden, beziehungsweise die «Düngung» als solcher beziehen. Bestätigt doch die Erfahrung auf den Höfen und in der Forschung, daß jede mineralische Düngung, so wie sie heute angewandt wird, nämlich unter Verwendung von Stickstoff, Phosphor, Kali und anderen (NPK-Düngung), vor allem wenn sie sich über längere Zeit hinzieht, ungünstige Auswirkungen auf das Bodenleben, die Qualität der Erzeugnisse und die Widerstandsfähigkeit der Pflanzen hat. Denn unter Anwendung mineralischer Düngung versteht man im landwirtschaftlichen Sprachgebrauch, aber auch im landwirtschaftlichen Tun, das Anwenden von NPK enthaltenden mineralischen Düngern, wobei zur Ertragssteigerung vor allem der Stickstoff als der wichtigste Dünger eingesetzt wird.

Die Aussagen von 1920 und 1924 sind also in Übereinstimmung, da beide sich auf den Stickstoff als treibenden Faktor beziehen, von dem die ungünstigen Wirkungen ausgehen und der deshalb so bald wie möglich verschwinden sollte. Die Erfahrung zeigt jedoch auch andrerseits, daß auf verarmten Böden mit geringem Humusgehalt, vor allem bei der Überführung in die biologisch-dynamische Landwirtschaft, Gaben von Phosphat, Kalimagnesium, Kalk – in geeigneter Form und Anwendung, beispielsweise über den organischen Dünger – sich fördernd auf die Stickstoffbildung aus der Luft, auf die

Wüchsigkeit der wichtigen Leguminosen und die Bildung von hochwertigem Humus auswirken können.

(Hans Heinze)

Weitere Anregungen Rudolf Steiners und deren spätere Bestätigung

Die Kartoffeln stammen aus den Anden-Hochländern Süd-Amerikas. Es ist daher verständlich, daß die auf hohe Erträge gezüchteten Kultursorten in Europa auf Meereshöhe leicht abbauen. – Auf die Frage, wie man diesem Abbau begegnen könne, empfahl Rudolf Steiner zur Verjüngung nur die Augen zu setzen und die Knollen der so heranwachsenden Ernten wieder normal als Pflanzgut zu verwenden.

Im Kontinental-Klima Ostdeutschlands konnten mit dieser Methode recht gute Erfolge erzielt werden, doch im feuchteren Klima Westdeutschlands konnte der Abbau ohne sorgfältige Selektion nicht aufgehalten werden. – Jetzt hat man jedoch diese Methode in der üblichen Kartoffelzüchtung in Schweden aufgegriffen, indem man nur den innersten Teil der Augen herauspräparierte und unter sorgfältiger Pflege zur Entwicklung brachte. Man erzielte dabei eine virusfreie Nachzucht von bewährten Sorten, wo dies allein durch Selektion auf Schwierigkeiten stieß. Ein virusfreier Nachbau ist sonst nur über die Verwendung von Samen möglich, wobei jedoch die Sorte verlorengeht und aus der Vielfalt mit umfangreicher Arbeit eine brauchbare Sorte selektiert werden muß.

Interessant ist in diesem Zusammenhang, daß sich bei Untersuchungen von Maria Thun ergab, daß die Nachzucht von geäugelten Kartoffeln sich anders als die üblich vermehrte verhält. Bei Anbauversuchen im Tierkreis tritt dabei neben dem Ertragsmaximum im Wurzeltrigon noch ein zweites, manchmal sogar höheres Maximum im Wärmetrigon auf, wie es sonst nur bei der Samenbildung zu beobachten ist.

In den Aussprachen zum *Landwirtschaftlichen Kurs* wurde von Imanuel Voegele gefragt, ob man für die Nachfrucht von mit Stalldünger angebauten Kartoffeln nach der Umstellung Mineraldünger geben müsse, wofür damals üblicherweise eine N, P und K enthaltende Mineraldünger-Mischung Anwendung fand. Rudolf Steiner verneinte dies, indem er darauf hinwies, daß jede Anwendung solcher Art auf längere

Zeit die Qualität verschlechtern würde. Und er fügte dann hinzu: «Es wird heute alles mechanisiert und mineralisiert, aber es gilt durchaus das, daß wirken sollte das Mineralische nur auf diejenige Weise, wie es selber in der Natur wirken kann. Ohne daß man es in irgend etwas einbezieht, das Mineralische, soll man nicht eigentlich die lebendige Erde mit etwas Leblosem, mit dem Mineralischen durchsetzen.»[80]

Hierzu wurde, wiederum in Schweden, und zwar an der Technischen Hochschule in Stockholm, von Alfred Aslånder ein überzeugender Nachweis erbracht.[80a] In den 1954 veröffentlichten Untersuchungen wurde nachgewiesen, daß eine Phosphatgabe, wenn sie zusammen mit organischem Dünger oder auch anmoorigem Boden ausgebracht wird, zu etwa 80% den Pflanzen verfügbar bleibt, während üblicherweise, wie allgemein bekannt, von einer Düngung nur 15–20% den Pflanzen verfügbar bleiben, da der Rest, für Pflanzen unzugänglich, im Boden mineralisch gebunden wird. Die Erklärung ist darin zu suchen, daß bei einer solchen Mischung das verfügbar werdende Phosphat sofort von den sich vermehrenden Mikroorganismen aufgenommen und so vor der Festlegung bewahrt wird. Ähnliche Ergebnisse, jedoch nicht in diesem Ausmaß, erzielte Aslånder auch bei Kalidüngung.

In den Gesprächen mit J. S. Streicher hatte Rudolf Steiner darauf hingewiesen, daß bei verarmten Böden Mineraldünger-Gemische – richtig zusammengesetzt, das heißt ohne Stickstoff – hilfreich sein könnten. So müsse man zum Beispiel bei der Kalidüngung Magnesium hinzufügen. – Trotz langjähriger Bemühungen konnte J. S. Streicher, der damals Abteilungsleiter bei der BASF war, in der landwirtschaftlichen Weltliteratur keinen Hinweis auf die Notwendigkeit einer Magnesium-Düngung finden. Heute kann man jedoch keine landwirtschaftliche Zeitschrift öffnen, ohne darin magnesiumhaltige Mineraldünger angepriesen zu finden, insbesondere für die Weidewirtschaft. Die Bedeutung der Magnesium-Düngung wurde eigentlich erst um die Wende der 40er zu den 50er Jahren erkannt. Noch in den 30er Jahren starben in Holland in Jahren mit feuchtem Frühjahr und üppigem Graswuchs noch Tausende von Kühen an der Kopftetanie, die heute durch intravenöse Injektion von Magnesium geheilt oder durch Magnesium-Düngung überhaupt am Auftreten verhindert werden kann. Es ist heute auch bekannt, daß gerade ein Überschuß von Kali in der Düngung durch Magnesium ausgeglichen werden kann. Ein erstaunlicher Beweis für die umfassenden Einsichten Rudolf Steiners.

IV.
Zusammenfassende Hinweise auf die anthroposophisch-naturwissenschaftliche Forschung

Zu Beginn der biologisch-dynamischen Landwirtschaft, in den zwanziger und dreißiger Jahren, bestand für die Anregungen Rudolf Steiners nur eine geringe Verstehensmöglichkeit. Das galt nicht nur für die neuen spezifischen Hilfsmittel und Maßnahmen wie die in kleinster Dosierung anzuwendenden Kompost- und Feldpräparate und die Beachtung von Mond- und Gestirnkonstellationen, sondern auch für grundsätzliche Fragen, zum Beispiel die Forderung, daß die Düngung vor allem in einem Verlebendigen des Bodens bestehen müsse. Die Nachweise für die Berechtigung dieser Hinweise und Maßnahmen wurden in den ersten Jahrzehnten der Entwicklung von den nach diesen Leitlinien arbeitenden Höfen erbracht, wo auch die Methoden zum Aufbau der Bodenfruchtbarkeit an Hand der Erfahrung weiterentwickelt wurden.

Es erwies sich jedoch in den fünfziger Jahren als notwendig, die Auswirkung der spezifisch biologisch-dynamischen Maßnahmen auch experimentell mit naturwissenschaftlich anerkannten Methoden zu prüfen. Diese Untersuchungen wurden von den Instituten für biologisch-dynamische Forschung in Darmstadt und in Järna/Schweden in Zusammenarbeit mit verschiedenen Hochschul-Instituten durchgeführt. Es waren dies unter anderen die Professoren Sauerland vom Institut für Humuswirtschaft in Völkenrode, Ludwig Meyer vom Institut für Bodenkunde in Hohenheim, Schuphan vom Institut für Qualitätsforschung in Geisenheim, von Boguslawsky vom Institut für Pflanzenbau in Gießen, Ahrends vom Institut für Mikrobiologie in Gießen, Kahnt vom Institut für Pflanzenbau in Hohenheim sowie das Institut für Pflanzenbau der Universität Ultuna/Uppsala in Schweden.

Über einige dieser Arbeiten wird im folgenden kurz berichtet. Von den Dissertationen, Diplom-Arbeiten und Untersuchungen liegen Sonderdrucke beim Forschungsring in Darmstadt vor. Die Ergebnisse dieser Untersuchungen haben wesentlich zur Anerkennung der biologisch-dynamischen Wirtschaftsweise in der Umwelt beigetragen, vor allem auch bei den Hochschulen und Ministerien.

In der Landwirtschaft wird heute die in der Vererbung fortwirkende «Wachstums-Potenz» praktisch als unerschöpflich betrachtet. Jedenfalls macht man sich keine Gedanken darüber, ob diese durch einen geregelten Zustrom kosmischer Kräfte erhalten werden muß, und beutet unbesorgt die vorhandene Potenz mit allen technisch möglichen Mitteln aus. Man begnügt sich damit, auftretende Abbau-Erscheinungen durch Einkreuzen noch nicht verbrauchter Potenz von Wildpflanzen zu beheben. Dieses wichtige Problem wird an Hand einiger experimenteller Erfahrungen in der biologisch-dynamischen Forschung im folgenden behandelt.

Das heutige naturwissenschaftliche Weltbild ist weitgehend bis in die Landwirtschaft bestimmt durch das einseitige Bild der Evolution der Naturreiche und des Menschen, wie es heute an den Schulen so vielfach gelehrt wird. Nach diesem ist die ganze Höherentwicklung, ja auch das Entstehen der ersten belebten sich entwickelnden Organismen nur auf Zufall und Auslese, das heißt Ausschaltung gestaltender Impulse, zurückzuführen. Wenn so die ganze Höherentwicklung in der Tierreihe, ja auch die Menschwerdung nur durch Zufall und Kampf ums Dasein erklärt wird, kann es dann verwundern, daß der Landwirt nicht mehr nach gestaltenden, weisheitsvoll wirkenden Kräften in der Entwicklung und im Wachstum der Pflanzen sucht? Es folgt daher noch ein kurzer Hinweis auf weitere Beiträge zu einem geistoffenen Bild der Evolution aus der anthroposophisch orientierten Forschung.

Aufgaben und Erreichnisse anthroposophisch-landwirtschaftlicher Forschung

In der zur Begründung der biologisch-dynamischen Landwirtschaft führenden Vortragsfolge in Koberwitz, Pfingsten 1924, hatte Rudolf Steiner einerseits als notwendige Grundlage zum Verstehen und Pflegen der Landwirtschaft das Zusammenwirken kosmischer und terrestrischer Kräfte im Organismus des Pflanzenwachstums und des Tierlebens entwickelt, andererseits aber auch spezifische Maßnahmen angegeben und zur sofortigen Anwendung empfohlen, um Pflanzenleben und Nahrungsqualität zu fördern.

Zum notwendigen tieferen Verständnis dieses Kräftewirkens ist ein umfassendes Erarbeiten der grundlegenden anthroposophischen Schriften und ein übendes Begehen des dort entwickelten Erkenntnisweges notwendig. Eine Aufgabe, die sich über das ganze Leben für den Einzelnen erstreckt, aber auch im gemeinsamen Arbeiten der Landwirte gepflegt wird.

Andererseits zeigte sich aber bald, daß in Verbindung mit diesem Bemühen und neben der sofort aufgegriffenen Erprobung und Durchführung des vorgeschlagenen Weges auf den Höfen auch eine experimentelle Forschung notwendig war. Ein Teil derselben konnte in der sorgfältigen Beobachtung der Ergebnisse auf den Höfen von den dort Arbeitenden durchgeführt werden. Doch mußte diese sich an und mit den Erfahrungen im Anbau entwickelnde Forschung bald ergänzt werden durch die Arbeit von Persönlichkeiten, die sich ganz dieser Aufgabe widmen konnten. Die ersten auf diesem Wege Arbeitenden waren vor allem Lili Kolisko und Ehrenfried Pfeiffer. In vergleichenden Wachstumsversuchen wurde unter anderem von Lili Kolisko die Auswirkung der Vollmond- und Neumondzeit, von Ehrenfried Pfeiffer zum Beispiel die Morgen- beziehungsweise Abendanwendung der Präparate Horndung (500) und Hornkiesel (501) auf das Pflanzenwachstum untersucht. Untersuchungen dieser Art sollen vor allem helfen, die Hinweise des *Landwirtschaftlichen Kurses* aus umfassenderem Verstehen in fruchtbarster Weise durchzuführen.

Es ergab sich aber in Verbindung hiermit noch eine andere Aufgabe. Die von Rudolf Steiner im *Landwirtschaftlichen Kurs* entwickelten spezifischen Maßnahmen waren nämlich von solcher Art, daß sie für das schulwissenschaftliche Bewußtsein, ja überhaupt für das unserer heutigen Zivilisation völlig unverständlich waren. Da wurde fein gemahlenes Quarzmehl oder auch Rindermist in Kuhhörner gefüllt und über den Winter beziehungsweise den Sommer eingegraben, oder Eichenrinde in einen Haustierschädel oder Kamillenblüten in einen Darm gefüllt, der Erde anvertraut. Wenige Gramm der so gewonnenen Substanzen sollten dann das Gedeihen der Landwirtschaft beeinflussen. Es ist verständlich, daß die Umwelt solche Maßnahmen für «Zauberkünste aus dem finstersten Mittelalter» halten mußte und daß die biologisch-dynamischen Landwirte nur aus unerschütterlichem Vertrauen auf die sonstigen Mitteilungen aus der geisteswissenschaftlichen Forschung diese Maßnahmen zur Durchführung brachten, indem sie damit auch das finanzielle Schicksal des Hofes und der Familie aufs Spiel setzten.

Neben der Klärung der wirksamsten Anwendung dieser Maßnahmen war es daher auch Aufgabe, durch experimentelle Forschung nach naturwissenschaftlich anerkannten Methoden den Nachweis der vorausgesagten Wirksamkeit solcher Maßnahmen zu erbringen. Auf die Bedeutung solcher Forschungsvorhaben hatte Rudolf Steiner auf der Weihnachtstagung 1923 nachdrücklich gewiesen, als Lili Kolisko über ihre experimentellen Arbeiten über die Milz-Plättchen berichtet hatte. Er wies damals darauf, daß durch die experimentelle Bestätigung von Hinweisen aus der geisteswissenschaftlichen Forschung wirksam die Hindernisse abgebaut werden könnten, die dem Verständnis und dem Anerkennen geisteswissenschaftlicher Forschung entgegenstünden.

Diese experimentellen Bestätigungen konnten inzwischen für die wichtigsten, spezifisch biologisch-dynamischen Maßnahmen des *Landwirtschaftlichen Kurses* in langjährigen Untersuchungen im Rahmen der biologisch-dynamischen Forschung erbracht werden. Auch konnten die Ergebnisse in Hochschulinstituten bestätigt werden. Durch die Ergebnisse dieser Arbeiten ist die biologisch-dynamische Landwirtschaft hochschulreif geworden, das heißt, man kann sich auf Hochschulniveau über ihre Methoden und ihre Maßnahmen unterhalten, ohne dem Vorwurf ausgesetzt zu sein, obskure mittelalterliche Methoden einführen zu wollen. Es haben die Ergebnisse aber auch zu einem besseren Verständnis dieser Maßnahmen und ihrer sinngemäßen Anwendung beigetragen; vor allem aber zwingen die Ergebnisse, um zu einem Verständnis derselben zu kommen, erweiterte Fragen nach übersinnlichen, in das Lebensgeschehen eingreifenden Kräften zu stellen, beziehungsweise wenigstens diese Notwendigkeit zu diskutieren.

Das gilt zum Beispiel für den Nachweis, daß durch Anwendung von 10g Quarzmehl pro ha (das heißt für 10000 m^2), in Wasser verrührt und ausgesprüht, bei entsprechenden Voraussetzungen Ertragssteigerungen von 15% erzielt werden können. Vor allem aber für den Nachweis der Auswirkung bei Beachtung der Mondkonstellationen im siderischen Umlauf, das heißt im Gang durch die zwölf Tierkreiszeichen. Es wird hierbei im Gang des Mondes vom Sternbild der Fische über Widder, Stier und Zwillinge zunächst die Entwicklung des Blattbereichs, dann der Fruchtbildung, schließlich der Wurzelfruchtbildung und der Blütenregion gefördert. Diese Auswirkungen wiederholen sich noch zweimal beim weiteren Umlauf des Mondes, so daß jede derselben bei einem Umlauf des Mondes dreimal auftritt. Durch die Erforschung dieses Naturgesetzes durch Maria Thun ist es möglich geworden, in der Wachstumsperiode einer Kulturpflanze den gewünschten Impuls mehrmals zur Anregung zu bringen im Abstand von etwa 9 Tagen, so daß durch Akkumulation Ausschläge in den Erträgen von 30 bis 50% erzielt werden können.

Aus der astronomisch-physikalischen Forschung sind keine Ergebnisse bekannt, welche eine Erklärung für dieses rhythmische Kräftewirken ermöglichen. Neue erweiterte Fragestellungen werden also von den Ergebnissen der biologisch-dynamischen Forschung gefordert. Die Folgerungen aus diesen Ergebnissen, die auch im Institut für Pflanzenbau in Gießen (Prof. von Boguslawski) bestätigt werden konnten, sind aber noch weiterreichend. Bei einer weiteren Überprüfung der Ergebnisse im Pflanzenbau-Institut der ETH Zürich (Prof. Keller) ergab sich nämlich, daß diese Auswirkungen der Beachtung der Mondkonstellationen im Umlauf durch die Tierkreissternbilder wohl auf biologisch-dynamisch vorbehandelten Böden nachzuweisen waren – im Freiland bei Kartoffeln mit 20% Ertragssteigerung und sogar in der Klimakammer bei geregelter Temperatur und Feuchtigkeit mit 30% bei Radies –, daß aber bei konventionell, das heißt üblich behandelten Böden, keine Auswirkungen der Konstellationen nachzuweisen waren.

Das heißt aber, daß diese rhythmisch aus dem Kosmos wirkenden Anregungen für das Pflanzenleben, die in dreifacher Wiederholung bei jedem Mondumlauf auf naturgemäßen Böden wirksam sind, in der heutigen einseitig chemisch intensivierten Landwirtschaft nicht mehr zur Wirksamkeit kommen können. Es ist also eine ernste Frage, die durch diese Ergebnisse gestellt wird: was dadurch dem Pflanzenwachstum und der menschlichen Ernährung entzogen wird; wenn auch Rudolf Steiner darauf gewiesen hatte, daß die Erdennatur über große Reserven verfügt, die solche Ausfälle über einige Jahrzehnte decken können.

Es seien nun im folgenden noch die wichtigsten Versuchsberichte aufgeführt, in denen die oben erwähnten Nachweise geführt werden konnten.

Entwicklung der Untersuchungen über Mondkonstellationen und Nachweis der Auswirkungen auf das Wachstum:

Maria Thun/Hans Heinze, Mondrhythmen im siderischen Umlauf und im Pflanzenwachstum. Zusammenfassende Überschau vorliegender Anbauversuche.

*

Untersuchungen über Mondkonstellationen, das Kieselpräparat 501 und biologisch-dynamischen Anbau im Vergleich zum üblichen:

Ulf Abele: Vergleichende Untersuchungen zum konventionellen und biologisch-dynamischen Pflanzenbau unter besonderer Berücksichtigung von Saatzeit und Entitäten (Dissertation im Institut für Pflanzenbau der Universität Gießen bei Prof. von Boguslawski).

Ursula Rösli Graf: Darstellung verschiedener biologischer Landbaumethoden und Abklärung des Einflusses kosmischer Konstellationen auf das Pflanzenwachstum (Dissertation im Institut für Pflanzenbau der ETH Zürich bei Prof. Keller).

*

Untersuchungen über das Hornmistpräparat 500 und biologisch-dynamischen Anbau:

Hartmut Spiess: Konventionelle und biologisch-dynamische Verfahren zur Steigerung der Bodenfruchtbarkeit (Dissertation im Institut für Pflanzenbau der Universität Gießen bei Prof. von Boguslawski).

*

Untersuchungen über die Wirksamkeit der Heilkräuter-Kompostpräparate:

Ulf Abele: Untersuchung des Rotteverlaufs von Gülle bei verschiedener Behandlung und deren Wirkung auf Boden, Pflanzenertrag und Pflanzenqualität (finanziert vom Bundesministerium für Landwirtschaft und Ernährung in Bonn).

*

Untersuchungen über die Lagerfähigkeit landwirtschaftlicher Produkte bei verschiedenartigem Anbau als Qualitätsnachweis:

Ilias Samaras: Nachernteverhalten unterschiedlich gedüngter Gemüsearten mit besonderer Berücksichtigung physiologischer und mikrobiologischer Parameter (Dissertation im Institut für landwirtschaftliche Mikrobiologie der Universität Gießen bei Prof. Ahrens).

*

Vergleichende Anbauuntersuchungen verbünden mit Qualitätsprüfungen:

Bo Pettersson: Die Einwirkung von Standort, Düngung und Wachstum-beeinflussenden Stoffen auf die Qualitätseigenschaften von Speisekartoffeln (Lizenziat-Arbeit an der landwirtschaftlichen Universität Ultuna bei Uppsala, Schweden).
Bo Pettersson: Vergleichende Untersuchungen von konventionellem und biologisch-dynamischem Anbau mit besonderer Berücksichtigung von Erträgen und Qualitäten (Gemeinschaftsarbeit des Forschungs-Institutes des Nordischen Forschungsringes mit dem Pflanzenbau-Institut der landwirtschaftlichen Hochschule Ultuna bei Uppsala, Schweden).
Eckard v. Wistinghausen: Untersuchungen über die Wirkung variabler Düngung auf Bodenzustand, Pflanzenwachstum und Qualität der Produkte.

*

Nachweis der Möglichkeit eines modernen Obstbaues ohne Verwendung von abtötenden chemischen Pflanzenschutzmitteln:

Volkmar Lust: Naturgesteigerter Obstbau auf biologisch-dynamischer Grundlage – ein Beitrag zur Obstgesundheit, zu Umweltschutz- und Stickstoff-Qualität.
Leo Fürst: Untersuchungen zur Erzeugung von Qualitätsobst. – Aufbau der Fruchtbarkeit durch Kompostierung, organische Dünger, Zwischenfruchtbau und deren Aus-

wirkung auf Ertrag, Pflanzengesundheit und Qualität. – Forschungsdienst der Arbeitsgemeinschaft für naturgemäßen Qualitätsanbau von Obst und Gemüse. Leo Fürst/Hans Heinze. Paderborn und Darmstadt 1967.

*

Diese Arbeiten sind zum größten Teil im Rahmen des Instituts für Biologisch-Dynamische Forschung beziehungsweise in regem Kontakt mit demselben und zum großen Teil auch mit finanzieller Förderung von dort aus durchgeführt worden. Wie schon oben erwähnt, haben die Ergebnisse dieser nach naturwissenschaftlich anerkannten Methoden durchgeführten Untersuchungen einen wichtigen Beitrag dazu geleistet, daß nicht nur die Erfahrungen auf den Höfen im biologisch und biologisch-dynamischen Anbau vermehrte Beachtung finden, sondern daß auch die spezifisch biologisch-dynamischen Maßnahmen wissenschaftlich ernst genommen werden können. Es ist dadurch erreicht, daß bei den Diskussionen und Tagungen über Notwendigkeit und Möglichkeit alternativer Landbaumethoden deren Notwendigkeit in immer weiteren Kreisen erkannt wird, daß auch im Bereich der Landwirtschafts-Ministerien und Universitäten die biologisch-dynamische Landwirtschaft und Forschung im Mittelpunkt steht. Denn nur in diesem Bereich wurden vielseitige systematische Untersuchungen durchgeführt.

Beiträge zum notwendigen neuen Bild der Evolution von Mensch und Tier

Zu den kulturell dringlichsten Aufgaben gehört sicherlich ein neues Bild vom Wesen des Menschen und seinem Werdegang in der Evolution sowie des Verhältnisses von Tier und Mensch in derselben. In vielseitiger Weise hat Rudolf Steiner aus seinen Forschungen hierüber berichtet. Doch ist es heute notwendig, daß auch mit naturwissenschaftlicher Methodik, also von den Beobachtungen in der Sinneswelt ausgehend, gezeigt wird, daß bei sorgfältiger Prüfung sich ein ganz anderes Bild der Evolution ergeben kann, als es *Ernst Haeckel* in seiner *Natürlichen Schöpfungsgeschichte* zeichnete, wie es aber auch heute noch an den Schulen der Jugend vorgesetzt wird.

Aber gerade für diese Jugend muß der Weg zum Geiste von der naturwissenschaftlichen Betrachtung her erobert werden.

Nun sind in der anthroposophisch orientierten Naturwissenschaft schon wichtige Beiträge hierzu gebracht worden, über welche wegen der Wichtigkeit der Aufgabe hier kurz berichtet werden soll. Da ist zuerst das Büchlein von *Hermann Poppelbaum, Mensch und Tier*[81] zu nennen, das auch heute noch, 50 Jahre nach dem ersten Erscheinen, als Standard gelten kann und das damals als epochemachend empfunden wurde. War doch in vorbildlicher und übersichtlicher Darstellung zu zentralen Problemen der Evolution durch eine neue Überschau überzeugende Klärung geschaffen. Der Mensch ist nicht zufälliger Endpunkt der Tierreihe, sondern der Schwerpunkt der Naturreiche: von Urzeiten her der verborgene Quell der Evolution. An vielen Beispielen wird gezeigt, wie die heutigen Tierarten, aber auch die aus den Funden in den Gesteinsschichten der Erde, verhärtete Endzustände darstellen, von denen keine weitere Entwicklung ausgehen kann. Versucht wird dann, die verborgene Entwicklungslinie zu entschleiern, die zum Menschen hinaufführt – und weiterhin zu einem neuen Wesensbild des Menschen zu führen auf einem Wege, der durch eigenes Beobachten und eigene Erfahrungen begleitet werden kann. Das Buch sollte auch wegen der allgemeinverständlichen Art der Darstellung weiteste Verbreitung finden. Denn das heute so weitverbreitete materialistisch einseitige Bild der Evolution ist sicherlich eine der stärksten Festungen der Gegenmächte.

Dann sind die Bücher von *Iwer Thor Lorenzen* zu nennen, zu dessen wichtigstem Lebensziel die Schaffung eines neuen Bildes der Evolution gehört hatte. Das wichtigste Buch ist wohl *Evolution durch Inkarnation und Metamorphose*,[82] das allerdings größere Anforderungen an den Leser stellt. Während Poppelbaum von der Betrachtung der Gestalten ausgeht, deren vorgeführte Bilder allgemeinverständlich sind, auch von einfachen, großzügigen Überblicken über die Evolution des Tierreiches, und die Mitteilungen aus der geisteswissenschaftlichen Forschung nur vorsichtig, ergänzend hinzugenommen werden, setzt Lorenzen von Anfang an eine Grundkenntnis der Geisteswissenschaft voraus, vor allem der *Geheimwissenschaft*, der *Akasha-Chronik*, der *Theosophie*. Anhand dieser Darstellungen werden dann die Phänomene der Evolution der Tierreihe betrachtet, wobei auch hier gewisse anatomische Kenntnisse hilfreich und wünschenswert sind. Doch sind die Darstellungen für den anthroposophischen Leser gut verständlich, und sie können infolge obiger Voraussetzungen tiefer in viele Einzelheiten eindringen. Es wird auf diese Weise eine wichtige und wertvolle Ergänzung zu den Darstellungen in der *Geheimwissenschaft* und in der *Akasha-Chronik* geschaffen, indem der Leser lernt, sich ein Bild zu machen, wie die von der Geisteswissenschaft geschilderten Stadien der Evolution, von der physischen Seite der Erde aus betrachtet, sich darstellen. Das trägt wiederum zu einem besseren Verständnis der geisteswissenschaftlichen Forschung bei, aus deren Vielfalt der Verfasser in seinen Darstellungen schöpft. Aber auch zum Verständnis der Metamorphosen, der Gestalten und Formen im Laufe der Evolution hat der Verfasser wichtige Beiträge erarbeitet. Vor allem auch in seiner letzten Arbeit *Grundzüge einer Metamorphose der Tiere in Anknüpfung an Goethe.*[83]

Zu den wichtigen, umfassenden Arbeiten über die Evolution aus geisteswissenschaftlicher Sicht gehören auch die drei Bände des Werkes von *Werner Schüpbach,* die unter dem zusammenfassenden Titel erschienen sind: *Die Stufen der Menschwerdung in der Evolution der Erde.*[84] In diesem wird wiederum mit naturwissenschaftlicher Methode von den Phänomenen der Sinneswelt ausgegangen, wobei aber auch die Arbeiten vieler anderer Autoren einbezogen werden. Es wird der Weg also von unten her beschritten, wobei jedoch zur Deutung von Rätselfragen die Darstellungen der anthroposophischen Geisteswissenschaft, aber auch religiöser und mythischer Überlieferungen der verschiedenen Völker herangezogen werden. Bezüglich des Verständnisses der Grundgestalten der Organismen und ihres Aufbaues, vor allem auch bezüglich der Metamorphose der Formen, tragen wichtige neue und aufschlußreiche Beiträge des Verfassers bei, die teilweise auch auf mathematischer Grundlage entwickelt wurden. Auch hier geht es letzlich um die Klärung der Grundfrage, daß der Mensch nicht vom Tier abstammt, die Tierarten vielmehr, in vorzeitige Verhärtung führend, Abzweigungen sind, ferner um die Aufdeckung der verborgenen Entwicklungslinie zum Menschen und ein verständnisvolles Erarbeiten eines neuen Bildes vom Wesen des Menschen.

Im dritten Teil, der den Untertitel hat «Die leiblichseelische Menschwerdung und die geistig-seelische Entwicklung des

Menschen auf der Erde», wird die Entwicklung zum Menschen hin in die gesamte kulturelle Entwicklung der Menschheit eingeordnet und im Hinschauen auf die aufeinander folgenden Kulturepochen betrachtet, wie sich diese aus den Überlieferungen, aus den archäologischen Funden und aus der geisteswissenschaftlichen Forschung ergeben. Insbesondere wird erstrebt, die Bedeutung des Christus-Wirkens für diese Entwicklung erkennbar zu machen, sowohl in der Vergangenheit wie auch in der Zukunft.

In den drei Schüpbach-Bänden werden zu vielen einzelnen Problemen der Evolution und ihrer Schritte neue Blickpunkte eröffnet, erweitertes Verständnis erarbeitet, überraschende Deutungen aufgezeigt, sowohl für die Urbilder der Gestalten und Formen sowie deren Metamorphosen wie auch für die Bildung und Umbildung der Organe. Viele Anregungen ergeben sich daraus für die weitere Forschung, aber auch für jeden interessierten Leser.

So darf gesagt werden, daß in den Arbeiten dieser drei Autoren ein wichtiges Rüstzeug geschaffen ist, um das geforderte neue Bild des Menschen und seines Werdens im Zeitbewußtsein zum Leben zu bringen. Ein Bild, das ermöglichen kann, aus Einsicht in das Erden- und Menschenwerden verantwortungsbewußt und willensstark die von der Gegenwart verlangten Aufgaben zu ergreifen.

Ist der Vererbungsstrom über die Gene unerschöpflich?

In den letzten Jahrzehnten hat der Mensch immer mehr und mehr gelernt, durch Kreuzung sowie durch Kombination von Genen auf der Grundlage erkannter gesetzmäßiger Zusammenhänge gewünschte Eigenschaften bei den Nachkommen zu verwirklichen. Dabei ist weitgehend unbekannt, was der Verwirklichung der erkannten Gesetzmäßigkeiten in der Kreuzung und Gen-Kombination zugrunde liegt. Es wird weitgehend so gearbeitet, als ob dieser Quell unerschöpflich sei und keiner Ergänzung bedürfe. Man weiß zwar in der Pflanzenzüchtung, daß die hochgezüchteten Sorten schnell zugrunde gehen, und greift dann immer wieder auf primitive Formen zum Einkreuzen zurück, doch letztlich waltet weitgehendes Dunkel über dem Problem, ob dieser Vererbungsstrom unerschöpflich ist oder laufender Ergänzung bedarf.

Auch bezüglich der Zwischenstufen von der Veranlagung der Eigenschaften bis zur Verwirklichung der Erscheinungsformen der Pflanzen herrscht weitgehende Unklarheit.

Hier spielt sich aber ein wichtiger Teil der Lebensprozesse ab, den Prof. Butenandt einmal charakterisierte als die weisheitsvolle Koordination der Stoffe und Substanzen in der Entwicklung und Erhaltung der Organismen. Da auch in diesem Bereich weitgehende Unklarheit besteht, wird das Nachlassen einer weisheitsvollen Koordination ungenügend in seiner Bedeutung bewertet. Man geht dem aus dem Wege, indem man wieder auf primitive Formen zurückgreift, wo dieser Abbau noch nicht stattgefunden hat. Viele Erscheinungen und Beobachtungen weisen jedoch in die Richtung des Bestehens eines solchen Abbaues durch die heute geübten Methoden, ohne daß die notwendige Ergänzung erfolgt.

Die geisteswissenschaftliche Forschung hat seit vielen Jahrzehnten darauf gewiesen, daß der Gen-Strom nicht unerschöpflich ist und laufender Ergänzung bedarf. Es wurde auch darauf gewiesen, daß diese Ergänzung, wenn auch vom Menschen unbeachtet, laufend erfolgt, daß aber die Gefahr besteht, daß bei weiterer Unkenntnis und Nichtbeachtung dieser Ergänzungen, indem der Mensch immer umfassender durch seine Manipulationen in das Lebensgefüge eingreift, dieser kosmische Ergänzungsstrom zum Versiegen gebracht werden kann. Die Nahrungsmittel würden dann immer mehr ihrem eigentlichen Zweck nicht mehr dienen können, der ja zu einem wesentlichen Teil, neben der Vermittlung von Stoffen, in der Förderung der weisheitsvollen Koordination liegt. Aus einer solchen Betrachtung ergibt sich die Frage, ob die bisherigen Erfahrungen in der biologisch-dynamischen Forschung diese Vermutungen bestätigen können?

Die geisteswissenschaftliche Forschung hat darauf gewiesen, daß dieser Ergänzungsstrom vom Kosmos aus erfolgt, und als Aufgabe gestellt, Nachweise zu führen, daß kosmische Einflüsse auf das Pflanzenwachstum von Bedeutung sind. Die Bestätigung dieser Frage konnte durch jahrzehntelange experimentelle Untersuchungen von Maria Thun ausführlich erbracht werden, vor allem an dem Beispiel der Beeinflussung des Pflanzenwachstums durch Beachtung von Mond-Tierkreis-Konstellationen. Durch Aufdeckung der Trigon-Gesetzmäßigkeiten war es möglich, in einer Wachstumsperiode der Pflanzen gleichwirkende Impulse mehrmals zur Wirksamkeit zu bringen und dadurch unerwartet große Ausschläge in einer Wachstumsperiode zu erreichen. Die Ausschläge zwischen günstigen und ungünstigen Konstellationen liegen bei vielen Versuchen bei 50%. Diese Ergebnisse konnten in jahrelangen exakten, nach naturwissenschaftlicher Methodik durchgeführten Untersuchungen statistisch hoch gesichert werden in immer wieder gleicher Richtung, wobei durch bestimmte Konstellationen die Entfaltung der Wurzelfürchte, bei anderen Konstellationen die Blattbildung, bei wieder anderen Konstellationen die Blütenentfaltung und bei einer vierten Gruppe von Konstellationen die Frucht- und Samenbildung besonders gefördert wird. Die Ergebnisse dieser Untersuchung konnten auch in bald zehnjähriger Arbeit vom Institut für Pflanzenbau in Gießen (Versuchsgut Rauischholzhausen, Prof. von Boguslawski) bestätigt werden. Es steht also auf Grund exakter, nach naturwissenschaftlicher Methodik durchgeführter Untersuchung außer Zweifel, daß kosmische Einflüsse in starker Weise auch heute auf das Pflanzenwachstum wirksam sind. Bei diesen Versuchen zeigte sich auch, daß entgegen der Erwartungen der Genetiker die durch Beachtung von Tierkreis-Konstellationen bewirkten Unterschiede der Saatgut- oder Pflanzgut-Qualität auch in folgenden Generationen weitgehend erhalten blieben. Auch diese Ergebnisse konnten statistisch hoch gesichert werden und zeigen also, daß die kosmischen Einflüsse auch auf den Vererbungsstrom von Einfluß sind. Aus Mangel an verfügbaren Mitteln wurde bis heute vor allem die Auswirkung auf die Erntemengen untersucht. Es ergeben sich aber auch große Auswirkungen auf die Qualität der Produkte; ein umfassendes Aufgabenfeld, das noch zu klären ist.

Ein weiteres Problem, das zu klären war, ist, ob nachgewiesen werden kann, daß durch die heute üblichen Anbaumethoden das Einwirken dieser kosmischen Impulse verhindert wird. Dieser Nachweis ist nun mit großer Deutlichkeit geführt worden im Institut für Pflanzenbau der ETH in Zürich (Prof. Keller) durch Rösli Graf. Bei den von Rösli Graf durchgeführten Untersuchungen zeigte sich sowohl im Freiland wie auch in der Klimakammer, daß die von Maria Thun herausgearbeiteten Gesetzmäßigkeiten bezüglich der Auswirkung von Mond-Tierkreis-Konstellationen auf das Pflanzenwachstum reproduziert werden konnten, wenn die Untersuchungen auf Böden durchgeführt wurden, deren Bodenzustand zuvor nach biologisch-dynamischen Richtlinien entsprechend aufgebaut war, daß jedoch keinerlei Unterschiede auftraten, wenn auf üblichem Boden bei üblicher Düngung die Versuche durchgeführt wurden. Es ist also durch diese Versuche von Prof. Keller und Rösli Graf in einem mehrjährigen Versuch im Freiland und in der Klimakammer der Nachweis erbracht worden, daß die Auswirkungen kosmischer Konstellationen nicht mehr nachzuweisen sind auf üblich behandelten Böden bei üblicher Düngung, während sie bei aufgebauter natürlicher Fruchtbarkeit und entsprechender Düngung sowohl im Freiland wie auch in der Klimakammer nachweisbar waren.

Leider wird aus diesen Ergebnissen meist ein Schluß gezogen, der dem Ernst der Situation des Pflanzenbaues und der menschlichen Ernährung, auf längere Sicht gesehen, in keiner Weise entspricht. Der übliche Schluß lautet nämlich: Da diese kosmischen Einflüsse nicht so stark sind, daß sie bei konventioneller Bodenpflege und konventioneller Düngung noch wesentlich in Erscheinung treten, so ergibt sich daraus, daß man sie gar nicht beachten braucht und daß die Zukunft darin liegt, daß man eben die konventionellen Methoden noch weiter intensiviert, um höhere Ernten zu erzielen. Das Problem, ob der genetische Strom wirklich unerschöpflich ist, wird dabei gar nicht beachtet.

Betrachtet man dieses Problem, indem man von den Ergebnissen der geisteswissenschaftlichen Forschung und der dadurch angeregten experimentellen Untersuchungen Kenntnis nimmt, kommt man jedoch zu dem entgegengesetzten Schluß. Man erkennt, daß kosmische Einflüsse, welche die geisteswissenschaftliche Forschung vorausgesagt hatte, in umfangreichem über Erwarten starkem Maße nachgewiesen werden konnten, also die Hinweise der geisteswissenschaftlichen Forschung zumindest als ernsthafte Fragestellung zu beachten sind und infolgedessen auch durch umfangreiche Forschung weiter geklärt werden müssen.

Die geisteswissenschaftliche Forschung hat darauf gewiesen, daß in den Lebewesen und dem Lebensbereich große Reserven vorhanden sind, die etwa 40 Jahre tragen können, so daß man ein Versiegen der laufenden kosmischen Auffrischungen nicht so bald bemerken würde, zumindest nicht an krassen Erscheinungen. Wer sich allerdings von diesen Gesichtspunkten aus mehr mit der gegenwärtigen Situation in der Tier- und Pflanzenzucht befaßt, der wird viele Beispiele finden, die darauf hindeuten, daß ein Nachlassen heute bereits vielfach nachzuweisen ist, vor allem in dem begrifflich so wenig erfaßten Bereich der weisheitsvollen Koordination der Stoffe und Substanzen in Aufbau und Erhaltung der Organismen.

Für denjenigen, der nicht nur kurzfristig die jetzige Situation betrachtet, sondern sich verantwortlich fühlt auch für die Erhaltung des Lebens auf der Erde für längere Zeit, sollte sich aus den aufgeführten Zusammenhängen die Wichtigkeit der Aufgabe ergeben, durch umfangreiche Forschung weiter beizutragen, die Gesamtsituation zu klären und vor allem auch die weiteren Möglichkeiten zu erarbeitn, wie der kosmische Zustrom weiterhin verstärkt werden kann.

Bemerkt sei noch, daß von Seiten der geisteswissenschaftlichen Forschung Rudolf Steiners in keiner Weise der Weg zurück zur Natur vorgeschlagen wurde, sondern umgekehrt gerade darauf hingewiesen wurde, daß der Mensch in Zukunft in noch viel umfangreicherer Weise in das Lebensgeschehen wird eingreifen können, ja infolge laufender Absterbeprozesse wird eingreifen müssen, daß er dies aber nur zum Wohle der Menschheit und der Entwicklung des Erdenlebens tun kann, wenn er bei seinem Denken und Planen die notwendigen kosmischen Einflüsse immer mehr verstehen und handhaben lernt.

V.
Etappen auf dem Wege zum Verständnis und zur Pflege der belebten Natur

Linné – Carus – Goethe – Liebig – Grundtvig – Grohmann – Steiner

Zum Verständnis der Grundlagen des biologisch-dynamischen Impulses, seines Entstehens und seiner Zukunftsaufgaben kann ein Rückblick auf die Entwicklung der naturwissenschaftlichen Grundlagen der Landwirtschaft in den letzten beiden Jahrhunderten einen wichtigen Beitrag leisten. Durch eine lebensnahe Schilderung einzelner Stationen auf diesem Wege wurde im letzten Teil dieser Arbeit versucht, einen solchen Überblick zu geben. An den Aufgabenstellungen und Arbeiten von Linné (1707–1778) über Carus (1789–1869) und Goethe (1749–1832) zu Grohmann (1897–1957) ist der Wandel im Suchen nach Verständnis der belebten Natur zu erspüren, während wichtige Etappen in den Grundlagen landwirtschaftlicher Praxis und des landwirtschaftlichen Lebens zusätzlich am Wirken Liebigs (1803–1873), Grundtvigs (1783–1872) und Rudolf Steiners erkennbar sind.

Einen tiefen Einblick in das Mühen um Verständnis der belebten Natur vermittelt die Spannweite zwischen den Ausführungen von C. G. Carus, Mitarbeiter im Goethe-Kreis, und denen Rudolf Steiners; beide haben eine Erkenntnis-Theorie der Goetheschen Weltanschauung erarbeitet. (Vergleiche dazu auch im zweiten Kapitel der vorliegenden Arbeit den Abschnitt Die Grundlinien einer Erkenntnistheorie der Goetheschen Weltanschauung – ein Führer von Darwin und Haeckel zu einem geistgemäßen Bild der Evolution.) *Carus befindet sich durchaus auf dem Wege des Aristoteles, wenn er bei der Suche nach Erkenntnis der Naturerscheinungen von den Phänomenen, also den Steinen, Pflanzen und Tieren ausgeht. Um aber seine Einsichten zu begründen, greift er immer wieder auf eine Ganzheitsbetrachtung philosophischer Tradition zurück, die ihren Ursprung im Schaffen Platos hat, der das Mysterienwissen in gedanklicher Form zusammenfaßte. Demgegenüber vermochte Rudolf Steiner, in gedanklicher Klarheit und vom betrachteten Objekt ausgehend, mittels der anschauenden Urteilskraft zu den die Natur konstituierenden Impulsen zu führen.*

Aufschlußreich ist auch die Spannweite von Linné über Goethe zu Grohmann, wenn man deren Aufgabenstellung betrachtet. Linné zeigte in seinem System der Natur, wie in der Vielfalt der Pflanzen eine Ordnung in Familien durch Erfassung äußerer Merkmale – Form, Farbe, Zahl – zu finden ist. Goethe suchte dagegen gerade das allen Pflanzen Gemeinsame zu finden. Indem er mit der anschauenden Urteilskraft die Metamorphosen von Blättern und Blüten betrachtete, gelangte er zum Erfassen der Urpflanze. Grohmann setzte diesen Weg fort mit dem Ziel, das Wesen selbst einiger repräsentativer Pflanzenfamilien zu erleben, nicht durch Zählen und Beschreiben von Merkmalen, sondern durch ein solches Zusammenstellen typischer Eigenschaften, daß das Wesen der Art sich aussprechen, das Arten-Ich erlebbar werden kann.

Eine ähnliche Spannweite ist auch an den Beiträgen Grundtvigs und Rudolf Steiners zum ländlichen kulturellen Leben und Gestalten zu erkennen. Während Grundtvig sich aus dem kulturellen Umkreis der Aufgabe näherte, konnte Rudolf Steiner diese direkt von den Problemen des Landbaus aus ergreifen. Für Grundtvig war die Aufgabe allerdings noch dadurch erschwert, daß der einzige bedeutende goetheanistische Naturforscher aus dem Norden, Henrik Steffens (1773–1845), durch einen Zwist mit dem Königshaus in Dänemark aus seiner Heimat verbannt war und in Mitteleuropa tätig sein mußte.

Es ist bei uns wenig bekannt, daß der ländliche Hochschul-Impuls Grundtvigs, der zu Beginn dieses Jahrhunderts das ländliche kulturelle Leben in Skandinavien so stark beeinflußte, auch noch wichtige Auswirkungen auf die Entwicklung der biologisch-dynamischen Bewegung in Skandinavien in den dreißiger und vierziger Jahren hatte. So versuchte Elis Hjorth, der Verfasser des hier gebrachten Beitrages über das Wirken Grundtvigs, auf dem von ihm mit Freunden gestifteten Hof Rödberggard, nördlich von Kopenhagen, eine anthroposophisch orientierte ländliche Hochschule im Sinne Grundtvigs in Verbindung mit der biologisch-dynamischen Landwirtschaft aufzubauen. Wenn auch dieser Impuls scheiterte wie im letzten Jahrhundert der Plan Grundtvigs, eine für die Länder Skandinaviens gemeinsame, umfassende ländliche Volkshochschule aufzubauen, so hat doch die Initiative von Elis Hjorth zur Begründung des Rudolf Steiner Seminars in Järna/

Schweden beigetragen, wo es endlich gelang, eine erfolgreich arbeitende, dem Volksgeist nahe Hochschule des Nordens zu entwickeln.

C. G. Carus: Von den Naturreichen, ihrem Leben und ihrer Verwandtschaft

In den Betrachtungen der Metamorphose der Pflanzen führt Goethe den Leser zu den Urimpulsen des Erden- und Menschenwesens, dem sonnenhaften Streben zum Licht-Kosmos und dem mondenhaften Emanzipieren von diesem im Verinnerlichen zur Eigenwesen-Bildung. Diese Polarität tritt noch deutlicher zutage, wenn nicht nur die Metamorphose der Pflanze angeschaut, sondern die Pflanzenbildung mit der des Tieres verglichen wird.

Eine vortreffliche Betrachtung dieser Art findet man bereits im naturwissenschaftlichen Freundeskreis Goethes, und zwar in der Schrift von C. G. Carus Von den Naturreichen, ihrem Leben und ihrer Verwandtschaft, *1818 erschienen. Carus betrachtet zunächst die vier Elemente und einige für das Erdenleben wichtige Substanzen und geht dann über zur Bildung der Pflanzen und der Tiere. Ausführlich entwickelt er in einer gedanklichen Überschau, daß die Bildung des Tieres als selbständiges Wesen in der Polarität zur Pflanzenbildung zu verstehen ist, und zwar durch Einstülpung; daß ferner für die Gestaltung des Tierleibes die Kugel als Urtypus gelten und als Hohlkugel mit Eingeweiden erfüllt erscheinen müsse. Ja, man findet schon bei Carus den Hinweis auf Untersuchungen des bebrüteten Eies, die gezeigt haben, daß an der inneren Fläche der Hohlkugel durch Einwärtsstülpung eines Teiles der Eihüllen das erste Rudiment des Embryos sich bildet.*

Einige Stellen aus diesen Ausführungen folgen hier im Wortlaut, da daran ersichtlich ist, daß die Keime zu den gegenwärtigen Aufgaben einer Erweiterung der Naturwissenschaft schon damals gelegt wurden, wenn auch die Methode, wie die Probleme angegangen wurden, eine andere war.[85]

Tierreich

«Wie man die Pflanze betrachten konnte als einen fortwährend sich entwickelnden, in stetigem Stoffwechsel begriffenen Kristall, so stellt sich im lebenden Tierkörper eine dergestalt zu höherer Einheit und Selbstbestimmung gediehene Pflanze dar, daß, obwohl auch das Tier Glied einer höheren Einheit bleibt und durch die Bedürfnisse des Lebens eng an den Erdkörper geknüpft ist, doch dieses vom Tier gegen die Pflanze gehalten, in eben dem Grade weniger gilt, als es von der Pflanze im Vergleich zum unorganisierten Körper gegolten. Ebendaher wird im Tier nun unter allen unsrer Sinneswahrnehmung ganz dargebotenen Naturkörpern, der Begriff des Organismus zuerst in möglichstem Umfange erfüllt; und geradeso, wie es mathematisch darzutun, daß nur drei Grundzahlen sind, die in allen Erkenntnisformen sich wiederholen, die Einheit nämlich, die Trennung derselben in die Zweiheit und die Wiedervereinigung der Zweiheit und Einheit zur Dreiheit, welche Grundzahl in der räumlichen Anschauung ausgesprochen ist durch die drei Dimensionen, der Länge, Breite und Tiefe, so wiederholt sich auch in der dreifachen Stufenfolge des Unorganisierten, Vegetativen und Animalen, die Folge der Glieder, welche zusammen den Begriff des Organismus geben, nämlich der Mannigfaltigkeit, Entwicklung und Einheit: und wie nur erst durch das Hinzukommen der Idee der Einheit, der Begriff des Organismus vollständig wird, wie der Körper erst da ist, wenn zur Länge und Breite auch die Tiefe hinzugetreten, so ist auch erst in der Einheit des Tierkörpers die Idee eines individuellen Organismus vollkommen erreicht und wirklich geworden. – Früher aber fanden wir, daß die Eigentümlichkeiten der Pflanze aus ihrem Mangel innerer Selbständigkeit sehr wohl sämtlich sich ableiten ließen, und ebenso werden nun aus der Idee der vollkommnern Einheit, welche im Tier ausgesprochen ist, auch die zum Teil schon früher berührten Eigentümlichkeiten dieses Organismus sich folgen lassen.

Erste Folgerung: – Wenn die Pflanze, der Schwere und dem Lichte gleichmäßig hingegeben, sich in Wurzel und Luftteil trennt, so ist das Tier als mehr selbständig, vom Organismus der Erde, dem es zunächst angehört, mehr gelöst, insofern mehr dem Lichte hingegeben und nicht mehr der Erde eingewurzelt, obwohl ihr noch zuweilen angefesselt, worauf dann die Fähigkeit zur Ortsveränderung beruht. –

Zweitens folgt aus dem Vorhergegangenen, daß das Tier nicht mehr die nährenden Säfte aus dem Boden saugen könne, vielmehr, eben inwiefern hier alles nach Innen zur Einheit strebt, die Wurzelorgane selbst einwärts kehre, zum Eingeweide bilde, woraus sich denn die Entstehung des Darmkanals und der aufsaugenden, saftverteilenden Gefäße im Tiere auf das bestimmteste nachweisen läßt. Man setze nämlich z. B. eine Pflanze A, welche mit ihrer Lichtseite + über dem Boden, mit ihrer Erdseite – unter demselben lebt, löse sie nun vom Boden ab, so daß die gesamten Wurzelfasern a, b, c, c in das Innre des Stengels und der Blätter zurückgeschlagen, einwärts umgestülpt würden, so entstände nunmehr die Gestalt B, wo die Lichtseite die Erdseite vollkommen umschließt, a, b als Speisekanal, b als Magenhöhle, c c als saftverbreitende Gefäße erscheinen.

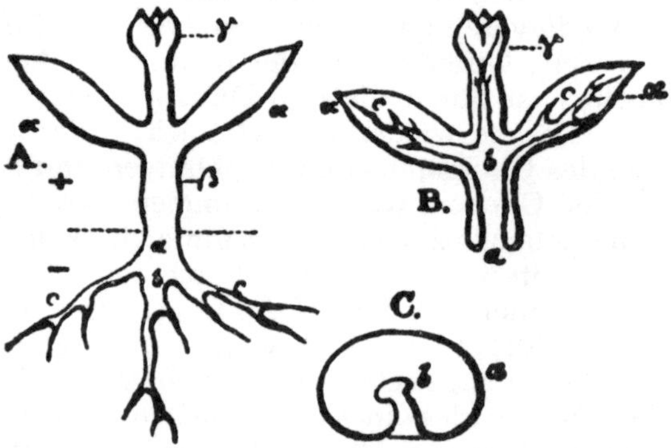

Abbildung 14

– Dritte Folge des obigen ist, daß inwiefern im Tier die Idee der Einheit sich aussprechen soll, inwiefern alle Teile auf einen gemeinsamen Mittelpunkt sich beziehen sollen, für die Gestaltung des Tierleibes die Kugel als Urtypus gelten müsse, als welche eben durch vollkommen gleiche Beziehungen (Radien) auf das Zentrum hergestellt wird. Inwiefern aber das Tier eben nicht bloße freigewordne Lichtseite der Pflanze ist, sondern zugleich die Organe der Wurzel in sich aufnimmt, muß die Kugel als Hohlkugel, mit Eingeweiden erfüllt, erscheinen, welches denn wiederum in den niedern Tiergattungen auf das deutlichste sich nachweisen läßt; denn abgesehen davon, daß die Infusorien bloße einzelne belebte Hohlkügelchen (Zellen) dieser Art sind (vgl. d. Geschichte d. Priestleyschen Materie), so zeigt sich besonders in den Blasenwürmern (Cysticercus) diese Gestaltung sehr deutlich, als bei welchen (s. Fig. C) die Hohlkugel des Leibes (a) der einsaugende Rüssel (b) (sogenannter Kopf) sich ganz so wirklich einwärts stülpt, wie es bei der Metamorphose der Pflanze zum Tier nur der Idee nach nachzuweisen war. Ähnliche Gesamtform stellen auch ferner die Echinusarten dar, so wie es denn endlich noch besondere Bemerkung verdient, daß auch in den höheren Tieren die mikroskopische Untersuchung eine Zusammensetzung der gesamten organischen Masse aus kleinen Kügelchen erkennen läßt.

Was aber die Entwicklungsgeschichte des einzelnen Tierkörpers betrifft, so ist hierbei die des menschlichen, als des vollkommensten Körpers zugrunde zu legen, wobei das Hinblicken auf das Entstehen der Tierkörper nur da nötig wird, wo, wie rücksichtlich der Uranfänge, es an hinlänglichen Untersuchungen im Menschen selbst mangelt. – Zunächst aber wissen wir bestimmt, es entsteht der menschliche Körper gleich dem der übrigen Tiere im Ei. Das Ei selbst aber ist zu betrachten als das Urtier, als das infusorienartig in der ursprünglich tierischen Kugelform erscheinende Geschöpf, welches gleich dem Samenkorn der Pflanze bereits das ganze Tier der Idee nach in sich enthält und unter gegebenen äußeren Bedingungen dasselbe wirklich aus sich entwickelt. An der innern Fläche der Hohlkugel des Eies bildet sich ferner, wie vorzüglich neuere Untersuchungen des bebrüteten Eies gezeigt haben, durch Einwärtsfaltung, Einwärtsstülpung eines Teils der Eihüllen, das erste Rudiment des Embryo, und wir werden dadurch sehr bestimmt an die ganz pflanzenartigen Blasenwürmer erinnert, wo auch der sogenannte Kopf oder die Saugemündung einwärts gestülpt ist.»

In einem anderen Aufsatz von Carus, den «Grundlagen einer allgemeinen Naturbetrachtung», *aus dem Jahre 1823, findet man überraschend gegenwartsnahe Ausführungen über das Wesen der Natur und ihre Erscheinungsformen. Es erinnert die diesem Aufsatz zugrunde liegende Aufgabenstellung an die* «Grundlinien einer Erkenntnistheorie der Goetheschen Weltanschauung» *Rudolf Steiners. Hier wie dort wird das von Goethe durch die anschauende Urteilskraft erkennbar gemachte Naturgeschehen in präzisen Gedankenbildungen geformt. Doch zugleich welch gewaltiger Unterschied! Trotz einer umfassenden Kenntnis der Naturerscheinungen beruht die Sicherheit der Darstellung bei Carus vor allem auf formalen Ableitungen aus einer Gesamtschau, während in den* «Grundlinien» *nach exakter erkenntnistheoretischer Klärung, daß dem intuitiven Denken des Menschen die die Natur konstituierenden wesenhaften Ideen zugänglich sind, prägnante Formulierungen unmittelbar aus der Anschauung gewonnen werden. Es erscheint das Vorgehen von Carus noch wie ein Nachklang des Überganges vom vierten zum fünften Kulturzeitraum. Denn man erlebt bei ihm noch mehr das Bemühen, zu zeigen, daß allgemeine kosmische Gesetzmäßigkeiten im Naturgeschehen sich offenbaren, während in den* «Grundlinien» *entwickelt wird, daß im Naturgeschehen konstituierende Impulse, wesenhafte wirkende Ideen zu erfassen sind.*

Es seien zum unmittelbaren Nacherleben auch von diesem Aufsatz einige Stellen im vollen Wortlaut wiedergegeben.[86]

Grundzüge allgemeiner Naturbetrachtung

«I. Alles Entstehen, alles sich Bilden ist seinem Wesen nach ein Hervorgehen eines Bestimmten aus einem Unbestimmten, Bestimmbaren.

II. Alles Vergehen, alles Zurückgebildetwerden ist ein Auflösen eines Bestimmten in ein Unbestimmtes, welches sofort wieder einer neuen Bestimmung fähig wird.

III. Inwiefern alles in Raum und Zeit Bestehende durch Bildung entstanden und der Rückbildung unterworfen ist, werden wir genötigt, die gesamte Natur als ein unendliches in ewiger Bildung und Umbildung begriffenes Ganzes zu denken.

IV. Das selbsttätige Entfalten eines Bestimmten aus einem Unbestimmten ist aber ursprünglich Erscheinung und zugleich *Symbol* alles *Lebens.*

V. Haben wir nun die Natur als ein in ewiger innerer Bildung Begriffenes erkannt, so müssen wir sie zugleich als *das Lebendige schlechthin* betrachten, dessen Urleben die Quelle ist, aus welcher die Lebenserscheinungen jedes besonderen Lebendigen, d. i. überhaupt alle besondern Naturkräfte sich ableiten.

Die *Idee des Lebens,* inwiefern sie nichts anderes ist, als die Idee einer ewigen Manifestation göttlichen Wesens durch die Natur, gehört zu jenen ursprünglichen Vernunftanschauungen, welche (wie es namentlich von der höchsten unter allen, von der Idee des göttlichen Wesens an und für sich gilt) nicht *von außen* dem Menschen kommen, nicht durch den auf die Erscheinungswelt angewiesenen Verstand bewiesen, noch weniger erklärt, ober überhaupt durch Abstraktion erhalten werden *können;* sondern welche im *Innern des Menschen* sich erschließen, sich offenbaren müssen, und bei einer gewissen erreichten Entwicklungsstufe sich immer offenbaren werden. Eine notwendige Folge hiervon ist es demnach, daß, wenn wir bei der Betrachtung des Lebendigen nicht von der ursprünglichen Idee des Lebens, welche in unserm Innern sich frei und klar entfaltet hat, *ausgehen,* wir nimmer zur Anschauung des Lebens *durch Abstraktion* gelangen werden, so wenig einem Menschen, der nicht nach *Fr. Jacobis* Ausdruck «zur Erkenntnis Gottes hinauforganisiert» worden ist, von außen durch Demonstration jene höchste aller Vernunftideen mitgeteilt werden könnte ...

VII. Wie sonach die *räumliche* Erscheinung der Natur in ihren unermeßlichen Einzelheiten durchaus beschränkt und endlich, im Ganzen aber stets unendlich und unbeschränkt gefunden wird, so auch die *zeitliche.* Das Naturleben im Ganzen muß als unendlich, als ewig gedacht werden, wenn das einzelne Phänomen des Naturlebens, d. i. die besondere Naturkraft in ihrem Werke, beschränkt, endlich oder sterblich ist.

Auch inwiefern dem Leben an und für sich, als stetiger Manifestation göttlichen Wesens durch die und in der Natur, das Prädikat der Ewigkeit zukommt, bewährt sich das, was oben über die Idee des Lebens als eine reine Vernunftidee ausgesprochen wurde, denn das Hervorgehen in dem Ewigen ist der Charakter der *Idee,* ebenso wie die des Hervorgehens aus dem Einzelnen der Charakter eines *abstrakten Begriffes.*

VIII. Jedes lebendige Wesen, inwiefern es aus sich selbst Mittel seiner verschiedenen auszuübenden Wirkungen, d.i. Werkzeuge, Organe, erschafft, heißt *Organismus.* – Die Natur, inwiefern sie rastlos neue Erscheinungen ihres innern Lebens hervorruft, ist der Organismus schlechthin (Makrokosmos). Jedes einzelne sich aus sich selbst entwickelnde Naturwesen, inwiefern es nur im allgemeinen Organismus der Natur bestehen kann, sein Leben nur Ausfluß höhern Urlebens ist, heißt Teilorganismus (endlich-individueller Organismus, Mikrokosmos), und seine Entfaltung ist nur unter Einwirkung des allgemeinen Naturlebens möglich ...

XVI. Müssen wir aber infolge eines frühern Satzes eingestehen, daß jede weitere Differenzierung als *Wiederholung* des ursprünglich einfachen Gegensatzes anzusehen sei, so werden wir ferner in diesem Satz zugleich den mathematischen Ausdruck für ein rücksichtlich der ganzen Entwicklungsgeschichte höchst wichtiges Gesetz wahrzunehmen vermögen, welches am schicklichsten etwa folgendermaßen auszusprechen sein möchte: – *Jegliche höhere Entfaltung und Ausbildung eines Organismus wird nur erreicht durch die mannigfaltigste Wiederholung des ursprünglichen Bildungstypus, und zwar in immer andern und höhern Potenzen.* – Ein Gesetz, welchem wir deshalb eine besondere Wichtigkeit beilegen müssen, weil auf ihm eben der *Begriff der organischen Metamorphose und die Notwendigkeit der genetischen Methode* für alle Naturwissenschaften begründet ist.»

Vom Bild der Pflanze – Stufen seiner Erarbeitung durch Linné, Goethe, Grohmann

Dich im Unendlichen zu finden,
Mußt unterscheiden und dann verbinden.
J. W. Goethe[87]

Als Carl Linné, der im Jahre 1707 geboren worden war, 1727 als Student die Universität in Lund bezog, kannte man noch keine umfassende Ordnung der Pflanzenwelt, ja es gab noch nicht einmal Namen der einzelnen Pflanzen, mit deren Hilfe man sich über die nächste Landesgrenze hinaus verständigen konnte. In der Naturbetrachtung der vorangegangenen Zeit war der Blick mehr auf das Besondere, ja auf das Kuriose, das Wunderliche des einzelnen Naturgebildes hingerichtet gewesen als darauf, eine allgemein gültige Ordnung in die Vielfalt der Erscheinungen zu bringen. In Carl Linné lebte jedoch schon als junger Student der Plan, eine solche Ordnung des Pflanzenreiches, ja sogar aller Naturreiche herauszuarbeiten. Als Voraussetzung mußte eine Methode entwickelt werden, wie durch genaue Beobachtung der besonderen Merkmale die einzelnen Pflanzen zu unterscheiden und dann wieder in Gruppen zusammenzufassen sind. Linné hatte bald erkannt, daß nicht so sehr die Blätter, sondern vor allem die Blüten mit ihren verschiedenen Organen solche Merkmale zeigen, wie zum Beispiel Zahl und Anordnung der Kelche, Blumenblätter,

Staubgefäße und so weiter. Schon im Alter von 28 Jahren (1735) konnte Linné sein «System der Natur» veröffentlichen, das ihn weltberühmt gemacht hat. In umfassender, bahnbrechender Weise wurde hier gezeigt, wie sich in den Naturreichen, von der exakten Beobachtung ausgehend, eine Ordnung finden läßt, die es erlaubt, die einzelnen Pflanzen, Tiere, Steine in Gruppen, in Gattungen einzuteilen. Die Ordnung der Pflanzenwelt, wie wir sie heute kennen und die uns eine Übersicht so sehr erleichtert, durch die Einordnung in einzelne Familien – zum Beispiel die Gräser, die Leguminosen, die Rosengewächse –, sie stammt aus dieser Zeit.

In der Rückschau auf sein eigenes Leben empfand es Linné, älter geworden, so, daß es ihm vergönnt gewesen sei, tiefer in die geheime Gedankenkammer Gottes hineinzulauschen als andere, ein besserer Ausleger der Ideen Gottes gewesen zu sein, der Ideen, die die von ihm wiederentdeckte Ordnung in die Naturreiche einst hineingewirkt hatten. – In seinen jüngeren Jahren hatte ihn sein ordnendes Denken, das bei ihm so stark verbunden war mit einer sorgfältigen sinnlichen Beobachtung, aus seiner mitgebrachten Begabung heraus zum Erfassen dieser Ordnung geführt. Er hatte sie in seinen Werken dargelegt, und er war selbst von der Klarheit und ästhetischen Schönheit dieses Systems entzückt. Durch die ganze Methodik dieser Arbeiten wirkte er mit, die Grundlagen zu schaffen für die Entwicklung der Botanik im Sinne der neuzeitlichen Naturwissenschaft, so daß diejenige Botanik entstand, wie sie heute an den Schulen gelehrt wird. – Als er jedoch in späterem Alter, wie oben erwähnt wurde, versuchte, seine Leistungen in weltanschauliche Betrachtungen einzuordnen, griff er auf ältere Anschauungen zurück, die einer Epoche entstammten, die er selbst durch sein Lebenswerk abzuschließen mitberufen war.

Goethes umfassende botanische Studien waren auf ein anderes Ziel hingerichtet. Er suchte nach dem, was allen Pflanzen gemeinsam ist, nach dem, was in allen Pflanzen lebt und uns eine Pflanze als Pflanze erkennen läßt. Trotz dieser so anders gearteten Arbeitsrichtung bezeichnete Goethe Carl Linné als seinen großen Lehrmeister, dem er Bedeutsames verdanke. Hatte er doch durch Linné das genaue Beobachten der einzelnen Erscheinungen gelernt, und das sorgfältige Unterscheiden muß erst geübt und gekonnt werden, wenn man in naturwissenschaftlich berechtigter Weise zusammenfassen will. Was wir an Goethe in so besonderer Weise bewundern müssen, ist ja, daß er trotz der Gabe der unmittelbaren intuitiven Überschau, die er aus seiner künstlerischen Begabung hatte, in seinen naturwissenschaftlichen Arbeiten stets von einer gründlichen, sorgfältigen Beobachtung der einzelnen Erscheinungen ausging.

Auf dieser Grundlage genauer Einzelbeobachtungen konnte Goethe dann zur Darstellung bringen, was er als das allen Pflanzen Gemeinsame erkannt hatte. Er zeigte, wie die Pflanze zwischen Dunkelheit und Licht sich entwickelt – zwischen der Dunkelheit des Bodens und dem Licht der Sonne – und wie sich in diesem Wachstum die Gesetze von Polarität und Steigerung offenbaren; wie im Wandel von den rundlichen untersten Blättern zu den feiner gestalteten, später und höher am Stengel sich entwickelnden, vor allem aber im Übergang von den Laubblättern zu den Blütenorganen, den Blütenblättern, den Staubgefäßen die Pflanze in ihren Formen, Gesten, Farben, ja bis in ihre Substanzialität hinein immer mehr vom Licht durchgestaltet wird, immer mehr Offenbarung des Lichtes wird. Besonders beeindruckte aber Goethe, wie in diesem Wandel der Entwicklung zwei große Gestaltungsimpulse wirksam waren. Der Impuls des sich Entfaltens, des sich Aufschließens nach der Umwelt hin – und der des in sich Zurücknehmens, des sich Einhüllens, des in sich Abschließens: Diastole, Systole. Diese beiden wichtigen Gestaltungsideen, Gestaltungsimpulse, sie offenbarten sich ihm immer wieder, in allen pflanzlichen Bildungen in rhythmischer Folge zusammenwirkend.
Sei es in der Entwicklung im Stengelbereich:

Gleich darauf ein folgender Trieb, sich erhebend, erneuet,
Knoten auf Knoten getürmt, immer das erste Gebild[87a]

oder sei es beim Übergang vom Blattbereich zum Blütenbereich, wo das Pflanzenwesen nach der Entfaltung in die Fülle der Laubblätter sich wieder in die Blütenknospen hineinkonzentriert, – oder wenn man den ganzen Wachstumsablauf betrachtet, wie die Pflanze, die sich in Blatt und Blüte ganz in die Fülle der Erscheinung hineingelebt, ja im Blütenstaub sich weit in die Umwelt hinausbegeben hat, sich doch nicht ganz in die Umwelt hinein verstäubt, verstrahlt, sondern sich wiederum im Samen zusammenfaßt und der Erde zurückgibt.

Die Offenbarung wichtiger Weltenkräfte, wichtiger Bildeimpulse in ihrem polaren Wirken hat uns Goethe in seiner

Darstellung der Urpflanze anschaubar gemacht, der Impulse des sich Aufschließens nach der Umwelt hin und des sich Abschließens. Von Goethe und seinen naturwissenschaftlichen Mitarbeitern konnte auch gezeigt werden, wie diese Polarität der Grundkräfte sich auch in der Gegenüberstellung von «Pflanze» und «Tier» offenbart, indem in der Pflanze sich stärker auslebt der Impuls des Sich-Aufschließens, des Oberfläche-Bildens, im Tier mehr des Sich-Abschließens, des Sich-Einstülpens, des Eigenwesen-Bildens.

Carolus Linnäus, der auch heute noch als einer der bedeutendsten Naturforscher Schwedens dort hoch geehrt wird, er hat uns wohl gelehrt durch seine systematische Einteilung der Naturreiche die einzelnen Pflanzenfamilien zu unterscheiden, aber es war ihm selbst bewußt, daß diese Einteilung, die sich vor allem auf die Blüten-Merkmale stützte, eine äußerliche sei. Man konnte damit, um im Sinne der angeführten Lebensrückschau von Linné zu sprechen, wohl die einzelnen Gattungen, die verschiedenen Schöpfungsideen an der Verschiedenheit ihrer Merkmale unterscheiden. Aber in den Sinn, in das Wesen der einzelnen Gattungen und ihrer Gestaltungsimpulse konnte man damit nicht eindringen. Schritte zu einer solchen Wesenserkenntnis der Pflanzenfamilien vermochte *Gerbert Grohmann* vor allem in seinem Hauptwerke *Die Pflanze* zu führen. Das Rüstzeug hierzu war von seinen großen Vorgängern geschmiedet.[88] Zur Methodik Linnés, des Beobachtens aller Besonderheiten der Erscheinung der Pflanzen mußte hierbei noch die Handhabung einer anderen treten, die wir Goethe verdanken, nämlich der «anschauenden Urteilskraft.» Durch das Darlegen dieser Methode in seinem Werke hatte Geothe den Entwicklungsweg für eine im Menschen veranlagte Fähigkeit gewiesen, um im Überschauen der beobachteten Einzelheiten zu einem zusammenfassenden Bild des Zugrundeliegenden zu kommen, zum Beispiel aus dem Überschauen der Einzelheiten einer Biographie, der Taten und Leiden eines Menschen, der Ausdrucksform seines Äußeren, seiner Gesten und so weiter zum Wesensbild des betreffenden Menschen.

Nachdem sich Gerbert Grohmann in umfassender Weise mit den Arbeiten Goethes beschäftigt hatte, den er als Lehrer in Naturforschung und Sprachbildung hoch verehrte, und es ihm gelungen war, in zahlreichen Einzelbetrachtungen, die mit instruktiven Zeichnungen versehen waren, die Wirklichkeit des Wirkens der Goetheschen Urpflanze dem Verständnis des heutigen Naturbeobachters näher zu bringen, wandte er sich in sorgfältigen Studien dem Charakterbild der Pflanzenfamilien zu. Er zeigte, wie in den verschiedenen Pflanzenfamilien das Bild der Urpflanze auf ihrem Weg der Steigerung vom Pol der Finsternis zu dem des Lichtes und in ihrem Einverwobensein in die großen Gestaltungsimpulse des sich Aufschließens zur Umwelt und des sich wiederum Abschließens variiert, für jede Pflanzenfamilie typisch, das heißt ihrem Typus gemäß geändert wird. Manche Schritte sind im Lebenswerk Gerbert Grohmanns zu verfolgen, die getan werden mußten, ehe in klar gefaßter Weise das Typische der hauptsächlichsten Pflanzenfamilien zum erlebenden Erkennen gebracht werden konnte. Hierzu war außer dem Ergreifen der Methoden von Linné und Goethe auch das Eindringen in die anthroposophische Naturerkenntnis Rudolf Steiners notwendig. Erst mit diesem Rüstzeug war es möglich, in rechter Weise zu erforschen, wie zum Beispiel die vier Bildebereiche, das Mineralisch-Feste, das Flüssig-Wäßrige, das Durchlichtet-Luftige und das Wärmehaft-Wirkende den verschiedenen Pflanzenfamilien einverwoben sind, oder wie zum Beispiel diese Bildekräfte in spezifischer Art in den verschiedenen Zonen unserer Erde wirken, zum Beispiel in der Polnähe im Gegensatz zu den Tropen oder im Wüstensteppenklima gegenüber den feuchtwarmen Regentropen. Oder wie die Polarität der sich dem Lichte öffnenden höheren Blütenpflanze zu dem erdzugeneigten Pilz zu verstehen ist oder das Zusammenspiel der Bildekräfte der Pflanzen mit denen der Tierbildung dort, wo im Blütenbereich auch äußerlich Insekt und Pflanze sich begegnen. Ohne die geisteswissenschaftlichen Erkenntnisse über die Bildekräfte-Organisation der Pflanze und des Tieres, über das so vielfältig differenzierte Zusammenwirken des Ätherischen mit dem Astralischen und das Hereinwirken der Gestalt-Bereiche hätten diese Studien an den äußeren Erscheinungsformen sicherlich nicht so zielstrebig durchgeführt werden können.

Und doch fließt in dem Hauptwerk seines reiferen Lebens *Die Pflanze I und II* nichts von diesen Kenntnissen der geisteswissenschaftlichen Forschungen Rudolf Steiners in unberechtigter Weise in die Darstellungen ein. So wie wir bei Goethe bewundern können, welche große Zurückhaltung er als Naturforscher in seinen Pflanzenstudien ausübte, indem er in die

Darstellungen der «Urpflanze» nichts von alledem einfließen ließ, was er aus seinen mystischen und theosophischen Studien wohl wußte, und nur das darstellte, was sich seiner sorgfältigen Beobachtung ergab, so finden wir eine ähnliche Zurückhaltung bei Gerbert Grohmann. Ja, es ist sogar zu beobachten, wie diese Zurückhaltung im Lebensverlauf wächst. In seinem Jugendwerke *Botanik* fußen noch manche Darstellungen direkt auf den Ergebnissen geisteswissenschaftlicher Forschung. In der *Pflanze* ist nur aufgezeigt, was sich bei Anwendung der Goetheschen «entwickelnden Methode», was sich der genauen Beobachtung und der Methode der zusammenfassenden, «anschauenden Urteilskraft» ergeben konnte. Schweren Herzens hat sich Grohmann immer wieder entschlossen, nicht über diese Grenze hinauszugehen, aus innerer Verantwortung gegenüber einer der heutigen Bewußtseinslage entsprechenden naturwissenschaftlichen Methode.

Vielleicht sind gerade deshalb seine Darstellungen der Haupt-Pflanzenfamilien im zweiten Bande der *Pflanze* solche Kleinodien geworden. Sie wirken durch die Klarheit der Form und durch die Schönheit der so sorgfältig gewählten, behutsam zeichnenden und malenden Sprache. Deutlich ist in allen Schilderungen das Keimhafte spürbar, denn vieles ist im Bewußtsein Grohmanns angeklungen oder lebend gewesen, was infolge der charakterisierten Zurückhaltung in den Worten keinen Ausdruck fand. So ruht noch manches an Weisheitsschätzen in diesen Skizzen, was noch der Erschließung durch die Leser harrt. Ein Studium der Charakterisierungen Grohmanns der verschiedenen Pflanzenfamilien im zweiten Band der *Pflanze*, vor allem, wenn man diese in ihren polaren Gegensätzlichkeiten auf sich wirken läßt, zum Beispiel Hahnenfußgewächse zu den Rosengewächsen oder Rosengewächse zu den Leguminosen oder Leguminosen zu den Kreuzblütlern oder die Gräser zu den Orchideen und Leguminosen, – es führt zu tiefen Einblicken in das Wesenhafte der Pflanzenfamilien. Voraussetzung ist allerdings, daß diese Charakterisierungen als Anregung genommen werden zu eigenen sorgfältigen Beobachtungen unter Ausbildung der «anschauenden Urteilskraft», wozu man, wie es Goethe forderte, sich innerlich würdig machen muß, um die Geheimnisse der Natur verstehen zu können. Man wird dann gut Freund mit den einzelnen Pflanzenfamilien, vertraut mit ihrem Wesen, mit der Ichheit, die sich in ihren Erscheinungen offenbart. Man lernt verstehen, wie dieses Pflanzenfamilien-Wesenhafte in unterschiedlicher Weise zusammenwebt mit den Bildekräften der Erdennatur, dem Mineralischen und Feuchten, aber auch mit dem in Licht und Wärme Hereinwirkenden, wie es innigst verwoben ist mit der Bildekräfte-Organisation der «Urpflanze», der Gesamt-Pflanzen-Wesenheit, wie sie Goethe erforscht und beschrieben hat. Ein solches intimes Freundwerden mit den Gestaltungsimpulsen und Lebensbedingungen der Pflanzenfamilien, wie es uns in den Büchern Grohmanns entgegentritt, erweitert die Fähigkeit zu einem wesensgemäßen Umgehen und Pflegen der Pflanzen in Landwirtschaft und Gartenbau; es verhilft aber auch zu einem vertieften Verständnis der Bedeutung und des Wertes der einzelnen Pflanzenfamilien für die Ernährung.

Als Linné, der die verschiedenen Pflanzenfamilien an äußeren Merkmalen zu unterscheiden gelehrt hat, im Alter davon sprach, daß er die in der Schöpfung wirkenden Ideen (Gestaltungsimpulse) wieder aufgedeckt habe, da griff er in dieser Einordnung seines Lebenswerkes auf ältere weltanschauliche Betrachtungsweisen zurück. Im Laufe der weiteren Entwicklung der Naturwissenschaften, wie sie gerade auch durch die von Linné eingeführten und gehandhabten Methoden zur Entfaltung kam, wurde eine solche Anschauung bald ausgelöscht. Die Entdeckung der Idee von der Entwicklung der Lebewesen auf der Erde aus einfachen zu höher organisierten Organismen, wie sie später vor allem durch Darwin und Haeckel gefaßt wurde, ließ solche Gedanken vollständig verschwinden. Wie so oft bei neuen Entdeckungen, wurde auch diese in ihrem Umfange überbewertet. Man glaubte, daß die Entwicklung von niederen zu höheren Organismen und der Stammbaum, der in dieser Entwicklung sichtbar wurde, ausschlösse, daß den einzelnen Pflanzenfamilien ein «Urbild», ein «gestaltendes Wesenhaftes» zugrunde liege. Dieses einseitige Hinstarren nur auf das schrittweise Sich-Entwickeln vom Einfachen zum Höher-Organisierten erschwerte ja auch in so umfassender Weise ein wirkliches Verständnis für die Darstellungen Goethes über die Idee der «Urpflanze» als im Pflanzenleben wirkender Gestaltungsimpuls. Es war Rudolf Steiner vorbehalten, in seinem im Jahre 1909 veröffentlichten Werke *Geheimwissenschaft im Umriß*, das eine ausführliche Darstellung der Entwicklungsgeschichte der Erde und ihrer Naturreiche auf Grund geisteswissenschaftlicher Forschungen gibt, aufzuzeigen, daß sich diese beiden Betrachtungsweisen nicht gegenseitig ausschließen, sondern sich ergänzen. – Auf dem so geschaffenen geistigen Fundament vermochte nun Gerbert Grohmann durch sein Lebenswerk Wesentliches beizutragen, auf daß die Empfindung Linnés, der Wiederentdecker der Schöpfungsideen gewesen zu sein, in einer der heutigen Bewußtseinslage und der inzwischen erfolgten naturwissenschaftlichen Entwicklung gerecht werdenden Weise verstanden werden kann. Jedoch führte Grohmann nicht nur zu einem Unterscheiden der Pflanzenfamilien und ihrer Gestaltungsideen, sondern zu einem lebendigen Erfassen, zu einem innerlichen Verstehen der wesenhaft wirkenden Bilde-Impulse derselben, indem er damit gleichzeitig zu dem Urbild des Pflanzen-Wachstums, mit dem uns Goethe in seiner Charakterisierung der «Urpflanze» vertraut gemacht hat, die Urbilder der Pflanzen-Gestalten ergänzend hinzufügte.

So verschiedenartig die Beiträge von Linné, Goethe und Grohmann zur vertieften Erkenntnis der Pflanzenwelt gemäß ihrer besonderen Wesensart und der Zeitsituation, in der sie standen, sind, so sehen wir sie andererseits vereinigt in dem Bemühen, die Wirklichkeit der im Wachstum und den Gestalten der Pflanzen wirksamen schöpferischen Ideen, der darin wirkenden Bildekräfte, offenbar zu machen und im naturwissenschaftlichen Zeitbewußtsein zum Leben zu bringen. Eine Aufgabe, von deren Gelingen das Weiterbestehen der westlichen Kulturen in die Zukunft hinein in ihrer heutigen Begegnung mit den Völkerkreisen des Fernen Ostens in stärkster Weise abhängig sein wird.

Justus von Liebig: Über den Materialismus

Abschließende Bemerkungen eines Aufsatzes aus den «Chemischen Briefen»[89]

«Die Naturforscher, welche die Gesetze des organischen Lebens wirklich kennen lernen wollten, und gewahrten, daß physikalische und chemische Kräfte in ihm walteten, richteten natürlich auf diese als auf das auch sonst Bekannte ihr Augenmerk; sie sahen zunächst von anderen Kräften ab, um zu ergründen, wie weit Physik und Chemie für die Erklärung des

Lebens und seiner Vorgänge ausreichten; wo sie unzulänglich sind, da tritt das Wirken eines neuen noch unbekannten Prinzips ein, das dann sogleich umgrenzt und näher bestimmt ist. Diese Methode der Ausschließung haben viele Leute nicht gekannt, nicht verstanden, und so kam es, daß sie glaubten, eine eigentümliche in den Organismen wirkende, von den physikalischen und chemischen Kräften verschiedene Ursache werde von den Männern verworfen, welche die physikalischen und chemischen Bedingungen des Lebens festzustellen suchten.

Um gegen die Apostel des Materialismus nicht ungerecht zu sein, muß man in Betracht ziehen, daß ihre Ansichten im Wesentlichen nichts weiter sind als die extreme Folge von einer Reaktion gegen die vor mehreren Jahren noch herrschenden Lehren. Die naturphilosophische Physiologie entbehrte die Basis der exakten Forschung, der Erfahrung; alle Vorgänge der Ernährung, der Respiration, der Bewegung erklärte sie durch eine einzige eingebildete Ursache, die sie Lebenskraft nannte; in dem organischen Körper, so meinte man, haben die chemischen und physikalischen Kräfte keinen Anteil, er erzeuge sich das Eisen, das er brauche, wie die Wärme, auf seine eigene Weise. Die exakte Naturforschung hat dargetan, daß alle Kräfte der Materie wirklich Anteil haben an dem organischen Proceß, und die extreme Reaktion behauptet jetzt, im Gegensatz zu der früheren Ansicht, daß nur die chemischen und physikalischen Kräfte die Lebenserscheinungen bedingen, daß überhaupt keine andere Kraft im Körper wirke. Aber eben so wenig wie die Naturphilosophen von damals den Beweis liefern konnten, daß ihre Lebenskraft Alles mache, eben so wenig können die Materialisten von gestern den Beweis führen, daß die anorganischen Kräfte es tun, und für sich ausreichen den Organismus, ja den Geist hervorzubringen. Alle ihre Behauptungen gründen sich wie damals nicht auf die Bekanntschaft, sondern auf die Unbekanntschaft mit den Vorgängen. Die Wahrheit liegt in der Mitte, die sich über die Einseitigkeiten erhebt und ein formbildendes Prinzip, eine herrschende Idee in und mit den chemischen und physikalischen Kräften für das organische Leben anerkennt.»

Nicolai Frederik Severin Grundtvig, Begründer eines menschheitlichen Kulturimpulses

Dich im Unendlichen zu finden,
Mußt unterscheiden und dann verbinden
J. W. Goethe

Das Ganze ist mehr als die Summe der Teile.
Philosophie des Organischen, Hans Driesch, 1908[90]

Die Wissenschaft der Ökologie hat in den letzten Jahrzehnten große Fortschritte gemacht in der Erforschung der Abhängigkeit der vielfältigen Organismen, der Lebewesen in einer Landschaft untereinander, aber auch vom Gestein, dem Boden, der Atmosphäre, in denen sie leben und wachsen und vom Klima und Wetter, die hereinwirken. Aber auch über die Abhängigkeit der einzelnen Lebewesen einschließlich des Menschen von der Ganzheit der Lebensgemeinschaft sowie der Ganzheit von den einzelnen Lebewesen und Faktoren.

In der landwirtschaftlichen Betriebsführung ist jedoch noch kaum bewußt aufgenommen worden, daß die zielstrebige Gestaltung der Lebensgemeinschaft, der Umwelt, im kleineren Maßstab in der Durchgestaltung eines Betriebes, im größeren einer ganzen Landschaft, wichtige Voraussetzung für das Gedeihen eines land- oder gartenbaulichen Betriebes schaffen sollte.

Ein ausreichendes zu Taten führendes Verständnis für die zu Gesundung und Harmonie führenden Veranlagungen im Organismus des Naturwachstumes zeigte sich – in der landwirtschaftlichen Praxis und Forschung – eigentlich nur dort, wo ein Empfinden dafür erarbeitet oder aus der Tradition noch erhalten ist, daß «das Ganze mehr ist als die Summe der Teile» – oder wo man wieder im Sinne von Justus von Liebig nach den gestaltenden Ideen im Bereich des Lebendigen zu fragen wagt oder wo neben dem naturwissenschaftlichen noch ein religiöses Weltbild wertbildend hereinwirkt. Dort wo das heutige naturwissenschaftliche Weltbild als allein maßgeblich angesehen wird, war es daher kaum möglich, Verständnis für die Probleme und Forschungsvorhaben zu finden, die sich aus dem «biologisch-dynamischen Prinzip» ergeben.

In der zweiten Hälfte des letzten Jahrhunderts begann die heutige naturwissenschaftliche Denkungsart vorherrschend zu werden. Die Fragestellung Justus von Liebigs nach den im Lebendigen wirkenden, gestaltenden Ideen war nur noch ein Ausklang dessen, was in Goethes naturwissenschaftlichen Bestrebungen gelebt hatte. Goethe wollte vom Ganzen ausgehend die Einzelheiten verstehen. Er vermochte die Ganzheit noch intuitiv zu erfassen, zum Beispiel die Idee, das Urbild, welches sich in den einzelnen Pflanzenbildungen offenbart und diesen zugrunde liegt: im Dunkel der Erde keimend, in Feuchte und Luft in rhythmischer Folge die Blätter entfaltend und wieder zurückbildend, in Blüte und Frucht immer mehr dem Licht sich zuwendend, die Stofflichkeit lichtverwandt wandelnd, im Blütenstaub weit in den durchlichteten, durchwärmten Umkreis hinausstrebend, – um dann wieder mit neuen Impulsen begabt in der Samenbildung sich der Erde zuzuwenden. – In diesem Hinaufstreben vom Erdendunkel zum Lichtkosmos erlebte Goethe das Urbild der Pflanze. Schiller knüpfte von hier aus die Beziehung zum Menschen in folgender Weise:

Das Höchste

Suchst du das Höchste, das Größte? Die Pflanze kann es dich lehren:
Was sie willenlos ist, sei du es wollend – das ists!

Intimes Erleben der Impulse des eigenen Seelenlebens und künstlerisch objektives Erfassen der Bildetendenzen, der Gestaltungen im Pflanzenleben, sie berühren sich so als Göttlich-Urbildhaftes im menschlichen Bewußtsein, und es bedarf solcher Erlebnisse, um die Kraft zu stählen, die notwendig ist, das eigene Schicksal mit der Aufgabe zu verbinden, die immer dringlicher werdenden Probleme in der sozialen und natürlichen Umwelt unbeirrbar anzugehen. Wenn Goethe auch sinnlich übersinnlich das Urbild unmittelbar, intuitiv erfassen konnte, so scheute er doch keine Mühe, um das so Erfaßte – durch exaktes Beobachten des schrittweisen Wandels der Formen – auch naturwissenschaftlicher Methodik entsprechend verständlich zu machen. Allerdings sah er den Fortgang der Aufgabenstellung darin, die Einzel-Beobachtungen wiederum so zusammenzustellen, daß das Urbild daraus deutlich erfaßbar wird.

In Mitteleuropa ist diese Goethesche Erkenntnis und Lebenshaltung nicht in die weiten Kreise der Bevölkerung gedrungen, aber auch im wissenschaftlichen Bereich war sie in der Mitte des letzten Jahrhunderts praktisch erstorben.

Im skandinavischen Norden, in Dänemark, Norwegen, Schweden erlebte sie jedoch in der zweiten Hälfte des letzten Jahrhunderts eine neue Blüte. N. F. S. Grundtvig, der noch einen eingeborenen Sinn für das Sinnlich-Übersinnliche im Natur- und Menschenleben hatte, auch in der Sagenwelt und der Geschichte, lebte das Vermögen, seine Gedanken in freier Rede so zu gestalten, daß sie von der ländlichen Bevölkerung, die nur die Dorfschule besucht und dann in der Lebenspraxis Erfahrungen gesammelt hatte, aufgenommen und in Geist und Seele zum Leben erweckt werden konnten. Aus diesen Impulsen wurde von Grundtvig die nordische ländliche Volkshochschulbewegung gegründet, durch deren weitverbreitete Schulen im ländlichen Bereich ein großer Teil der Jugend von den Höfen hindurchging, die Mädchen im Sommer, die Jungen im Winter, jeweils ein oder zwei Semester. Grundtvigs Ziel war, die Jugend nach der Volksschule sich erst, mit den Gliedmaßen arbeitend, in die soziale und wirtschaftliche, damals noch zum größten Teil landwirtschaftliche Umwelt einleben zu lassen, um sie dann im Alter von 20, 21 Jahren an die Volkshochschulen zu holen. In einem Lebensalter, wo sie den in ihnen veranlagten ideellen individuellen Möglichkeiten am nächsten waren, sollten die nur in der Empfindung lebenden Ideale gedanklich gefestigt werden durch einen lebensvollen Umgang mit den Ideen der führenden Geister des nordischen und mitteleuropäischen Kulturkreises. Auf ein Erleben und Gestalten in den Bereichen künstlerischen Schaffens wurde dabei besonderer Wert gelegt, wie auch auf ein Erfassen des tieferen Sinnes der nordischen Sagenwelt. Denn nur so, wenn die Gedanken über Menschentum und menschheitliche Aufgaben der führenden Geister, aber auch der Volksdichtung und Sagen, verständnisvoll und lebensnah erarbeitet und im Spiegel der jugendlichen Ideale wieder erkannt und erweckt werden, können diese durch das ganze Leben tragende Impulse werden.

Im folgenden Aufsatz von Elis Hjorth wird gezeigt, wie für Grundtvig sich am Betrachten der menschlichen Geschichte das Urbild der Entwicklung offenbarte, führend vom Geführtsein durch Göttliche Mächte und später durch von diesen inspirierte, menschliche Institutionen, über das Suchen und Irren nach verschiedensten Seiten, zum Handeln aus freier, sittlicher individueller Verantwortung, wozu die Möglichkeit durch das Mysterium des Christuslebens auf der Erde vorbereitet wurde.

In Mitteleuropa sind immer wieder vor allem in Zeiten der Not, wie nach den beiden verlorenen Weltkriegen, nach Grundtvigs Vorbild ländliche Volkshochschulen begründet worden. Doch wurde sicherlich die Tiefe seiner Impulse nicht voll ausgeschöpft, auch war die Zeit noch nicht reif, solange die kirchliche und dörfliche Tradition noch sittliche Lebensimpulse der Jugend geben konnte. Heute leben wir in einer tieferen Not, denn der Impuls zur Bewältigung der fast übermenschlichen Aufgaben, vor denen wir am Menschen und seiner Umwelt stehen, bedarf der Kraft, welche wohl nur aus dem Erfassen der Idee der Menschheitsentwicklung erfließen kann, dem Erfassen des «freien Menschen als Erdenziel».

Auch im ländlichen Bereich vermag die religiöse Tradition immer weniger der Jugend die Einsicht und das Willensfeuer zu vermitteln, die zum selbstlosen Aufgreifen dieser Aufgaben notwendig sind. Es gilt heute das früher meist mißverstandene Wort von Grundtvig neu verstehen zu lernen:

Erst Mensch – dann Christ.

Das Wort, welches die Stufen des Weges zeichnet, der schicksalhaft heute vor so vielen steht: aus der Not der Gottferne über das Erfassen der Gott-gewobenen Urbilder im Menscheninnern und in den Naturzusammenhängen zu dem Kräftequell, der dem Menschen für zukunftsträchtiges Tun erfließen kann.

Grundtvig und die Ideen des Goethe-Schiller-Kreises

Elis Hjorth

1. *Henrik Steffens und Grundtvig*

Kurz nachdem die Hochschule am Goetheanum vor 50 Jahren von Rudolf Steiner eröffnet war, wurde im anthroposophischen Verlag «Der kommende Tag», 1922, das Werk *Anthropologie* des dänisch-norwegischen Naturphilosophen Henrik Steffens neu herausgegeben, mit Leitworten von Hermann Poppelbaum. Dieses Werk enthält die Grundzüge des damalig neuen goetheanistischen Weltbildes. Henrik Steffens war mit Schelling eng befreundet und vertrat ganz dessen Weltbild und Naturphilosophie. Wie eng er außerdem an Goethe und Schiller angeschlossen war, deutet Poppelbaum an, indem er darauf hinweist, daß bei der Jahrhundertwende die vier Persönlichkeiten Goethe, Schiller, Schelling und Steffens um 12 Uhr nachts sich auf Anlaß Goethes zusammen fanden, um gemeinsam das neue Jahrhundert zu begrüßen.

Kurz nach diesem nächtlichen Zusammentreffen der vier bedeutungsvollen Persönlichkeiten zog Henrik Steffens nach Kopenhagen, wo er 1802–03 eine Reihe Vorträge hielt, die für die nordische Kulturgeschichte bahnbrechend wurden. Nicht nur Grundtvig, Öhlenschläger und H. C. Örsted wurden dadurch «erweckt», sondern auch eine ganze Reihe von jungen dänisch-norwegischen Studenten, die später eine kulturelle Blütezeit schufen, die sogenannte «Nordiska Guldålder Tid». Das wunderbare Geisteslicht, das mittels Goethe, Schiller, Fichte und Schelling die Universität in Jena beherbergte, dieses Licht, in dem die königliche Weisheit aus Athen mit der hingebungsvollen Liebeswärme aus Nazareth vermählt war, brachte Henrik Steffen als Herold nach dem Norden. Diese Zeit um die Jahrhundertwende war für Jenas Universität eine «Schicksalszeit». Fichte war aus der Universität tatsächlich verjagt worden – als Atheist beschuldigt; Schelling – gleichsam verstummend – zieht sich von Jena zurück, Novalis starb 1801, Schiller 1805; nur Goethe blieb.

Was brachte Steffens nach dem Norden? Grundlegende Ideen betreffend dessen, was er aus Jena nach dem Norden überführte, enthält wohl seine *Anthropologie.* Was ihm aber selber die zentrale Idee seines Lebens war, bekennt er in seinem Werk *Was ich erlebte.* Er sagt da: «Mir war es gestattet, als der Erste auszusprechen, was trotz aller wissenschaftlichen Streitigkeiten in den europäischen Wissenschaftszweigen sich nicht aus der Geschichte vertreiben läßt, wenn es nun einmal ausgesprochen ist: Daß die in und mit Gott freie Persönlichkeit der verborgene Grund aller Naturentwicklungen und das Endziel allen Daseins ist! – Dies zu erleben, war die Blütezeit meines ganzen Lebens. Es werden ständig Persönlichkeiten kommen, welche wiederum aufs neue sich diesem Lebensthema anschließen und es aussprechen werden.»

Und eine solche Persönlichkeit war eben Grundtvig. Von dieser von Steffen ausgesprochenen Idee, daß die Geschichte – sowohl Natur- wie Kulturgeschichte – Schauplatz der stufenweisen Inkarnation des freien, vollkommenen Menschenbildes, in Christus Jesus geoffenbart ist, wurde Grundtvig dermaßen ergriffen, daß sie sein ganzes «Lebensthema» wurde. Als Geschichtschreiber, Mythologe, Volkspädagoge, Theologe, Psalmdichter war ihm dieses die zentrale Idee.

Dieser Idee willen wurde in ihm der Gedanke wach, eine Volkshochschule zu gründen, denn die Reformation der Universität war nach Grundtvigs Ansicht nicht gelungen. Das Leitthema dieser Volkshochschule sollte «Universalgeschichte» sein: Schöpfung, Menschheit, Messias oder Kosmologie, Naturgeschichte und Menschenkunde in heutiger Sprache.

Als Lehrmethode in seiner Volkshochschule wollte Grundtvig, was er «das lebendige Wort» nannte. Es sollte eine Schule für das Leben und nicht ein «Bücher- und Brotstudium» sein.

Bevor ich nun diese drei grundlegenden, aber nun umstrittenen Leitmotive Grundtvigs näher bespreche – die «Schule für das Leben», die «Universalgeschichte» und das «lebendige Wort» – will ich die lebensverändernden Eindrücke schildern, die Grundtvig erlebte (sein Damaskuserlebnis) bei den Vorlesungen Steffens.

2. *Die Initiation oder «Erweckung» Grundtvigs*

In der Kulturgeschichte scheinen zwei Genialtypen vorzukommen, der eine, welchem gleichsam von Geburt aus alles mitgegeben ist und der schon in der Kinderzeit – wie zum Beispiel Raphael und Mozart – seine Eigenart und sein Lebensthema zeigt und der sich gleichsam spielend entfaltet; der andere, welcher einen «Stoß» von außen bekommt, wodurch er gleichsam oftmals in einem mehr reiferen Lebensalter «erweckt» wird, sein Lebensthema erlebt und sich von da ab ihm weiht, wie Luther durch einen Blitzschlag und Galilei durch die schwingende Lampe. So auch Grundtvig. Er war etwa 20 Jahre alt, als er 1802–03 den Vorlesungen Henrik Steffens in Kopenhagen beiwohnte. Seine geistig-seelische Haltung beim Eintritt beschreibt er so: «Die Lateinschule hatte in weniger als zwei Jahren mich zu einer derartig selbstklugen, kalten und niedrigstehenden Person gemacht, daß mich gar nichts interessierte und daß ich an gar nichts glaubte. Ich trat in das neue Jahrhundert als ein Nichtgläubiger ein.»

Und seiner lebenslangen Gewohnheit treu, formte er das in Prosa Gesprochene bald danach in Poesie, oft klarer, kürzer und bündiger als in Prosa. Er bezeichnet jene Jugendgesinnung kurz:

«Dumm und verblindet mein Auge,
Sah nicht das Leuchten der Höhe.»

Die Vorlesungen Henrik Steffens wurden für ihn sein «Damaskus». Er wurde «getroffen», und er wurde ergriffen, «verstand» aber eigentlich nichts. «Aber die Idee des Zusammenhanges der Zeiten und Christus als deren Mitte verblieb in mir. Aber klar erlebt wurde sie erst nach Jahren, als ich ähnliche Gedanken fand bei dem mir so lieben Schiller.»

Noch ein zweites beeindruckte ihn, das sich dann auch zu seinem Lebensthema knüpfte, «das lebendige Wort». In seiner Selbstbiographie (Mands Minde) schreibt er: «Die Vorlesungen Henrik Steffens waren gewiß ein Wendepunkt in manchem, aber doch auch eigentlich in meinem Leben. Das beflügelte Wort lernte ich kennen und bewundern, lieben und es mir wünschen und wurde dadurch bekehrt zum Glauben an die Bildekräfte im Unsichtbaren und an den Geist und die geistige Welt als etwas durchaus Wirkliches, eine weit höhere und kraftvollere Wirklichkeit als die wir mit den Augen sehen.»

Auch bekennt er deutlich, daß das dritte, was zu seinem Lebensthema gehört, die Idee einer Volksuniversität, einer Schule für das Leben (und nicht nur für Fach- und Brotstudium), auch bei den Vorlesungen von Steffens in ihm keimgelegt wurde. «Wir, welche daran teilnahmen, wissen es, daß wir unter den sehr unvorteilhaften Verhältnissen einen Schimmer vernahmen von der universalgeschichtlichen Hochschule, als Steffens wie ein Blitz niederschlug unter uns. Diesem Hochschul-Licht bin ich, – das sehe ich jetzt klar – meine wissenschaftliche Bildung schuldig.»

3. Die Zeit der Selbstbesinnung Grundtvigs nach seiner «Erwekkung»

Wie Paulus einst drei Jahre brauchte, um Herr zu werden über sein ihn umwälzendes Erlebnis bei Damaskus, so auch Grundtvig nach dem ihn umwälzenden Erlebnis durch Henrik Steffens. Abseits Kopenhagens, als Hauslehrer auf dem Lande, warf er sich über das Studium Lessings, Fichtes, Schillers und

Schellings, um all das bestätigt zu finden, was ihn während der Vorlesungen so stark beeindruckte, ohne daß er es eigentlich festhalten und begreifen konnte. Besonders beeindruckte ihn nun Fichtes *Die Bestimmung des Menschen*. Kulturgeschichtlich beginnt ja mit Fichte das, was der Lehrer Fichtes, der berühmte Philosoph Kant als «die kopernikanische Drehung des Geistes» bezeichnet.

Die ganze Vorzeit hatte über die äußere Natur und deren Formen gedacht. Nun müssen wir aber über das «Bewußtsein» und dessen Denkformen denken. Der Mensch muß der Natur seiner eigenen Seele bewußt werden, bevor er über die Seele der Natur denkt. Er muß den Geist in sich entdecken und danach den Geist in Natur und Kosmos suchen. Dann baut er auf «Felsengrund».

Denn der sich selbst erkennende Menschengeist ist das erste Ziel des Vatergrundes des Kosmos und der Natur. Das nächste Ziel ist dann das Hinaufgehen des reinen Menschengeistes in den «Himmelsgeist» – so wie Henrik Steffens es beschrieb – durch die drei Stufen «Zweifel, Wissen und Glaube». In Fichtes *Die Bestimmung des Menschen* kann man auch kulturgeschichtliche Phasen sehen, obwohl Fichte sie durchkämpfte als Stufen innerhalb der einzelnen Menschenseele.

Besonders muß es beeindrucken, daß Fichte den «Glauben» darstellt als eine Stufe über dem «Wissen». Das Gute zu tun oder danach zu streben, ist ja doch mehr als das bloße Wissen des so und so Seienden. Und ob es uns wirklich gelingen wird, das Gute zu vollbringen, so wie wir es uns gedacht haben, können wir im voraus nicht «wissen», müssen es aber «glauben».

Aus diesen Überlegungen entstand in Grundtvig das später so viel umstrittene Leitwort: Erst Mensch – dann Christ; denn der Mensch muß erst seinen eigenen Geist erkennen, bevor er sich in den göttlichen Geist einfühlen kann. Deshalb auch die immer und immer wiederholte Betonung Grundtvigs, daß es mit der Ausbildung des Denkens nicht reicht, sondern die Ausbildung des Willens dazu kommen muß; das Gute muß ja getan werden, nicht nur gedacht! Was Logik gewesen ist für das Denkleben, muß Ethik werden für das Tatleben.

In Schillers *Briefen zur aesthetischen Erziehung des Menschen* konnte Grundtvig eine Bestätigung dieser Strebensrichtung sehen. Der Herzog von Augustenburg, für den diese Briefe geschrieben wurden, wollte das ganze Schulwesen Dänemarks, Norwegens und damit auch die Universitäten reformieren.

Die Grundfragen, die Schiller in diesen Briefen darstellte: «Gibt es Gesetze für das Gefühlsleben, so wie die Logik es ist für das Denkleben», mußten den jungen Grundtvig stark erregen. Schiller war über den Verlauf der Französischen Revolution sehr enttäuscht. Die schön ausgedachten Ideale «Freiheit, Gleichheit und Brüderlichkeit» wurden in Unfreiheit, Neid und Blutdurst umgewandelt. Daraus ersieht man, daß die seelische Kultur nicht Schritt halten konnte mit der rein verstandesmäßigen Ausbildung. Eines ist, das Schöne und Gute zu denken, etwas anderes, es zu verwirklichen. Die Gefühls- und Tatkräfte sind nachgebliebene «schlafende» Regionen der Seele.

Wie die Wahrheiten Nahrung sind für das Denkleben, so ist das Schöne Nahrung für das Gefühlsleben. Das Schöne beruht aber auf dem Streben geheimer Naturkräfte, sich in äußerer Form zu offenbaren. Und das Gewahrwerden dieses Strebens beeinflußt und veredelt unser Gefühlsleben. Oder wie der junge Rudolf Steiner sagt: «Das Gewahrwerden der Idee in der Wirklichkeit ist die wahre Kommunion.» In dieser Vertiefung des Gefühlslebens liegt die kulturgeschichtliche Aufgabe der Kunst. Wie die Wissenschaft geboren wird aus dem Gewahrwerden der schaffenden Kräfte des Weltalls, so auch die Kunst! Die Kunst aber betont mehr das «Wie», die Wissenschaft das «Was».

So ist also der Künstler dem Wissenschaftler ebenbürtig! Er bringt dem Gefühlsleben Nahrung wie der Wissenschaftler dem Denkleben. Für Grundtvig ist aber der Dichter – der Diener des Wortes – der Künstler überhaupt. Er ist «Späher des Lebens und guckt durch das Sperrgitter in den Lebensgarten hinein». Dadurch wird er für die Menschen ein «Augen- und Ohrenöffner», damit auch sie «Mitarbeiter der verborgenen Schaffenskräfte» werden.

Und so – durch lange und tiefe Gärungsperioden – summiert sich alles in seinen drei Zentralgedanken:

«Die Schule für das Leben»
«Die Idee einer Universalgeschichte»
«Das lebendige Wort

als Befruchtungskräfte des neuen Menschentypus.

4. Die Idee einer «Universalgeschichte» nach Schiller und nach Grundtvig

Sich selbst bezeichnet Grundtvig als einen «historischen Geist». Die Eigenart seines Geistes besteht darin, daß er den Blick wohl offen hat für Kosmologie, Naturkunde und ein derartig allumfassendes Weltbild, wie Henrik Steffens es ihm darstellte; aber lebhaft schaffend fühlte er sich erst beim Anblick der Veredlung der menschlichen Triebe und des «Blutes» durch die Kulturgeschichte, wie er sagt, die «laufenden Zeiten». Darin sieht er das «Universalgeschichtliche». Meinungen und Gedankensysteme, Rassen und Völker entstehen und vergehen, allein die Sehnsuchten und Triebe verbleiben doch in ständig edlerer und lauterer Gestalt. Für Grundtvig muß sich also nicht bloß die «Universalgeschichte», sondern auch das handgreiflich «Geschehene» als eine Theodice äußern. Das Wort Theo verstanden als Gott und Gottesführung – und die Göttin «Dike» als ordnungsbehauptende Rechtfertigkeit. Denn gewiß schreitet alles unter Gottes Führung vorwärts, doch ist ein Widersacher da und hat auch Fuß gefaßt im Leben des Menschen, wodurch eine gewisse «Willkürlichkeit» in der «geschehenen Geschichte» vorkommen kann. Das ist in der eigentlichen «Universalgeschichte» nicht möglich. Ob er will oder nicht, muß der Widersacher doch dem Göttlich-Guten dienen. Schwer haben es jene, die in den Geist des Widersachers hineingekommen sind.

Aus dieser geschichtlichen Anschauung heraus muß Grundtvig besonders Schiller lieb haben, und zwar nicht nur dessen philosophischen Abhandlungen, sondern auch die großen Dramen *Don Carlos, Jungfrau von Orléans, Wallenstein* und so weiter. Da hat ja Schiller für fast jedes europäische Kulturvolk auf einen «universalgeschichtlichen Schicksalsknoten» hingewiesen und einen Menschentypus dargestellt, in welchem dieser Konflikt gleichsam fixiert war. Um den «universalgeschichtlichen» Moment anzudeuten, hat Schiller das Schicksal Wallensteins durch die universellen Gesetze der Sternenwelt leiten lassen. Das Ende des «Machtmenschen» war – obwohl nicht profan so doch menschlich gesehen – bevorstehend.

Schon 1789 hat Schiller eine Abhandlung herausgegeben. Es

war seine akademische Antrittsrede, mit der er seine historischen Vorlesungen in Jena eröffnete: *Was heißt und zu welchem Ende studiert man Universalgeschichte?* Er führt darin aus: Die Universalgeschichte ist Geschichte der «Ganzheit» und liegt als solche weit außerhalb des engbegrenzten Fach- und Brotstudiums, das mit seinem System eben die Ganzheit zerstükkelt. Dadurch werden viele «helle Köpfe» «beschleiert», welche sonst dem menschlichen Fortschritte hätten dienen können.

Weiterhin skizziert dann Schiller eine menschliche Urgeschichte: Die ursprünglich mitgegebenen Instinkte der Menschen gingen verloren, und eben dieses Verlorengehen der «leitenden Instinkte», das ist für Schiller das, was in der Bibel der Sündenfall ist. Indem die «menschlichen Instinkte» verloren gingen, entstand die Selbstheit, und diese wurde dann durch den Lauf der Zeiten veredelt zur «Humanität», das heißt einer Harmonisierung zwischen Eigenwillen und Gemeinschaftswohl.

Zu den Vorlesungen Schillers über «Universalgeschichte» fügten sich weitere Vorlesungen an, zum Beispiel *Die Sendung Moses,* mit Tiefblick in die ägyptischen und die griechischen Mysterien.

Gegen Ende der Vorlesungen über *Universalgeschichte,* nach der Beschreibung der Entwicklungslinie von «Instinkt» zu «Humanität», kommt dann eine kurze Beschreibung, man könnte fast sagen: das Porträt eines kommenden Menschentypus.

Aber diese Entwicklung zur Humanität hat nach Schiller auch eine Vorgeschichte: Schon im Nomaden- und Hirtenzeitalter der Menschheit entstand eine Art «Verantwortungsgefühl» für Vieh und Feld. Es war selbstverständlich keine absolut reine und ungemischte moralische Qualität, sondern sie war mit ein wenig Egoismus verbunden. Wie in der Naturgeschichte Halbedelsteine vorkommen, so auch in der Entwicklung der Sittlichkeit. In dem hochscholastischen Gedankensystem heißt diese Kategorie das «doppelte Gute»: Indem ich helfe, wird auch mir geholfen. Aber es kommt eine noch höhere Stufe der Hingabe, wo diese ganz rein ist, die aber Schiller in spätere Zeiten verlegt, obwohl er sie doch ganz kurz skizziert. Dieser Typus ist imaginiert in das, was noch möglich ist, und nicht in das, was schon erreicht ist. Dieser Typus imaginiert in dem «schlummernden Wollen» und nicht in dem bloß Erreichten. Denn schon zwischen dem Gewollten und dem Erreichten ist, sowohl in der Natur als in der menschlichen Seele, eine gewisse Spannung, ein Streit, eine fehlende Harmonie, die das betreffende Wesen nicht selbst überwinden kann. Die kommende Stufe des Menschengeistes sieht und versteht diese Disharmonie und will sie überwinden, da sie Harmonie in sich selbst fühlt. «Er nimmt also diese Harmonie aus sich selbst heraus und verpflanzt sie außer sich in die Ordnung der Dinge d. i. er bringt einen vernünftigen Zweck in den Gang der Welt und ein teleologisches (d.h. zweckhaft-sinnvolles) Princip in die Weltgeschichte.» Und damit seine hilfbereite Imagination nicht aus blindem Selbstvertrauen entsprungen ist, sondern durch Erfahrung bestätigt wird, prüft er sie nochmals der Sachlage gegenüber. Er tut es immer selbstprüfend, sich selbst erziehend. Schiller sagt weiter: «Mit diesem (seinem Verhalten) durchwandert er noch einmal die Ordnung der Dinge und hält es prüfend gegen jede Erscheinung, welche dieser große Schauplatz ihm darbietet. Durch tausend bestimmende Facta sieht er es bestätigt, durch eben so viele andere widerlegt. Aber so lange in der Reihe der Weltveränderungen noch wichtige Bindungsglieder fehlen, so lange das Schicksal über so viele Begebenheiten den letzten Aufschluß noch zurückhält, erklärt er die Frage unentschieden.»

Man sieht leicht, Schiller weist auf einen in späterer Zeit kommenden Menschen hin, der nicht in das «Da-Seiende» imaginiert, sondern in einem ständigen, einem ewigen oder, wie man damals sagte, einem «unendlichen Werden», dem er Wegbereiter werden wollte.

Hier konnte Grundtvig – als «Historischer Geist» – nicht nur bestätigt finden, was Henrik Steffens immer und immer besprach, daß nämlich «die in und mit Gott freie Persönlichkeit der verborgene Grund aller Naturentwicklungen und das Endziel allen Daseins ist», Grundtvig konnte in Schillers Darstellung diesen Typus mehr als Charakter dargestellt sehen. Er konnte erleben, wie in Schillers Darstellungen Charakterzüge sich entwickelten aus Anlagen, die in Henrik Steffens Darstellungen leibesgebunden sind. Für die Erweckung und Erstärkung und Ernährung des später kommenden Typus des «ethischen Individualisten» lebte Grundtvig bis zu seinem Tode 1872.

Schon 1804 hatte er auch die Zarathustrische Religion nach

Zend-Avesta studiert und war dadurch auf die «nordische Mythologie» aufmerksam geworden, welche damals fast ganz unbekannt war. Die zarathustrische Darstellung, den Streit im Kosmos und in der Natur zwischen Ormuzd und Ahriman, zwischen Licht und Dunkel, zwischen Wahrheit und Lüge fand er wieder in der nordischen Kosmogonie, deren Helden und Götterdarstellungen. Er fand in der Idee «Ragnarök» – Untergang des ganzen Welt- und Götterkreises – und auch in den Weissagungen «Wölwen» christliche Züge. Die Weissagungen der Wölwen sind eine Zukunftsvision ähnlich der «Johannesoffenbarung». Grundtvig erklärt in seiner *Nordischen Mythologie* 1808: «Die Asa-Lehre ist Kosmogonie, so hoch und tief wie keine Nation sie hat oder hat haben können. Denn bloß der Nordbewohner vermochte jene gewaltige Idee gebären: um Harmonie zu erreichen, muß das ganze Leben streiten.» Er deutet damit hin auf den ständigen Streit zwischen den hellen Göttersöhnen – den Asen – mit den dunklen Thursen und Riesen. Für Grundtvig sind solche Darstellungen ein Bild des Kampfes des Menschen mit den Elementarkräften, damit die Universalkräfte eine höhere Natur, eine edlere Erde und einen reineren Himmel bereiten können; gerade so, wie wenn wir nicht passiv, sondern werkwillig sagen: «Komme Dein Reich.»

Thor, der Asa Thor mit dem Schleuderhammer, war der Lieblingsgott im Norden. Er ist aber nicht als Bild der rauhen Kraft anzusehen, sondern als jene edlere Kraft, die der rauhen Kraft Richtung und Ziel gibt. Überhaupt ist es so, daß, wenn von den «vier Hauptvölkern» – nach Grundtvig – «den Römern, Ebräern, Griechen und Nordbewohnern» gesprochen wird, die beiden letzteren Völker nicht nur die Götter abbilden, was bei den Ebräern verboten war, sondern sie sogar in Menschengestalt abbilden. Dies deutet darauf hin, daß sie sich selbst als ein Bild des Göttlichen erlebten.

So glaubte Grundtvig, in der nordischen Völkerpsyche gerade jene ethische Anlage gefunden zu haben, die Schiller beschrieben hatte, aber für eine später kommende Zeit. Grundtvig sieht sie in der nahesten Zeit, die aber er erwecken wollte, so wie er selbst erweckt wurde.

Gerade in jenen Jahren, wo er sich in diese mythologischen und völkerpsychologischen Probleme vertiefte, 1809–1810, 29 Jahre alt und sieben Jahre nach seiner «Erweckung», befand er sich in einem enormen Gärungs- und geistigen Fieberzustand. Er hatte sein Ich gefunden, er sah seine Mission und ihre Schwierigkeiten. Die gewaltige Stoffmenge, wissenschaftliche, mythologische und christliche, sollte in einheitliche Harmonie gebracht werden, möglichst auch dramatisiert, denn «was man auf der Bühne sieht, macht stärkeren Eindruck als in einem Buch gesehen». Die Weltgeschichte sollte beleuchtet werden als ein großer Wendepunkt in der «Universalgeschichte», der altnordische Kampfgeist sollte veredelt werden zur Streitkraft für christliche Taten.

Die enorme Stoffmenge, die gewaltigen Visionen, worin er die ganze Menschheit als einen «Lazarus vor der Erweckung» und wo er auch den Widersacher, der diese Menschheitserweckung verhindern wollte, sah, – drohten ihm sein Ich zu rauben, gerade jetzt, wo er es gefunden hatte. Es geschah aber nicht. Die Krise wurde überstanden, und danach schrieb er den wunderbaren Psalm: «Lieblich ist des Himmels Blau ...» Ein Geist der Milde war in ihn eingegangen, bisher war er nur ein Streiter.

So sieht man, daß Grundtvig wohl der universalgeschichtlichen Linie Schillers folgt, aber wo Schiller und seine Kreise beim Klassizismus gleichsam Halt machen, bringt Grundtvig den nordischen Typus und dessen Volksgeist noch als «viertes Hauptvolk» und Zukunftskeim dazu.

Grundtvig – die «Schule für das Leben»

Elis Hjorth

Obwohl es aus Grundtvigs Notaten 1804 ersichtlich ist, daß ihm schon damals die Idee einer Volkshochschule aufgegangen ist, so hat er sie doch niemals systematisch dargestellt oder ausgearbeitet, sondern hier und dort tiefsinnige Gedanken als Saatgut ausgestreut. Er ist sich selbst dieser mangelnden Systematik wohl bewußt, und er bekennt sich gerne als ein Mensch, der sich immer in «Gärung» befindet und dieses auch als etwas Fruchtbares ansieht. Lebenslang befand er sich in einem aus geistigen Eingebungen erregten Gesinnungszustand, und als Meister der verständnisvollen Nutzung seiner dänischen Muttersprache, wirkte er ganz außerordentlich auf seine Zeitgenossen.

Obwohl nicht die ganze Hegelsche Philosophie, so doch ihr Endziel, die «Begriffbildung im Bewußtsein», weist er schroff ab.

«Das Bedeutungsvolle, Fruchtbare ist nicht, daß der Mensch für sich das Erlebte ins Bewußtsein setzt, sondern daß er es in die Welt setzt.»

Auch kommt es nicht darauf an, Geschichte zu «wissen», sondern Geschichte zu «machen». Wohl muß der Mensch sein Selbst erkennen, aber nur, damit er auf seine Weise fruchtbar wirken kann.

«Schön ist es gelehrt zu werden, besser tauglich für die Welt.»

Doch muß «Tauglichkeit für die Welt» gerechterweise so verstanden werden, daß die Lebens- und Wirkungskreise des Menschen sich ständig erweitern. «Mitglied einer Familie, dann Staatsbürger, so Weltbürger und endlich Himmelsbürger.»

Für die zwei ersterwähnten Lebenskreise erzieht man das Kind, für die zwei weiteren die Jugend. Daher sein Leitwort:

«Das Kind für das Soziale, die Jugend für das Universale.»

Und eben diese zwei höheren Lebenskreise: Weltbürger- und Himmelsbürgerschaft, sollten ja die akademische Ausbildung leiten, worauf der Name Universität eigentlich hinweist.

Die für solche Erziehungsziele nötige Menschenkunde war in Schillers Schriften zu finden, zum Beispiel in der Abhandlung Schillers 1780 «Über den Zusammenhang der thierischen Natur des Menschen mit seiner geistigen». Hier war in Form des Gedankens beschrieben, was bisher beim Eintritt in die Mündigkeit der Studienzeit durch eine alte Zeremonie gezeigt wurde. In der Natur sieht man drei elementare Stufen des Geistes: Instinkt, Gefühl und «Verstand». Die Tiere, je nach ihrer Art, weisen eine gewisse Zweckmäßigkeit und Schlauheit auf, um ihre Bedürfnisse zufriedenzustellen. Diese drei Elementargeistigkeiten, Instinkt, Gefühl und Verstand, sind auch dem Menschen mitgegeben. Diese können aber in die höheren Lebenskreise nicht so in ihrer egoistischen Form mitgebracht werden, sondern müssen vor dem Eintritt, vor der «Schwelle», «abgelegt» oder, latinisiert, «deponiert» werden.

Dieses wurde nun bei der Immatrikulation des Studenten so dargestellt, daß einer für alle in ein Tierfell eingekleidet wurde und dann durch Stockschläge wieder davon befreit. Dann war er ein «Depositorus», oder wie man in Dänemark noch heute die neugebackenen Studenten benennt «Rus». In Deutschland ein «Fuchs». Diese Bezeichnungen sind also leicht durchschaubar, wenn man sich auf jene alte Universitätssitte besinnt. Sie wurde aber gerade damals abgeschafft und, wie Grundtvig sagte: «Als ich deponierte, sollte man einen Preceptor haben – es war aber in der Tat keiner da.»

Hier, bei dieser Übergangsstufe des Menschen vom Staatsbürger zum Welt- und Himmelsbürger sollte Grundtvigs Schule einsetzen. Und warum nur für eine Elite und nicht für das «Volk»? Es ist so ziemlich sicher, daß er jahrelang auf eine staatliche Akademie – eine Neuerstehung der «Schule von Athen» hoffte. An Kinderschulen hat er nie gedacht. –

Handelt es sich um Erziehung zur freien Persönlichkeit, so gibt es nur zwei Prinzipien: die Überzeugung durch das Wort und die nachahmungswürdigen Beispiele. Es gibt nur diese zwei Mittel, will man freie Persönlichkeiten erziehen. Grundtvig greift diese Ideen Schillers auf und will sie so gestalten: Das Christentum soll anschaubar gemacht werden durch «Lesenlernen» der «Universalgeschichte». Denn das Wichtigste sind nicht die Lehrsätze der geschriebenen Evangelien, sondern daß Er gekommen ist, der Gottesgeist, daß dies wirklich wahr ist, daß wir uns überzeugen können, daß unser bisher blinder Glaube Augensalbe bekommt und schauend wird. Das war es, um was Grundtvig in seinen geschichtlichen Darstellungen sich bemühte. Die ganze Universalgeschichte in ihren drei Hauptepochen Schöpfung, Menschheit und Messias bezeugt es ja.

Als Beispiel hierfür wird oft auf die Vision Jakobs in der Bibel hingewiesen, wo dieser, mit dem Kopf auf einem Stein ruhend, die Himmelsleiter sieht. Was alles ist in der Welt vor sich gegangen zwischen einem Stein und einem Menschenkopf? Das sollte die Himmelsleiter andeuten, wie Wesen aus der Natur von unten nach oben steigen und Geister von oben nach unten.

Wie findet man das in der Vision Gesehene in der Wirklichkeit wieder? Betrachtet man, wie der Geist durch Pflanzen-, Tier- und Menschenreich sich ständig höher entwickelt hat, so muß man schließlich zu der Frage kommen: Wann und wo begegnet sich das Oben und Unten? Jakob konnte dies nicht sehen, aber wir können es erleben: Es war in Judäa und in der Zeit der Messias-Sehnsucht der Propheten! Deshalb stellte Grundtvig das jüdische Volk als «Hauptvolk» dar.

Es sollte angeregt werden, doch einmal zu versuchen, die Evolution nicht nur als einen waagrecht durch die «Zeit» gehenden Strom zu sehen, wie die moderne Entwicklungslehre es tut, sondern auch einen von oben nach unten im Raum gehenden Strom, der von unten gleichsam empfangen wird und den Tiefen einen Aufwärtstrieb gibt. Man sollte also versuchen eine «Fischperspektive» anzulegen, nicht eine «Vogel- oder Adlerperspektive». (Nach der Perspektive des Fisches, von unten nach oben schauend, ist ja der gotische Dom gebaut.)

Vermag man diese Perspektive anzulegen, so sieht man tatsächlich die ganze Universalgeschichte als eine Leiter, auf welcher die Wesen von unten nach oben steigen und der Geist des Weltalls von oben nach unten steigt. Auf irgendeinem Höhepunkt der Leiter müssen sie sich begegnen, und zwar so, daß der Geist des Weltalls und der Geist der Erde – durch den Menschengeist repräsentiert – sich vereinen können. Das ist dann das Kommen des langersehnten Messias. Die Stammtafellinie ist dann die diesseitige, durch die Zeit gehende, liebesveredelte Linie. Aber jener durch die Fischperspektive gesehene Geist von oben ist der heruntersteigende Christus. So haben die Katakombenchristen es erlebt.

Diese Jakobs-Vision war unter den Grundtvigianern sehr beliebt! Hat man nun vermocht, diese Begegnung zwischen Erd- und Himmelsgeist zu erleben und danach die tatsächliche Geschichte, soweit man sie damals überschauen konnte, nämlich das griechisch-lateinische Zeitalter, dann sieht man – nach Grundtvig – drei «Hauptvölker»: die Römer, die Griechen und die Ebräer.

Jedes dieser drei Völker stellte einen Höhepunkt des Menschengeistes dar. Durch sie wurden tatsächlich die drei ewigen Welträtsel ihrer inneren Wesenheit nach ins Auge gefaßt: Gott, Natur und Menschheit. Endlich, endlich war der körperlich gebundene Geist aller Wesenheiten der Erde so weit gekommen, daß er sich in seinem Verhältnis zu sich, zu der Natur und zu dem Schöpfer bewußt werden wollte. Die «Ebräer» schauten durch die Propheten zu ihrem Gott auf und waren bemüht, ihn in Wahrheit zu schauen, nicht in falschen Bildern, auch nicht in falschen Vorstellungsbildern. Die «Griechen» schauten die Natur an und deren Wesenswirksamkeit, wie sie nach Maß, Zahl und Harmonie ein irdisches Abbild des ganzen Kosmos darstellt. Dies war ihnen der Mensch, so wie sie denselben in den idealen Proportionen künstlerisch darstellten.

Und die Römer waren bestrebt, durch Staatskunst und Jura, den Eigenwillen des Menschen zu begrenzen im Verhältnis zum Allgemeinwohl oder, wie Grundtvig es mehr positiv sagt: «Das Allgemeinwohl auch dem einzelnen nutzbar zu machen». Er fügt dazu: «Obwohl es ihnen nicht gelang, war doch das Vorhaben groß.»

Es war tatsächlich die Zeit, wo Er, der Gottesgeist, Menschengestalt annehmen konnte. Es ist das ja auch aus der tatsächlichen Geschichte zu sehen, wenn man die Universalgeschichte als Vorstufe der Kulturgeschichte zu Hilfe nimmt.

So, aber in vielen Variationen, war Grundtvig bemüht, das Christentum als Tatsache darzustellen und nicht nur als Lehrsystem!

«Das Wichtigste ist nicht die ‹Lehre›, sondern, daß Er gekommen ist» und daß sein Geist mit uns und der Erde verbunden geblieben ist. Das ist das eigentliche Evangelium.

Es darf aber nicht übersehen werden, daß, obwohl der allerhöchste Geist des Weltalls zur Erde und der Menschheit gekommen ist, er von dem einzelnen Menschen nicht aufgenommen wurde. Die meisten können nicht in der «Universalgeschichte» lesen, ihre Augen sind noch nicht dafür geöffnet, sondern sie vertrauen nur ihren «fleischlichen Augen», wie Grundtvig sagt. Ihnen muß man zur Hilfe kommen mittels aneignungswürdiger Bühnenbilder. Schiller hat schon 1780 einen Aufsatz «Die Schaubühne als eine moralische Anstalt betrachtet» geschrieben. Mit psychologischem Scharfblick stellt er die Stufen der Veredelung des Tätigkeitsstriebes dar, vom kindlichen Spieltrieb zu «harmonisierenden Bewegungen», wodurch der Geist sich der Sphäre des «Schönen» und der «Kunst»nähert. Danach wird er weiter veredelt zu hilfsbereiten und wohltuenden Taten und nähert sich dadurch der Ethik – also findet eine stufenweise Veredelung der Willens- und Tatkräfte statt. Das ist nach Schiller die Bestimmung der «Bühne» durch aneignungswürdige Bühnenbilder.

Grundtvig wollte zu solchem Zwecke «Auftritte» aus der nordischen Mythologie, deren Götter und Heldengestalten benutzen und hat mehrere solche zurechtgemacht. Allein keine Bühne nahm sie an. Er spornte dann seinen Herzensfreund, den Dichter Ingemann an, er solle «schön gekleidete» «nachahmungswürdige» Männer und Frauen darstellen. Grundtvig selbst sagte von sich:

«Eine Glocke kann ich läuten, habe keine Hand für Laut.»

Im Stile von Walter Scott schrieb dann Ingemann eine Reihe Ritterromane, welche tatsächlich bis heute von der Jugend gerne gelesen werden.

So blieb das Hauptthema in Grundtvigs Volkshochschulen eigentlich nur: das Christentum als Tatsache und der Norden, seine Mythologie und die Heldentaten.

Die Nordbewohner (man trifft niemals die Bezeichnung Germanen) waren nämlich für Grundtvig das «vierte Hauptvolk», dessen geistiger Blick auf die Veredelung des Blutes und des Inneren des einzelnen Menschen gerichtet war. Sie hatten keine solche Jurisprudenz wie die Römer und schauten nicht in die Weiten, sondern darauf, wie das «Jetzt» für das «Kommende» fruchtbar werden könnte. Sie waren als Einzelpersönlichkeiten für den Christ-Geist, ihrer Anlage nach, gleichsam vorausbestimmt.

Grundtvig wollte freie Persönlichkeiten, die durch die «höchste Kunst» sich selbst weiter erziehen konnten. Denn nach seiner Ansicht war die höchste aller Künste: selbst seine Eingebungen auszuwählen, sie tief ins Herz einzuprägen, damit sie mit dem Glanz des Ewigen einen edlen und kraftvollen Lebenswandel bewirken. Dies ist auch das Ziel aller erzieherischen Bestrebungen.

Es ist außer allem Zweifel, daß Grundtvig nicht nur an eine Volkshochschule gedacht hat, sondern auch an eine Reformation der Universitäten in Dänemark und im Norden. Der Herzog von Augustenburg, ein Gönner Schillers, strebte ja eine solche Reformation an. Allein diese Pläne scheiterten wohl auch aus großpolitischen Gründen. Der Herzog von Augustenburg war nämlich, nach dem Tode seines jüngeren Bruders, als Thronfolger des kinderlosen Königs von Schweden ausersehen. Und weil er nun auch Erbe des dänischen Thrones war – da der Dänenkönig auch kinderlos war – lag die größte Wahrscheinlichkeit vor, daß alle drei nordischen Reiche eine staatliche Einheit werden würden unter Leitung des hochgebildeten Herzogs von Augustenburg. Allein im August 1810, nur wenige Monate nach Grundtvigs feuervoller Donnerrede «Wie hat der Geist des Herrn sein Haus verlassen» stieß die Regierungsversammlung in Stockholm die Wahl des Herzogs um und rief Bernadotte als Thronfolger aus.

Dies war für alle gebildeten Kreise in Dänemark ein enormer Schock – für Grundtvig wohl auch. Erst 1844 entstand die erste Volkshochschule, sehr, sehr einfach, durch private Mittel. Danach bis 1852 folgten 5–6 Schulen, auch private und alle weit entfernt von Kopenhagen ohne direkten Kontakt mit Grundtvig selbst. Endlich 1856 wurde ihm ein Bau nahe Kopenhagen gegeben, «Marienlust», allein da war Grundtvig 73 Jahre alt und mit Arbeit überladen.

Wie ernst Grundtvig es meinte mit seinen Bestrebungen, im Christentum mehr zu sehen als ein bloßes Lehrsystem, woran man glauben sollte, wird ersichtlich, durch seine im Vorwort seiner «Weltgeschichte» deutlich ausgesprochenen Zweifel am kopernikanischen Weltbild. Man spricht nicht gerne darüber. Allein es ist etwas Konsequentes, Folgerichtiges in diesem. Wenn es wahr und wirklich ist, daß der allerhöchste Geist des Weltalls zu der Erde gekommen ist – und daß es wahr ist, ist ja der Zentralgedanke Grundtvigs, seines ganzen Lebens – so «muß» die Erde, als ein Bethlehem, im Weltall eine Zentralstellung einnehmen.

Grundtvig – das «Lebendige Wort»

Elis Hjorth

Nicht der Steinhammer ist das erste Werkzeug des frühgeschichtlichen Menschen, sondern das «Wort», das heißt die Sprache, meint Grundtvig. Schon durch die verschiedenen Anschauungen in bezug auf das, worin der frühgeschichtliche Mensch sich von der Naturgeschichte löste und die Kulturgeschichte anfing, schieden sich damals die Geister. Die, welche an den Steinhammer glaubten, schufen dann die Kulturstufen: Steinzeit, Bronzezeit, Eisenzeit. Heutzutage ist dann vom Atomzeitalter die Rede, und fasziniert von dieser Anschauungsweise, sah man vor sich die ganze Menschheitsgeschichte als einen fast gnadenlosen Kampf ums Dasein, was ja auch dann philosophisch begründet wurde.

Gegenüber dieser seit damals so fest umzäunten Anschauungsweise sieht die von Grundtvig benutzte Ausdrucksweise für dieselben Stufen der frühgeschichtlichen Menschheit, Kindheit, Jugend und Mannesalter, recht dilettantisch und naiv aus. Man glaubt, hier wird auf einfache und billige Weise von der körperlichen Stufe der einzelnen Menschen zurück zur geistig-seelischen Stufe geschlossen. Denn die Bildung eines Hammers geschieht doch durch eine Leistung der Intelligenz. Gewiß liegen die Steine da, und auch der Ast irgendeines Baumes, aber diese beiden zu kombinieren, damit ein Hammer oder ein Beil entstehe, hat doch bis jetzt kein Tier vermocht.

Allein, wenn bei Grundtvig vom Kindheits-, Jugend- und Mannesalter gesprochen wird, handelt es sich um die fortschreitende Entwicklung geistiger Stufen, wodurch schon vorhandene Leibesorgane eine höhere Funktion bekommen dadurch, daß sie Ausdruck des Geistes werden. Der Mund ist doch da, die Zähne, Gaumen, Zunge und Lippen, bevor er für die Sprache und durch die Sprache in Anspruch genommen und veredelt wird. Man vergleiche den Schädel und Kopf eines Affen mit dem eines Menschen. Dabei wird man erleben, was mittels der Ausbildung des Wortes geschehen ist bezüglich des immer zunehmenden Abstandes zwischen Tier und Mensch. Hat ja doch schon Goethe darauf hingewiesen, in welchem Maße der Zwischenkiefer im Munde des Menschen bis auf das fast Unerkennbare zurückgedrängt worden ist. Dieser anatomische Unterschied ist durch die Ausbildung der Sprachwerkzeuge entstanden.

Und wie nun heutzutage das Kind sprechen lernen muß und da das Ausüben des Sprechens auf das Aufbauen seines Gehirns wirkt, so war es auch in der menschlichen Frühzeit. Durch das Wort ist der Mensch erst eigentlich Mensch geworden. Die Ausbildung des Kehlkopfes, des Mundes und der Lippen, das teilweise willkürliche Benutzen des Atmungssystemes, so daß die Luftströme artikuliert wurden, wird als Sprache die erste Tat, welche der Mensch vollbringt auf der Grenze zwischen Natur- und Kulturgeschichte. Und daß man seit alters diese Grenze als etwas sehr Tiefgreifendes erlebt hat, sieht man daraus, daß man den Kehlkopf einen Adamsapfel nannte. Laut dieser Vorstellungsweise ist die Sprache gerade auf der Grenze gebildet, wo die Sinnesanschauungen noch nicht ganz eröffnet waren, sondern der Mensch sah die Tiere nach ihren Art-Urbildern und bildete die Sprache danach. Später ist ja dieses Schauen der Urbilder zurückgedrängt worden. Die Sprache ist die erste eigentliche kulturgeschichtliche Tat, welche der Mensch, nach Verlorengehen der kosmisch begründeten Instinkte, ganz aus sich gebildet hat.

So stellte Grundtvig sich das vor. Er ging nicht auf die eben damals aufkommenden Stufen Steinzeit und so weiter ein, wodurch die Aufmerksamkeit des Menschen auf den Anfang der Technik und den Kampf um das Dasein hingeleitet und die Entwicklungslinie des Geistes und der Ethik übersehen wurde.

Und noch eines war außerordentlich wichtig: Durch die Sprache können die Einsichten und Erlebnisse des Elitemenschen – des Eingeweihten – verpflanzt werden zu jenen, die unerfahren und weniger umsichtig sind. Letztere können sich dadurch diese höheren Stufen aneignen. Das ist den Tieren unmöglich, da muß alles durch leiborganische Prozesse vererbt werden. Das «lebendige Wort», das eine überzeugende Kraft hat, wird die Seele befruchten und durch seelenorganische Vorgänge im empfangenden Menschen dessen Leibe eingebaut. Das, was im Geiste des andern war, ist nun in meinen Geist eingegangen. So erhält ein jeder Mensch – oder hat tatsächlich – eine universalgeschichtliche Generationsreihe hinter oder in sich, was nicht notwendigerweise mit der bloßen erdgeschichtlichen Ahnenreihe einerlei zu sein braucht. «Der Mensch ist kein Affe», ruft Grundtvig aus, doch meint er es so, daß der Mensch nicht nur das in der Natur schon Daseiende nachahmt, sondern – weil er aus dem Geiste geboren ist – etwas Edleres und noch Schöneres schaffen kann.

Und so wie nach dem verheerenden Religionskriege, nach Hexen- und Ketzerverfolgungen die Toleranz-Parole «Überzeuge oder dulde» entstand, so muß die überzeugende Kraft des Wortes erkämpft, erlebt und ausgeübt werden. Es wäre recht im Geiste Grundtvigs, mit dem Worte künstlerisch so zu spielen, daß es durch eine besondere Betonung oder Aussprache als Überzeugung eine über der Natur stehende Zeugung bewirkt, wodurch der Mensch – wie es im Johannes-Evangelium steht – geboren wird durch den Geist und nicht nach dem Willen des Fleisches. Nicht jene Überzeugungskraft des Wortes, welche bloß zu einer Ummöblierung der Begriffe und Vorstellungen führt, ist für Grundtvig das «lebendige Wort», sondern jene, welche auch eine Änderung der Lebensweise und Gewohnheiten bewirkt und zu einer geistigen Wiedergeburt führt.

Es ist aber psychologisch gesehen recht interessant, daß, obwohl Grundtvig das «lebendige» und lebendigmachende Wort tatsächlich besaß und lebenslang ausübte, er doch nicht weiß, worin es eigentlich bestehe. Mit seinem Freunde Ingemann liegt ein Briefwechsel darüber vor. Ingemann schreibt: «Es kann doch nicht darin bestehen, daß man keine Bücher schreibt, sondern bloß redet, nicht nach Manuskripten, sondern frei redet, denn Du hast ja selbst viele Bücher geschrieben!» Grundtvig antwortete so: «Das lebendige Wort ist aus dem Geist geboren und ruft den Geist auf, und so erkennt man das lebendige Wort durch seine Wirkung.» – So erlebte er es ja selbst damals bei den Vorlesungen Steffens. Allein Demagogen und Dogmatiker, die Grundtvig sehr wohl als falsche und untreue Diener des Wortes bekämpfte, rufen manchmal auch Wirkungen hervor, welche aber sozial und kulturell krankmachend sind.

Sein anderer Freund, der auch «erweckt» wurde und der Grundtvig beistand während seiner schweren Krise 1810, der spätere Professor Friedrich Sibbern, beschreibt in seinem Hauptwerke «Über die geistige Natur und Wesen des Menschen», 1817, die Stufen des Denkens, wo es in die Inspiration eintritt. Laut § 31 des Werkes entsteht die Inspiration in jener Phase des seelenorganischen Verlaufes, wo der durch Beobachtung und Denken gebildete Begriff sozusagen sich selbst nach seinem Platz im Kosmos hin begibt. Dadurch erhält er einen weit tieferen Inhalt und bedeutungsvolleren Rang und Würde, als er damals hatte, wo er nur in der für die Sinnesorgane wahrnehmbaren Sphäre erlebt wurde. Denn da sehen wir das Ding oder die Sache in der bloß daseienden Lokalität, während wir in dem inspirativen Erlebnis ihn nach Platz und Rang im Kosmos erleben. Oder wie Grundtvig immer sagte: in der «göttlichen Haushaltung».

Diese Stufe des Begriffes war in der Logik der Alten das, was man das Urteilen nannte. Das Ding wurde gleichsam seiner für die menschliche Haushaltung bewerteten Gestalt entkleidet und in seinen Universalien dargestellt und erlebt. Allein, weil das heutige Bewußtsein viel mehr diesseitig geworden ist, als es das jener alten Logiker war, überschauen wir nicht mehr den ganzen inneren seelenorganischen Verlauf, wodurch die Phase der Inspiration nicht bemerkt wird. Sie wird unbewußt und bricht dann plötzlich – wie aus unfaßbaren Quellen – in dem Bewußtsein auf.

So verhält es sich – laut Sibbern – mit der Inspiration. Und aus der Inspiration entsteht ja das «lebendige Wort». Jedesmal, wenn sich ein Mensch beim Übergang von einem Lebenskreis zu einem anderen befindet, wird er durch das «lebendige Wort» aufmerksam gemacht auf die Bedingungen dieses Lebenskreises, nach denen er sich einfügen muß. Zum

Beispiel wenn er immatrikuliert, muß er deponieren, wie es ihm durch die alte Sitte mitgeteilt wurde. Er kann nicht mit seinem gewohnheitsmäßigen Denken diese höhere Sphäre betreten.

Die Stärke Grundtvigs war eben das «lebendige Wort». Aber wer ein Licht trägt, muß gewöhnlich einen Schatten hinter sich werfen. Die Nachfolger Grundtvigs haben die Schulen, haben die Worte, das Wissen und die wunderbaren Psalmen, aber der eigene Blick für die Wirklichkeiten, woraus die Inspiration herrührte, ist nicht da – weil Grundtvig wohl ein «Wecker» war, aber kein Wegleiter.

Gerade in den Jahren, wo Grundtvig selbst eine Schule gegeben wird, «Marienlust», 1854, kamen 3 Bücher heraus, welche auf religiösem, wissenschaftlichem und sozialem Gebiete eine Richtung bewirkten, die seiner ganz gegensätzlich war. Das war das Buch «Das Kapital» von Marx, das Buch «Die Entstehung der Arten» von Darwin und «Das Buch der Medien» von Allan Kandec. In kürzester Zeit wurden durch sie internationale Bewegungen hervorgerufen, und als Zeitgeist klopften sie auch bald an die Tür der Grundtvig'schen Hochschulen, um Platz im Lehrplan zu erhalten. Es wird ihnen vielleicht gelingen, den Geist Grundtvigs zurückzudrängen, allein seine drei Zentralideen, die «Idee einer Universalgeschichte», die «Schule für das Leben» und das «Lebendige Wort», die hier andeutungsweise geschildert wurden, werden bleiben. Zu ihnen wird ein jeder, der für die Erziehung der freien Persönlichkeit wirken will, greifen.

Die Erkenntniswurzel des Landwirtschaftsimpulses im Lebenswerk Rudolf Steiners[91]

Kurt Theodor Willmann

Die biologisch-dynamische Landwirtschaft verdankt ihr Entstehen und ihre Entwicklung Ratschlägen aus der geisteswissenschaftlichen Forschung Rudolf Steiners. Die Entwicklung vieler landwirtschaftlicher und gartenbaulicher Betriebe nach diesen Richtlinien, vor allem aber auch die Ergebnisse experimenteller Untersuchungen über die Auswirkung der Beachtung von Mond-Konstellationen und der Anwendung feinstofflicher Präparate, haben deutlich erkennbar gemacht, daß man auf diesem Wege zu unerwarteten Erfolgen kommen kann. Vor allem ist aber auch an den experimen-

tellen Arbeiten deutlich geworden, daß durch diese Anregungen neue bisher unbeachtete Kräftewelten erschlossen worden sind. Es tritt daher vielfach die Frage auf, auf welchem Wege der Begründer der biologisch-dynamischen Arbeit zu seinen Ergebnissen geführt worden ist. Auf diese Frage wollen die kommenden Zeilen Antwort geben. *Hans Heinze*

1. «Garde Vias!» «Hüte der Spur»

In seiner *Skizze eines Lebensabrisses* schildert Rudolf Steiner die Lebensbedingungen seiner frühesten Kindheit so deutlich, daß sie der sicherste Zugang zum Verständnis seines Lebenswerkes sind.

«Wenn sich jemand zu einem ganz modernen Leben, zu einem Leben in den modernsten Errungenschaften der gegenwärtigen Zeit hätte anschicken wollen und sich dazu hätte aussuchen wollen die entsprechenden Daseinsbedingungen der gegenwärtigen Inkarnation, so scheint es mir, hätte er in bezug auf seine gegenwärtige Inkarnation diejenige Wahl treffen müssen, die Rudolf Steiner getroffen hat. Denn er war von allem Anfange an eigentlich umgeben von den allermodernsten Kulturerrungenschaften, war umgeben von der ersten Stunde seines physischen Daseins an vom Eisenbahn- und Telegraphenwesen ... Stadtverhältnisse waren sie wirklich durchaus nicht, aber der Schatten der Stadtverhältnisse kam in diesen abgelegenen Ort herein ... Wie der Schatten der Stadt erstreckte sich das, was sich da zeigte, in diese kleine Ortschaft hinein.»

In *Mein Lebensgang* schildert Rudolf Steiner: «Sowohl mein Vater wie meine Mutter waren echte Kinder des herrlichen niederösterreichischen Waldlandes nördlich der Donau ... Meine Eltern liebten, was sie in der Heimat erlebt hatten.»

Johann Steiner, der wie auch sein Vater Jäger und Förster im Dienste der Grafen Hoyos war in jenem weitausgedehnten Waldgebiet nördlich der Donau, «sah sich genötigt, die geliebte Heimat zu verlassen, um sich mit einem Mädchen zu verbinden, Franziska Blie, das im Schloß Horn gleichfalls im Dienste des Grafen Hoyos stand.» Der Morgenweckruf der Zeitenwende führt die beiden Menschen zusammen. «Da die Brautleute schon längere Zeit vergeblich auf die Bewilligung zur Eheschließung von seiten des gräflichen Herrn gewartet hatten, entschlossen sie sich, die Heimat zu verlassen, um sich

eine neue Existenz zu suchen ... Nach einer kurzen Ausbildungszeit erhielt der Vater einen Posten als Telegraphist an der kroatischen Grenze. Als die Eltern im Mai 1860 die Ehe schlossen, war die Mutter siebenundzwanzig, der Vater zweiunddreißig Jahre alt, im Februar 1861 kam ihr erster Sohn in Kraljevec zur Welt.»
Wer geistige Spuren zu lesen versteht, wird darin eine deutliche Zeitenschicksals-Sprache erkennen. Eine Saros-Periode vor der im Herbst 1879 beginnenden Zeitgeist-Regentschaft Michaels reift in der Seele der Eltern der Entschluß «aus Freiheit und Liebe», Waldnatur und getreue Dienste zu verlassen, den Pfad der Heimatlosigkeit, nämlich den Weg in das Zeitalter der modernen Technik zu betreten. Und wie ein Schicksalsgestirn geleiten diesen Schritt der Eltern, wahrlich stumm-verschwiegen, Goethes Worte aus *Parsi Nameh:*

Und nun sei ein heiliges Vermächtnis
Brüderlichem Wollen und Gedächtnis:
Schwerer Dienste tägliche Bewahrung,
Sonst bedarf es keiner Offenbarung.

Von dem Knaben Rudolf Steiner nun berichtet die Lebensskizze aus frühester Zeit ebenso markante Begegnungen mit dem Doppelantlitz der Zeitenwende: Durch unmittelbare Erfahrung tritt gelegentlich des Todes einer Nahverwandten die Doppelnatur der geistig-physischen Welt vor die Seele des Kindes. Gewaltsames Todesschicksal der physischen Welt wird ihm Offenbarung der Lebensgesetze der geistigen Welt. Und zugleich erschließt sich dem Seelenauge des Kindes auch, wie der Schönheitsteppich der anmutigen Natur, in welchen Bäume, Blumen, Berge wundersam einverwoben erscheinen, durchsichtig zu werden vermag für Geistesaugen, denen der Webstuhl geistiger Welten wesenhaft die Geistelemente allen Naturerlebens zu erschließen beginnt. Der Knabe lernt, so wie er im Ziehbilderbuch des «Staberl» im stillen Wartesaal bewegliche Figuren zu beobachten und in Bewegung zu setzen vermag, im geheimen «Buche der großen Natur geistig zu lesen, Wesensoffenbarung zu schauen».

«Und der Knabe lebte etwa von jenem Zeitpunkte ab mit den Geistern der Natur, die ja in einer solchen Gegend ganz besonders zu beobachten sind, mit den schaffenden Wesenheiten hinter den Dingen, in derselben Weise, wie er die äußere Welt auf sich wirken ließ.»

Als der Knabe dann in dem noch in Ungarn gelegenen Ort in die Bauernschule kam, «und da der Knabe ziemlich früh die Anlage zum Zeichnen zeigte, so nahm einfach jener Lehrer den Knaben während der Zeit, wo den anderen Schülern gezeigt wurde, wie man lesen und schreiben lernt, aus dem Schulzimmer heraus, führte ihn in seine kleine Stube, – und der Knabe mußte immer zeichnen, so daß er es verhältnismäßig bald dazu gebracht hatte, ganz nett eine der bedeutendsten politischen Persönlichkeiten Ungarns zu zeichnen, nämlich den Grafen *Széchényi*.»

Diese gesunde wache Anlage und Begabung sinnlich- und übersinnlicher Besonnenheit des «Seelengleichgewichtes» geleitete dann den Knaben auch bald auf einen Pfad des inneren Glückes, des geistigen Weltallglückes: «Wochenlang war meine Seele ganz erfüllt von der Kongruenz, der Ähnlichkeit von Dreiecken, Vierecken, Vielecken; ich zergrübelte mein Denken mit der Frage, wo sich eigentlich die Parallelen schneiden; der pythagoräische Lehrsatz bezauberte mich. Daß man seelisch in der Ausbildung rein innerlich angeschauter Formen leben könne, ohne Eindrücke der äußeren Sinne, das gereichte mir zur höchsten Befriedigung ... Rein im Geiste etwas erfassen zu können, das brachte mir ein inneres Glück.»

«Ich fühlte, so wie Geometrie muß man das Wissen von der geistigen Welt in sich tragen ... Ich unterschied Dinge und Wesenheiten, ‹die man sieht› und solche, ‹die man nicht sieht›.»

Ein solcher Knabe sollte aus der Absicht des Vaters freilich «Eisenbahn-Ingenieur werden». «Das führte zu der Wahl der Realschule ... Hinter dem, was ich durch den Schuldirektor, den Mathematik- und Physiklehrer und den des geometrischen Zeichnens in mich aufnahm, stiegen nun in knabenhafter Auffassung die Rätselfragen des Naturgeschehens in mir auf. Ich empfand: ich müsse an die Natur heran, um eine Stellung zu der Geisteswelt zu gewinnen, die in selbstverständlicher Anschauung vor mir stand ... Es in der Ausführung der geometrischen Konstruktionen zur größten Exaktheit, in der Behandlung des Schraffierens und Anlegens der Farbe zur tadellosen Sauberkeit zu bringen, war mir ein Ideal ... In den Ferienzeiten wurde die Kantlektüre eifrig fortgesetzt ... Ich wollte zu einem Urteile darüber kommen, wie das menschliche Denken zu dem Schaffen der Natur steht. ... Ich wurde durch alles dies nicht abgezogen von den Dingen, welche die praktische Handhabung von Verrichtungen und die Ausbildung der menschlichen Geschicklichkeit betrafen ...»

Neben dem Buchbinden, der Stenographie werden nun die praktischen Arbeiten einer kleinen Landwirtschaft geschildert: die Arbeit im Garten mit den Obstbäumen, das Kirschenpflücken, Ackerbestellen, Vorbereiten der Kartoffeln zur Aussaat, Ausgraben der reifen, Schweinefüttern und so weiter. In solcher lebenstüchtigen und gesunden Lebenspraxis reifte Rudolf Steiner als Realschüler zum Schritt an die Technische Hochschule in Wien heran.

«Um dazu den Weg zu finden, hielt ich mich an Fichtes ‹Wissenschaftslehre› ... Und so nahm ich denn die ‹Wissenschaftslehre› Seite für Seite vor und schrieb sie um. Es entstand ein langes Manuskript ... Jetzt wollte ich umgekehrt von dem Ich aus in das Werden der Natur einbrechen. Geist und Natur standen damals in ihrem vollen Gegensatz vor meiner Seele ...» «Die Natur wollte aber in die erlebte Geisteswelt nicht herein ... Ich sollte Mathematik und Naturwissenschaft studieren. Ich war überzeugt davon, daß ich dazu kein Verhältnis finden werde, wenn ich deren Ergebnisse nicht auf einen sicheren philosophischen Boden stellen könnte.»

«Da geschah es, daß ich mit einem einfachen Manne aus dem Volke bekannt wurde ... Wenn man mit ihm zusammen war, konnte man tiefe Blicke in die Geheimnisse der Natur tun ... Und dabei lag dieser Persönlichkeit alles weltenferne, was Schwärmerei war ... Mir blieb dieser Mann, auch als das Leben mich wieder von ihm weggeführt hatte, seelennahe. Man findet ihn in meinen Mysteriendramen in der Gestalt des Felix Balde»: Felix Koguzki, geb. 1. August 1833 in Wien.

«Schon im ersten Jahre des Hochschulstudiums (1879/80) trat etwas ganz Besonderes ein ... trat in den Gesichtskreis des Knaben eine merkwürdige Persönlichkeit, eine Persönlichkeit, die keine Gelehrsamkeit hatte, aber ein umfassendes tiefes Wissen und eine umfassende tiefe Weisheit ... Er sammelte überall in den dortigen Gegenden die verschiedensten Pflanzen und verstand es, jede einzelne Pflanze aus ihrem Wesen, aus ihren okkulten Untergründen heraus zu erklären. In jenem Manne waren ganz ungeheure okkulte Tiefen».

Was von seinen Lippen verschlossen blieb, spricht Felix Balde im zweiten Mysteriendrama aus:

An einem Zeitenwendepunkte stehen wir.
Es muß ein Teil der Geist-Erkenntnis
Erschlossen werden allen Menschen,
Die ihr Gemüt ihr öffnen wollen. – –

Aus den Schilderungen «der unmenschlichen Härte» des Kindeslebens unseres Felix sei auf diejenige hingedeutet, welche die Antwort auf den Geisteshunger des Knaben erwähnt: «Studieren kannst den Misthaufen a (auch)!» und welche den Landwirten so viel bedeutet!

Andererseits war dieser schweigsame Weise der Vorverkünder jener ungenannt gebliebenen Meister-Gestalt, die an dem Wegekreuz des Geistesschülers Rudolf Steiner das Grals-Wort: «Hüte der Spur!» so gewendet hat: «Wie sollte er den Drachen der modernen Naturwissenschaft zähmen und ihn vor das Gefährt der Geisteswissenschaft spannen ... Wie sollte er den Stier der öffentlichen Meinung besiegen.» Auf diese Frage gibt ihm der Unbekannte die Antwort: «Du wirst nur dann Sieger über den Drachen werden, wenn du in seine Haut schlüpfst. Den Stier mußt du bei den Hörnern packen! Ich habe dir gezeigt, wer du bist. Jetzt gehe hin und bleibe du selbst».

Die Begegnungen Rudolf Steiners mit den «Unbekannten Meistern» kennzeichnen eindeutig, wie der Erkenntnis-Pfad des Abendlandes im Lebensgang Rudolf Steiners selbst sichtbar wird! Und welcher Schicksals-Dank: Zuletzt durch ihn selbst, von seiner Hand sorgfältig niedergeschreiben, das Buch *Mein Lebensgang* der Menschheits-Geistesgeschichte dargelegt zu haben, Schritt für Schritt die Geistesspur zu sehen: «Jetzt gehe hin und bleibe Du selbst!»

«Die offiziellen Studien waren gerichtet auf Mathematik, Chemie, Physik, Zoologie, Botanik, Mineralogie und Geologie. Diese Studien boten der Grundlage einer geistigen Weltanschauung viel größere Sicherheit.»

Und zugleich: «In die ersten Hochschuljahre in Wien fällt die Bekanntschaft mit Karl Julius Schröer ... An ihm zog der *Mensch* an. Ich wurde bald mit ihm befreundet ...

Es war bei ihm wie in einer idealistischen Oase innerhalb der trockenen materialistischen deutschen Bildungswüste ... Schröer selbst stand der Naturwissenschaft fern ...

Ich arbeitete aber damals von Anfange 1880 an Goethes naturwissenschaftlichen Studien.»

Führte, so dürfen wir fragen in verhaltenem Erstaunen, Felix, der in die Natur-Urweisheit Eingeweihte, über sein eigenes Geburtsjahr 1833 zurück in Goethes Lebenswerk so, wie die Weisung des Unbekannten Meisters in die Erkenntniswerke Fichtes, Schellings, Hegels? Fand Rudolf Steiner durch seine Begegnung mit Schröer den inneren Kontakt zu dem geistiglebenden, gegenwärtig-zukünftigen Genius Goethes wirksam?

«Meine okkulten Kräfte wiesen mich darauf hin, in die Zeitströmungen unvermerkt die Richtung nach dem Wahrhaft-Geistigen fließen zu lassen. Man gelangt nicht zur Erkenntnis, wenn man den eigenen Standpunkt absolut durchsetzen will, sondern durch Untertauchen in fremde Geistesströmungen ... Der okkulte Standpunkt verlangt: ‹Keine unnötige Polemik› und ‹Vermeide, wo du es kannst, dich zu verteidigen ...› Ich schrieb in Ruhe mein Buch ‹Goethes Weltanschauung›, das den Abschluß meiner Weimarischen Zeit bildete.»

Wiederum knüpft das Schicksal der Zeitenwende die Geistespfade: Rudolf Steiner und Goethe zur Durchdringung der Entwicklungskräfte mit einer zweiten Weltenströmung zusammen: Rudolf Steiner und Ernst Haeckel. Denn: «Nun ist trotz aller deutschen Philosophie, trotz aller übrigen deutschen Bildung Haeckels phylogenetischer Gedanke die bedeutendste Tat des deutschen Geisteslebens in der zweiten Hälfte des neunzehnten Jahrhunderts. Und es gibt keine bessere wissenschaftliche Grundlegung des Okkultismus als Haeckels Lehre ... Das tat ich nun in den zwei Bänden meiner ‹Welt- und Lebensanschauungen im 19. Jahrhundert› ... In der Haeckelschen Phylogenie lebt tatsächlich allein die Zeit des deutschen Geisteswesens.»[92]

«Mittlerweile war schon die Verbindung mit der Arbeiterschaft angebahnt. Ich war Lehrer an der Berliner Arbeiterbildungsschule geworden. Ich lehrte Geschichte und auch Naturwissenschaften ...»

«Da kam die Zeit, wo ich im Einklange mit den okkulten Kräften, die hinter mir standen, mir sagen durfte: du hast philosophisch die Grundlegung der Weltanschauung gegeben, du hast für die Zeitströmungen ein Verständnis erwiesen, indem du so diese behandelt hast, wie nur ein völliger Bekenner sie behandeln konnte, niemand wird sagen können: dieser Okkultist spricht von der geistigen Welt, weil er die philosophischen und naturwissenschaftlichen Errungenschaften der Zeit nicht kennt.

Ich hatte nun auch das vierzigste Jahr erreicht, vor dessen Eintritt im Sinne der Meister niemand öffentlich als Lehrer des Okkultismus auftreten darf. (Überall wo jemand früher lehrt, liegt ein Irrtum vor.) Nun konnte ich mich der Theosophie öffentlich widmen ...»

«Über die *Einführung* der richtigen Esoterik im Westen sollte aber auch nur die Meinung bestehen, daß dies nur die rosenkreuzerisch-christliche sein kann, weil *diese* auch das westliche Leben geboren hat, und weil durch ihren Verlust die Menschheit der Erde ihren Sinn verleugnen würde. Allein in dieser Esoterik kann die Harmonie von Wissenschaft und Religion erblühen ...»

Es erscheint, wenn wir als Schülerschaft Rudolf Steiners vor der Welt seinen Erkenntnisweg, die *Anthroposophie in ihren Erkenntniswurzeln und ihren Lebensfrüchten,* verantwortlich anerkennen wollen (siehe Öffentlicher Kongreß in Stuttgart 1921), nichts notwendiger als das Gralswort: «Hüte der Spur!» auch im Hinblick auf die *Geisteswissenschaftlichen Grundlagen zum Gedeihen der Landwirtschaft (Landwirtschaftlicher Kurs* Rudolf Steiners 1924) und im Hinblick auf die Fortarbeit der in der Weltöffentlichkeit wirkenden «Biologisch-Dynamischen Wirtschaftsweise» in unserem Erinnern und Geist-Besinnen tief innerlich als Mahnwort einzupflanzen.

2. Der *Landwirtschaftliche Kurs* als Lebensfrucht der Anthroposophia Rudolf Steiners.

Die Entwicklungsidee Charles Darwins und Ernst Haeckels steht wie der große Schattenwurf des 1899 zu Ende gehenden 5000jährigen «Finsteren Zeitalters» des Kali-Yuga vor der Wende des Aufganges des «Lichten Zeitalters» im Michaelischen Fortschritt der Menschheit: Der Erden- und Weltraum rückt im Lichte der Ursprungsfrage: Ursache und Wirkung – Zeitenfolge und Höherentwicklung – Ursprung und Sinn – Notwendigkeit und Freiheit – unmittelbar an die geistig-seelisch-physisch-leibliche Wesenheit des Menschen, an die Grenzfrage seiner Freiheit heran. Stufenweise bezwingt der Geisteskampf Rudolf Steiners die Welt- und Menschenrätsel, die mit dem Beginn der Michaelzeit im Brennpunkt des Menschheitsbewußtseins stehen.

Dem Buche *Theosophie*, das den Lebensbereich des Erdenmenschen geistig ordnend durchleuchtet, tritt zur Seite *Wie erlangt man Erkenntnisse der höheren Welten*. Den Welt-Evolutionswerken *Die Geheimwissenschaft im Umriß* und *Aus der Akasha-Chronik* tritt zur Seite die Begründung und Einrichtung der «Esoterischen Schule», als «mein engerer Kreis» der Geistesschülerschaft des Abendlandes. «Er sollte eine höhere Abteilung, eine höhere Klasse darstellen für diejenigen, die genügend viel von den elementaren Erkenntnissen der Anthroposophie aufgenommen hatten.»

«Für mich mußte ein Mensch interessant sein, der aus dem Geiste heraus vom Geiste redete. – Aber ich war andrerseits streng in meiner Anschauung, daß in unserer Zeit die Einsicht in die geistige Welt innerhalb der Bewußtseinsseele leben müsse.»

Fähigkeit lebt sich zunächst aus in den Erkenntnissen über die Sinneswelt. Sie erreicht ihren Höhepunkt als Sinnes-Erkenntnis innerhalb der Naturwissenschaft ...» «Für den modernen Menschen gibt es eine irrtumsfreie Möglichkeit, zu entscheiden, was von dem Inhalte des geistigen Schauens weiteren Kreisen mitgeteilt werden kann. Mit Allem kann das geschehen, das der Forschende in solche Ideen kleiden kann, wie sie der Bewußtseinsseele eigen und wie sie ihrer Art nach auch in der anerkannten Wissenschaft zur Geltung kommen.»

Unter diesem strengen Siegel steht das Wirken Rudolf Steiners für die Begründung der Geisteswissenschaftlichen Forschung «Anthroposophia» gegenüber der Weltöffentlichkeit und seiner Schülerschaft innerhalb der interneren, individuellen Schulung seiner Esoterischen Schule. Klare Ideen-Sprache und innere Seelen-Übung als Instrumente der geistigen Entwicklung des Menschen und der Menschheit kennzeichnen den Michaelischen Charakter des neuen Lichten Zeitalters.

Wir nennen im Blick auf den Landwirtschaftskurs die beiden Bedingungen, die Rudolf Steiner für die Teilnehmer an seinen Vorträgen in Koberwitz zu stellen hatte: Genügend Bekanntschaft mit *Die Geheimwissenschaft im Umriß* und *Wie erlangt man Erkenntnisse der höheren Welten?*

Was nun die Durchdringung von Naturerkenntnis und geistesgeschichtlicher Evolution betrifft, so wählen wir als Beispiel *Aus der Akasha-Chronik* die Kapitel *Unsere atlantischen Vorfahren* und *Die Lemurische Rasse*, wo die Verwandlungsfähigkeit des Pflanzen- und Tierlebens durch den umgestaltenden Einfluß des Menschen auf die Natur so dargestellt wird, «daß die Menschen dann ... sich hoch entwickelte Kenntnisse über Züchtung von Tieren und Pflanzen mitnehmen konnten. Die Kulturarbeit in Atlantis war dann im wesentlichen eine Folge dieser mitgebrachten Kenntnisse».

Und diese in allen subtilen Einzelheiten im Gesamtwerk der Anthroposophie dargestellte Frühgeschichte wird heraufgeführt bis in das helle Licht der antiken Geisteskultur, über Alt-Indien, die Zarathustrische Perser-Kultur, Chaldäa und Ägypten nach Europa: «Der Schönheitssinn der Griechen ist auf der Grundlage unmittelbarer Kräfte erbaut, die sich bei den Atlantiern in einer großartigen Züchtung von Pflanzen und Tierformen ausleben. In Phidias Phantasie lebte etwas, was der Atlantier unmittelbar zur Umgestaltung von wirklichen Lebewesen verwandte» *(Aus der Akasha-Chronik).* Wird hier, so dürfen wir fragen aus geisteswissenschaftlicher Geistes- und Natur-Evolution sinnlich-sittlich der Zirkel geschlossen bis zur Weltbedeutung der Griechischen Kunst und jenen zukunftweisenden Geistern der Fortentwicklung, Plato und Aristoteles, den Vätern des abendländischen Geistesbewußtseins? Wurzeln darin die jugendkräftigen Ansätze der Metamorphose-Ideen des abendländischen Geistes Goethes unmittelbar?

Und nun seien nur die Meilensteine dieser Durchdringung von Natur- und Geistes-Evolution durch folgende Werke Rudolf Steiners andeutungsweise gekennzeichnet:

Der Geist im Pflanzenreich. Menschenseele und Tierseele. Menschengeist und Tiergeist (Berlin 1910). *Was hat die Geologie über die Weltentstehung zu sagen?* (Berlin 1911). *Was hat die Astronomie über die Weltentstehung zu sagen?* (Berlin 1911). *Die Geistigen Wesenheiten in den Himmelskörpern und Naturreichen* (Helsingfors 1912).

Wählen wir als ein einziges Beispiel die ersten Eröffnungen im Vortrage Locarno 19. September 1911[93], über die Veränderungen der Gesamtstruktur der Naturreiche und ihrer Elementar-Wesenskräfte mit dem Ablauf des Kali Yuga: «Es wird um die Wende des zwanzigsten Jahrhunderts gleichsam geboren ein immerhin neues Reich von Naturwesen, das als ein geistiger Quell aus der Natur hervorgeht und für die Menschen sichtbar und erlebbar wird ... Wenn wir in uns wirken lassen die Elementarkräfte des Herbstes, dann können wir in einer neuen Weise empfinden, was uns in der Zukunft gegeben wird. Alles erfährt ein Neues in der Zukunft, und es ist unsere Pflicht, daß wir uns vorbereiten durch die Erkenntnis des Geistigen ein Verständnis dafür zu haben ... Wie in der Natur, so ist es auch im moralischen Leben: da erfährt das Seelenleben eine Umgestaltung ... So wird die Seele darauf aufmerksam gemacht: Du mußt dahin arbeiten, daß du dich aufraffst, hineinzukommen in die Evolution der Zukunft!» Dem dienen dann: *Der Mensch als Zusammenklang des schaffenden, bildenden und gestaltenden Weltenwortes* als «Esoterische Betrachtungen» und mantrische Rufe; *Mysteriengestaltungen* und der grandiose Durchdringungsprozeß der Druidischen und Mythras-Mysterien in *Die Anthroposophie und das menschliche Gemüt,* dem letzten Zyklus in Wien.

Auf diesen gewaltigen Vorstufen, die unmittelbar vom Beginn des Jahrhunderts an hinüberführen zu dem Werk der Weihnachtstagung, der Grundsteinlegung der «Allgemeinen Anthroposophischen Gesellschaft», der «Freien Hochschule des Goetheanum» baut sich das Tor, getragen von den beiden Zukunft-Säulen *Dreigliederung des Sozialen Organismus* und spirituell-realer Entstehungs-Lehre von Mensch und Welt in den Arbeitervorträgen am Goetheanum – zum *Landwirtschaftlichen Pfingstkurs 1924.* In einer wirklich ganz neuen Sprache, in wirklich völlig neuen Kategorien der Ideen und Lebenssprache erklingen diese Inhalte durch Rudolf Steiner. Wir Landwirte nennen sie, verschwiegen-unausgesprochen, die «rechte Rosenkreuzer-Sprache». Das völlig Neue wird heraufgeführt aus den Mysterien des Mittelalters – Chartres, Albertus Magnus – über die Naturwissenschaft – Goethe, Haeckel – in die neue Anthroposophische Landwirtschaft.

«Es führt ein geradliniger Weg im Leben Rudolf Steiners von der einsamen geistigen Forschung in den 80er Jahren zur Herausgabe von Goethes Naturwissenschaftlichen Schriften, zur Entwicklung der Geistesforschung als Anthroposophie, zur Entfaltung und Erprobung der daraus befruchteten Naturwissenschaft an der Hochschule des Goetheanum, zum Landwirtschaftlichen Kurs des Jahres 1924 und der aus all dem erwachsenen ‹biologisch-dynamischen Landwirtschaftsmethode› mit ihrem weltweiten Wirkungskreis. Wer heute diese Landwirtschaft in der Praxis anwendet, baut auf dieser Evolution auf, die wie alles Lebendige nur als eine Ganzheit zu verstehen ist.»[94]

3. ‹Nun haben wir auch dieses wichtige Werk geschafft!›

Selten habe ich Rudolf Steiner nach einer vollbrachten Tat so freudig bewegt und sichtbar beglückt erlebt, wie es in diesem Augenblick nach der landwirtschaftlichen Tagung zum Ausdruck kam.»[95]

So legte der moderne Natur- und Geistesforscher der Gegenwart in verhaltener Kraft die Hand an den Pflug, an den Spaten des Geistes!

Zur Jugend sagte er: «Wir müßten es wirklich dahin bringen, daß das aufkeimende Leben der Zukunft, das von uns noch ganz embryonal gefühlt werden kann, in Festen der Hoffnung, in Festen der Erwartung entstehen kann ... Daher müssen wir so lange warten, bis die Kraft dazu da ist. Nicht bloß ein vages, blaues, dunstiges Erbauen an der Michaels-Idee soll da sein, sondern das Bewußtsein, daß eine neue Seelenwelt unter den Menschen begründet werden muß.»

Diese Darstellung möge niedergeschrieben sein, um für das Bewußtsein der Weltöffentlichkeit wie auch für die Mitglieder der Anthroposophischen Gesellschaft Rudolf Steiner als den Begründer des anthroposophischen Landwirtschafts-Impulses zu kennzeichnen, insbesondere im Hinblick auf die folgerichtige Ganzheit und die Evolution dieses Impulses, vor allem aber, um den Schatten eines Irrtumes in der Welt aufzuhellen, als könne ein solcher Impuls im Zwielicht unaufhellbarer Okkultismen erwachsen, die nicht auf dem Grundamboß der Bewußtseinsseelenkraft der Neuzeit geschmiedet sind. Die Bedingungen des neuzeitlichen Einweihungsprinzipes Rudolf Steiners, das in der Menschheitszukunft zum Zivilisationsprinzip werden will, können nur in «größter Exaktheit» und «tadelloser Sauberkeit» der Gliederung der Seelenkräfte des Denkens, Fühlens und Wollens erreicht und verwirklicht werden, wollen sie vor dem Zeitgeist Michael bestehen.

> Erinnerung und Besinnung auf die Pfingsttage 1924 führt so zum «Geist-Erschauen»:
> «Wir wollen alles Materielle im Lichte des Geistes tun,
> Und wir wollen das Licht des Geistes so suchen,
> Daß es uns Wärme entwickelt für unser praktisches Tun.»

Diese Darstellung erscheint aus der Verantwortung der Anthroposophischen und der Biologisch-Dynamischen Bewegung gegenüber der Weltöffentlichkeit notwendig, um in diesen Jahren die Fragen nach den esoterisch-okkulten Hintergründen der Kulturimpulse der Anthroposophie Rudolf Steiners in das Licht wahrheitsgetragener Gleichgewichtskräfte zu stellen. Daheraus mußte es dem Verfasser als unumgänglich erscheinen, die Wortlaute aus dem Gesamtwerke der Anthroposophie möglichst unmittelbar sprechen zu lassen.

So wie die Wurzeln der Pflanzenwelt in Tiefenrichtung zum Erden-Mittelpunkt streben, so wollen streben die Erkenntniswurzeln der Anthroposophie und ihrer Lebensfrüchte zum Tiefenquellgrund der Geistesforschung Rudolf Steiners.

Anmerkungen

Die Zitate aus dem Werk Rudolf Steiners sind entnommen der im Rudolf Steiner Verlag in Dornach erschienenen Gesamtausgabe (GA); die Nummer bezeichnet den Band des Gesamtwerkes, die dahintergesetzte Jahreszahl das Erscheinungsjahr der benutzten Auflage.

1 *Rudolf Steiner*, Anthroposophischer Seelenkalender 1912/13, 45. Woche. In: Wahrspruchworte. GA 40 (1975), S. 33.
2 *Rudolf Steiner*, Geisteswissenschaftliche Grundlagen zum Gedeihen der Landwirtschaft. Landwirtschaftlicher Kursus. Koberwitz 1924. GA 327 (1979).
3 Siehe Anmerkung 2, Ansprache 11. Juni 1924. S. 233.
4 Siehe Anmerkung 2, 4. Vortrag 12. Juni 1924. S. 91 und S. 102f.
5 Siehe Anmerkung 2, 2. Vortrag 10. Juni 1924. S. 42.
6 Siehe Anmerkung 2, 8. Vortrag 16. Juni 1924. S. 203.
7 Siehe Anmerkung 2, 4. Vortrag 12. Juni 1924. S. 94.
7a Siehe Anmerkung 2, 8. Vortrag 16. Juni 1924. S. 203. In der Auflage von 1979 lautet die ganze Stelle folgendermaßen: «Sehen wir uns die Wurzel an: die Wurzel, die in der Regel in der Erde sich drinnen entwickelt, die durch den Dünger von einer werdenden Ich-Kraft durchzogen ist; sie absorbiert die werdende Ich-Kraft durch die ganze Art, wie sie in der Erde drinnen ist, und wird unterstützt im Absorbieren dieser Ich-Kraft, wenn die richtige Salzmenge von ihr gefunden werden kann in der Erde.»
8 Siehe Anmerkung 2, Fragenbeantwortung 14. Juni 1924. S. 177.
9 *Rudolf Steiner*, Physiologisch-Therapeutisches auf Grundlage der Geisteswissenschaft. Dornach und Stuttgart 1920–1924. GA 314 (1975). Vortrag Stuttgart 27. Oktober 1922. S. 107f.
10 *Rudolf Steiner*, Die Erkenntnis des Menschenwesens nach Leib, Seele und Geist. Über frühe Erdzustände. Dornach 1922. GA 347 (1976). Vortrag vom 27. September 1922.
11 Siehe Anmerkung 2, 3. Vortrag 11. Juni 1924. S. 83.
12 *Rudolf Steiner*, Geisteswissenschaft und Medizin. Dornach 1920. GA 312 (1976), S. 346ff.
13 Siehe Anmerkung 2, 3. Vortrag 11. Juni 1924. S. 44: «Man muß schon, wenn man von der Betrachtung des Erdbodens ausgeht, sein Augenmerk darauf lenken, daß der Erdboden eine Art Organ ist in dem Organismus, der sich im Naturwachstum überall zeigt, wo eben ein solches Naturwachstum ist.» – Dieser Organismus des Naturwachstumes umfaßt nicht nur die Pflanzen und den Mutterboden, sondern auch die Tierwelt unter, auf und über der Erde, das Mineralgestein der Erdentiefen und die Atmosphäre, ja auch den Erdenmittelpunkt und den kosmischen Umkreis.
14 Siehe Anmerkung 10, Vortrag 27. September 1922.

15 *Rudolf Steiner,* Pastoral-Medizinischer Kurs. Dornach 1924. GA 318 (1973). 8. Vortrag 15. September 1924. S. 109.
16 *Rudolf Steiner,* Geisteswissenschaftliche Gesichtspunkte zur Therapie. Dornach 1921. GA 313 (1963), S. 56.
17 *Rudolf Steiner,* Wahrspruchworte. Siehe Anmerkung 1, «Ostern», S. 173.
18 Siehe Anmerkung 2, 2. Vortrag 10. Juni 1924. S. 61.
19 Siehe Anmerkung 2, 3. Vortrag 11. Juni 1924. S. 73 und 83.
20 Zum Astralleib der Pflanzen und deren Verhältnis zu den Planeten vgl. *Rudolf Steiner,* Die geistigen Wesenheiten in den Himmelskörpern und Naturreichen. Helsingfors 1912. GA 136 (1974). Vortrag vom 13. April 1912. S. 172 ff.
21 In Aufsatzform erschienen in: *Rudolf Steiner,* Philosophie und Anthroposophie. Gesammelte Aufsätze 1904–1918. GA 35 (1965).
22 *Rudolf Steiner,* Grundlinien einer Erkenntnistheorie der Goetheschen Weltanschauung mit besonderer Rücksicht auf Schiller, 1886. GA 2 (1979). Darin insbesondere das Kapitel «Die organische Natur». S. 103 f.
23 Vergleiche dazu vor allem:
Rudolf Steiner, Anthroposophische Leitsätze. Der Mensch in seiner makrokosmischen Wesenheit. 1924/25. GA 26 (1976). Und: Rudolf Steiner, Anthroposophie als Kosmosophie. Zweiter Teil: Die Gestaltung des Menschen als Ergebnis kosmischer Wirkungen. Dornach 1921. GA 208 (1972). Vortrag 5. November 1921.
24 *Gerbert Grohmann,* Die Pflanze. Ein Weg zum Verständnis ihres Wesens. Stuttgart.
Erster Band, 6. Auflage 1981
Zweiter Band: Über Blütenpflanzen. 3. Auflage 1981
25 *Rudolf Steiner,* Vorstufen zum Mysterium von Golgatha. Vorträge in verschiedenen Städten 1913/14. GA 152 (1980). Darin besonders der Vortrag Pforzheim, 7. März 1914.
26 Vergleiche dazu die im dritten Kapitel der vorliegenden Arbeit abgedruckten Vortragsnotizen Wiesbaden, 14. Februar 1910.
27 Im Pastoral-Medizinischen Kurs. Siehe Anmerkung 15.
28 *Rudolf Steiner,* Wahrspruchworte. Siehe Anmerkung 1, S. 89.
29 *Rudolf Steiner,* Die Sendung Michaels. Die Offenbarung der eigentlichen Geheimnisse des Menschenwesens. Dornach 1919. GA 194 (1977).
30 *Rudolf Steiner,* Der Seelen Erwachen. 13. Bild. In: Vier Mysteriendramen. GA 14 (1981), S. 513.
31 *J. W. Goethe,* West-östlicher Divan. Parsi Nameh. Buch des Parsen. Hamburger Ausgabe, Bd. 2. Herausgegeben von Erich Trunz. 5. Auflage 1960, S. 105.
32 Siehe Anmerkung 29, S. 80.
33 Siehe Anmerkung 29, S. 58 f.
34 Siehe Anmerkung 29, S. 112.
35 Ebd.
36 *Rudolf Steiner,* Anthroposophie – Psychosophie – Pneumatosophie. Berlin 1909–1911. GA 115 (1980). Vortrag 15. Dezember 1911. S. 270 f.
37 *Rudolf Steiner,* Die Brücke zwischen der Weltgeistigkeit und dem Physischen des Menschen. Die Suche nach der neuen Isis, der göttlichen Sophia. Dornach, Bern und Basel 1920. GA 202 (1980). Vortrag 25. Dezember 1920. S. 251.
38 Ebd. S. 252.
39 Ebd. S. 255.

40 Ebd. S. 254.
41 Siehe Anmerkung 29, S. 58f.
42 Siehe Anmerkung 29, S. 49.
43 Siehe Anmerkung 15.
44 Siehe Anmerkung 25, S. 105f.
45 *Rudolf Steiner,* Die geistige Führung des Menschen und der Menschheit. Geisteswissenschaftliche Ergebnisse über die Menschheits-Entwickelung. 1911. GA 15 (1974), S. 66.
46 Siehe Anmerkung 21.
47 Siehe Anmerkung 21, S. 104.
48 Siehe Anmerkung 1. Im Folgenden aus den Sprüchen der 4., 6., 22. und 25. Woche.
49 *Rudolf Steiner,* Das Verhältnis der Sternenwelt zum Menschen und des Menschen zur Sternenwelt. Die geistige Kommunion der Menschheit. Dornach 1922. GA 219 (1976). Vortrag 31. Dezember 1922.
50 *Rudolf Steiner,* Die soziale Grundforderung unserer Zeit – In geänderter Zeitlage. Dornach und Bern 1918. GA 186 (1980). Vortrag 7. Dezember 1918.
51 *Rudolf Steiner,* Christus und die menschliche Seele. Über den Sinn des Lebens – Theosophische Moral – Anthroposophie und Christentum. Kopenhagen und Norrköping 1912/14. GA 155 (1982). Vortrag Norrköping 29. Mai 1912. S. 103.
52 Siehe Anmerkung 29, S. 58f.
53 Siehe Anmerkung 29, S. 112.
54 Ebd.
55 Siehe Anmerkung 29, S. 113.
56 *Rudolf Steiner,* Heilpädagogischer Kurs. Dornach 1924. GA 217 (1979). Vortrag 7. Juli 1924, S. 183f. Es heißt da: «... nur das Ich fällt in den Bereich des Erdenbewußtseins. Aber eigentlich ist das nur ein Schein des Ich, denn das wahre Ich kann man nur sehen durch den Rückblick in eine frühere Inkarnation. Das gegenwärtige ist erst das werdende und wird erst eine Realität in der folgenden Inkarnation. Das Ich ist erst das Baby. Und wer die Dinge durchschaut, hat, wenn jemand so richtig schwimmt in seinem Egoismus, die Imagination einer wollüstigen Kinderfrau, die Wollust empfindet in ihrem Herzen gegenüber dem kleinen Kinde; aber da ist die Wollust etwas Berechtigtes, denn da ist das Kind ein anderes. Aber nun hat man dem Egoismus gegenüber dieses Bild vor sich, daß der Mensch das Baby, dieses Kind recht zärtlich herzt.»
57 Siehe Anmerkung 24.
58 Siehe Anmerkung 29, S. 58f.
59 Siehe Anmerkung 1, 11. Woche. S. 16.
60 Siehe Anmerkung 29, S. 112/113.
61 Siehe Anmerkung 1, Wahrspruchworte. S. 256.
62 Siehe Anmerkung 50.
63 *Rudolf Steiner,* Die Prüfung der Seele. 11. Bild. In: Vier Mysteriendramen. GA 14 (1981), S. 252.
64 Siehe Anmerkung 22.
65 *Rudolf Steiner,* Die Philosophie des Thomas von Aquino. Dornach 1920. GA 74 (1967).
66 *J. W. Goethe,* Naturwissenschaftliche Schriften. Mit Einleitungen und Erläuterungen im Text herausgegeben von Rudolf Steiner. Fünfter Band. Fotomechanischer Nachdruck nach der Erstauflage in «Deutsche National-Litteratur» 1883–1897. Dornach 1982. S. 376.

67 Siehe Anmerkung 89 und den Abdruck des Textes im fünften Kapitel der vorliegenden Arbeit.

68 *Hans Driesch,* Philosophie des Organischen. Gifford-Vorlesungen, gehalten an der Universität Aberdeen in den Jahren 1907–1908. Zwei Bände. Leipzig 1909.

Um zu zeigen, in welcher Weise sich Driesch um ein Verständnis des Organischen bemühte, seien hier zwei Stellen ausführlich zitiert:

«Wir wissen, daß die Entelechie, obwohl sie nicht selbst materiell ist, doch bei der Formbildung jedes Individuums ein Material benutzt, welches im Laufe der materiellen Kontinuität bei der Vererbung weiter gegeben wird. Was verändert sich nun phylogenetisch: das Material, d.h. die ‹Mittel› oder die Entelechie? Und was würde in jedem Falle Systematik logisch bedeuten?

In jedem Falle würde es natürlich ein systematisches *Gesetz* geben; und daher würde in jedem Falle Systematik einst rationell sein können. Wenn aber der transformistische Faktor mit den Mitteln der Formbildung verknüpft wäre, könnte man doch kaum sagen, daß die spezifische Form als solche eine primäre Essenz wäre. Die Entelechie würde diese Essenz sein, die Entelechie aber als ein Allgemeines, als in ihrem intimen Charakter immer dieselbe; und die spezifischen Verschiedenheiten würden nur einem gewissen Etwas verdankt sein, das nicht Form, sondern nur ein Mittel für Form ist. Nun scheint mir freilich die *Harmonie,* die sich uns in jeder typischen, normalen oder regulatorischen, Formbildung zeigt, die Verknüpfung des Transformismus mit den Mitteln der Formbildung zu verbieten; und so wollen wir denn diese Erörterung über die allerproblematischsten Phänomene der Biologie mit der Erklärung beschließen, daß wir *glauben,* es entspreche dem allgemeinen Charakter des Lebens, soweit wir ihn kennen, besser, das unbekannte transformistische Prinzip mit der Entelechie selbst und nicht mit ihren Mitteln verknüpft zu denken. Die Systematik der Organismen würde alsdann eigentlich eine Systematik der Entelechien sein, und eben darum wären die organischen Formen ‹formae essentiales›, die Entelechie wäre die eigentliche Essenz der Form in ihrer Spezifität.» (Erster Band, S. 295f.)

Definition des Organismus

«Und jetzt wollen wir alles, was wir über das organische lebende Individuum gelernt haben, in einer besonderen Form kurz zusammenfassen, wir wollen unsere Erörterung beschließen mit einer *analytischen Definition des individuellen lebenden Organismus.*

Als Objekt der Wissenschaft, oder, anders gesagt, als Konstituent der idealen Natur, oder, noch anders, vom Standpunkt eines erweiterten Phänomenalismus aus ist der lebende individuelle Organismus eine typische Konstellation verschiedener Elemente, von denen jedes einzelne chemisch und physikalisch charakterisiert ist; seine typische Konstellation erhält sich trotz des Sotffwechsels, d. h. eines unausgesetzten Wechsels des Materials, aus welchem er besteht. Der Organismus existiert in unbeschränkt vielen Exemplaren; er zeigt die Eigentümlichkeit der Entwicklung, seine grundlegenden Eigenschaften sind die Fähigkeiten der Regulation, Reproduktion und aktiven Bewegung. Der Charakter aller dieser Eigenschaften und Fähigkeiten, mit denen der lebende individuelle Organismus ausgestattet ist, ist nun derart, daß der Organismus nicht als eine Konstellation anorganischer Teile aufgefaßt werden kann, welche *als Konstellation* anorganisch ist. Es liegt ein Etwas in dem Verhalten des Organismus – das Wort im weitesten Sinne verstanden – was sich einer anorganischen Auflösung desselben entgegensetzt und uns zeigt, daß der lebende Organismus mehr ist, als eine Summe oder ein Aggregat seiner Teile, daß es nicht hinreicht, den Organismus ohne weitere Erklärung einen ‹typisch kombinierten Körper› zu nennen. Dieses Etwas nennen wir *Entelechie*. Entelechie, welche keine extensive, sondern eine intensive Mannigfaltigkeit ist, ist weder eine Energieart, noch von einem chemischen Materiale in ihrem Dasein abhängig; ja, sie ist weder Kausalität noch Substanz im wahren Sinne dieser Worte. Aber Entelechie ist ein Faktor der Natur, obwohl sie sich nur auf die Natur im Raume bezieht und nicht selbst irgendwo im Raume ist. Die Rolle, welche die Entelechie in der räumlichen Natur spielt, kann mechanisch oder energetisch formuliert werden. Introspektive Analyse belehrt uns, daß der menschliche Geist im Besitze einer besonderen Kategorie, Individualität genannt, ist, mit deren Hilfe er fähig ist, das Wesen der Entelechie zu seiner eigenen Befriedigung zu verstehen; die Kategorie der Individualität vervollständigt so den Begriff der idealen Natur in positiver Weise.» (Zweiter Band, S. 351f.)

69 Es seien im folgenden einige Arbeiten der genannten Autoren aufgeführt:
Agnes Fyfe, Die Signatur des Mondes im Pflanzenreich. Kapillardynamische Untersuchungsergebnisse I. Stuttgart 1967.
–, Die Signatur Merkurs im Pflanzenreich. Kapillardynamische Untersuchungsergebnisse II. Stuttgart 1973.
–, Die Signatur der Venus im Pflanzenreich. Kapillardynamische Untersuchungen III. Stuttgart 1978.
Maria Thun, Hinweise aus der Konstellationsforschung für Bauern, Gärtner und Kleingärtner. 3. erw. Auflage Biedenkopf (Eigenverlag) 1977.
–, Neunjährige Beobachtung kosmischer Zusammenhänge bei Einjahrspflanzen. (Sonderdruck aus «Lebendige Erde»). Stuttgart 1963.
–, Unkrautregulierung aus der Sicht der Konstellations- und Potenzforschung. Biedenkopf o. J.
Maria Thun/Hans Heinze, Anbauversuche über Zusammenhänge zwischen Mondstellungen im Tierkreis und Kulturpflanzen.
Band I, 2. Auflage Darmstadt 1973.
Band II, 2. Auflage Darmstadt 1973.
Joachim Schultz, Pflanzen, Planeten, Goldener Schnitt. Drei Aufsätze. Die Blattstellungen im Pflanzenreich als Ausdruck kosmischer Gesetzmäßigkeiten. Der Goldene Schnitt im Aufbau des Sonnensystems. Samenjahre bei Waldbäumen und Planetenperioden. Darmstadt 1968.
–, Wirksamkeit der Tageszeiten in Wachstum und Substanzgeschehen. Schriftenreihe der naturwissenschaftlichen Sektion, Goetheanum, Nr. 2. Dornach 1951.
–, Rhythmen der Sterne. Erscheinungen und Bewegungen von Sonne, Mond und Planeten. Herausgegeben von der Mathematisch-Astronomischen Sektion am Goetheanum. Bearbeitet von Suso Vetter. 2. Auflage Dornach 1977.
Ernst-Michael Kranich, Die Formensprache der Pflanze. Grundlinien einer kosmologischen Botanik. 2. Auflage Stuttgart 1979.
Suso Vetter gibt im Auftrag der Mathematisch-Astronomischen Sektion am Goetheanum heraus den «Sternkalender. Erscheinungen am Sternenhimmel». Der Kalender erscheint alljährlich und umfaßt die Zeit jeweils von Ostern zu Ostern.

70 Siehe Anmerkung 15.

71 *Rudolf Steiner,* Die Pflanzenwelt und die Naturelementargeister. In: Der Mensch als Zusammenklang des schaffenden, bildenden und gestaltenden Weltenwortes. Dornach 1923. GA 230 (1978). Vortrag 2. November 1923. S. 127.

72 Diese Notizen werden hier, mit freundlicher Genehmigung des Rudolf Steiner Verlages in Dornach, zum erstenmal veröffentlicht.

73 *Rudolf Steiner,* Das Ereignis der Christus-Erscheinung in der ätherischen Welt. Vorträge in verschiedenen Städten 1910. GA 118 (1977), S. 90f.

74 Siehe Anmerkung 15. S. 108ff.

75 Bisher unveröffentlicht.

76 Zuerst veröffentlicht in der Zeitschrift «Lebendige Landwirtschaft»

77 Es ist zu beachten, daß, wie aus den Tagebuch-Notizen Rudolf Steiners hervorzugehen scheint, die spezifischen biologisch-dynamischen Präparate, die 1924 im Landwirtschaftlichen Kurs in Koberwitz vermittelt wurden, von ihm erst später erarbeitet wurden. – Es ist also am Text des Landwirtschaftlichen Kurses zu prüfen, ob und inwieweit die hier wiedergegebenen Mitteilungen einer Ergänzung bedürfen.

78 Vergleiche dazu den Aufsatz in der «Chemikerzeitung», Band 62, 1938, S. 167. Ferner *E. I. Russel,* Boden und Pflanze. 1914, S. 57.
Erst um 1940 wurde in der Landbau-Wissenschaft die Bedeutung des Magnesium als mineralisches Düngemittel erkannt. Seitdem hat die Verwendung von Magnesium enthaltenden Düngemitteln eine weite Verbreitung gefunden. – Noch in den 30er Jahren starben in den Niederlanden in Jahren mit einem üppigen Frühjahrswachstum auf den Weiden Tausende Kühe an der Kopf-Tetanie, die durch Magnesium-Mangel im Weidefutter verursacht wird und die heute mit diesen Düngern oder Injektionen verhindert werden kann.

79 Die Notizbucheintragung wurde veröffentlicht in: Anthroposophie. Wochenschrift für freies Geistesleben. 9. Jahrgang 1927, S. 213.

80 Siehe Anmerkung 2, Fragenbeantwortung 14. Juni 1924. S. 176f.

80a *Alfred Asländer,* An attempt to solve the Phosphate Problem in Co-Production, so as to economize with the World Supply of Phosphates. Transactions of the Royal Institute of Technology, Stockholm (Schweden, Nr. 85 (1954).

81 *Hermann Poppelbaum,* Mensch und Tier. Fünf Einblicke in ihren Wesensunterschied. 7. Auflage Dornach 1975.

82 *Iwer Thor Lorenzen,* Evolution durch Inkarnation und Metamorphose. Hamburg 1969.

83 *Iwer Thor Lorenzen,* Grundzüge einer Metamorphose der Tiere in Anknüpfung an Goethe. Hamburg 1973.

84 *Werner Schüpbach,* Die Stufen der Menschwerdung in der Evolution der Erde. Freiburg i. Br. 1976–1979.
Band 1: Das kosmische Urbild der Menschwerdung und seine Verwirklichung auf der Erde.
Band 2: Die Vollendung der Menschwerdung auf der Erde und die seelisch-geistige Bestimmung des Menschen.
Band 3: Die leiblich-seelische Menschwerdung und die geistig-seelische Entwicklung des Menschen auf der Erde.

85 *Carl Gustav Carus,* Von den Naturreichen, ihrem Leben und ihrer Verwandtschaft. Herausgegeben von W. Keiper im W. Keiper Verlag, Berlin 1938.

86 Die «Grundzüge allgemeiner Naturbetrachtung» wurden von Goethe in

seine morphologischen Hefte aufgenommen. – Der vorliegende Text ist entnommen dem ersten Band der von Rudolf Steiner herausgegebenen Naturwissenschaftlichen Schriften Goethes. Siehe Anmerkung 66. S. 421 ff.

87 *J. W. Goethe,* Trilogie zu Howards Wolkenlehre. Atmosphäre. Hamburger Ausgabe, Bd. 1. Herausgegeben von Erich Trunz. 5. Auflage 1960, S. 349.

87a *J. W. Goethe,* Die Metamorphose der Pflanzen. Ebd. S. 199.

88 Sicherlich verdankte Grohmann auch anderen Forschern wesentliche Hilfe, zum Beispiel Hegi und Troll, um nur zwei Namen zu nennen. Doch kann Vollständigkeit nicht die Aufgabe dieser Darstellung sein.

89 *Justus von Liebig,* Chemische Briefe. 6. Auflage Leipzig und Heidelberg 1878. S. 187 f.

90 Siehe Anmerkung 68.

91 Die Zitate zu Leben und Werk Rudolf Steiners sind folgenden Schriften entnommen:
Rudolf Steiner, Mein Lebensgang. GA 28 (1982).
–, Skizze eines Lebensabrisses (1861–1893). Vortrag, gehalten in Berlin am 4. Februar 1913. In: Briefe I (1948), S. 1 ff.
–, Aufzeichnungen, geschrieben für Edouard Schuré in Barr im Elsaß, September 1907. In: Rudolf Steiner – Marie Steiner-von Sivers, Briefwechsel und Dokumente 1901–1925. GA 262 (1967).
Guenther Wachsmuth, Rudolf Steiners Erdenleben und Wirken. Von der Jahrhundertwende bis zum Tode. Die Geburt der Geisteswissenschaft. Eine Biographie. 2. Auflage Dornach 1964.
Fred Poeppig, Rudolf Steiner. Der große Unbekannte. Leben und Werk. Wien 1960.
Emil Bock, Rudolf Steiner, Studien zu seinem Lebensgang und Lebenswerk. Stuttgart 1967.

82 Vergleiche dazu den Aufsatz von *K. Th. Willmann* über die Weltbedeutung der Landwirtschaft und das Verhältnis Haeckels zur modernen Ökologie als Wissenschaft. In: die Drei. Zeitschrift für Wissenschaft, Kunst und soziales Leben. Herausgegeben von der Anthroposophischen Gesellschaft in Deutschland. Juni-Heft 1974.

93 *Rudolf Steiner,* Das esoterische Christentum und die geistige Führung der Menschheit. Vorträge in verschiedenen Städten 1911/12. GA 130 (1977). Vortrag Locarno, 19. September 1911, S. 31.

94 *Guenther Wachsmuth.* Siehe Anmerkung 91. S. 587.

95 *Guenther Wachsmuth.* Siehe Anmerkung 91. S. 593.

Verzeichnis der Abbildungen